ビジネス実務マナー検定
受験ガイド

3級

〈増補版〉

公益財団法人 実務技能検定協会

まえがき

　現代社会は企業によって成り立っています。そこでこの社会は「企業社会」または「ビジネス社会」という言い方がされています。

　社会ですからそこに生きる人は，その社会を知って身を処していかなければなりません。

　ビジネス社会には，その社会を律するための秩序があります。この秩序を知ることがビジネス社会を知ることです。社会を知ったら，それに合わせて行動することが身を処するということです。

　本書の書名の「ビジネス実務マナー」とは，ビジネス（実務）社会に身を置いたときの身の処し方（マナー）を扱っています。

　今，世間では，一般に規範を守る意識が薄くなり，その元になる礼儀，道徳心の欠如が問題になっていますが，ビジネス社会ではこのようなことは許されません。

　世間では規範に従わなくても生活に直接影響しませんが，ビジネス社会では秩序に従って規範を守らないと社会が成り立たないからです。

　本書は検定試験受験ガイドとして受験のための基礎知識を扱っていますが，内容はビジネス社会の秩序と規範についてのことです。

　現代社会での自己実現は多くの場合職業生活を通じてしかできません。本書の活用により検定に合格し，ビジネス社会の一員として自信を持って活躍できることを期待しています。

増補版の発行について

　令和2年度より，ビジネス実務マナー検定の出題領域に「電話実務」が新たに取り入れられました。これにより従来の「ビジネス実務マナー検定受験ガイド3級」に，第4章を「電話実務」として追加し，第4章「技能」領域を第5章として改めました。

　なお，第4章以外（第1章，第2章，第3章と第5章）の内容は，従来の受験ガイド3級と変わっていません。

本書の使い方

　本書＝「ビジネス実務マナー検定受験ガイド3級〈増補版〉」は，ビジネス実務マナー検定の審査基準に基づいて編集された公式受験参考書で，3級の合格に必要な知識と道筋を示しています。また「ビジネス実務マナー検定受験ガイド2級〈増補版〉」「ビジネス実務マナー検定受験ガイド1級〈増補版〉」の基礎編として位置付けられていますから，2級以上を受験される場合でも，必要に応じて本書に立ち返ってお読みください。

　本書は，各項ごとに「事例研究」→「事例解説」→「要点整理」という進め方で構成されています。「事例研究」では，代表的な過去問題を例示します。「事例解説」でその解答と解説を，「要点整理」では，その試験問題の基になる審査基準を掘り下げて，ビジネス社会のルールを解説しますから，問題を解くための基礎知識が身に付きます。

　一つ一つ丁寧に進めてください。

　また各項には，「コラム」を設けて実際のビジネスの現場であった，心温まる事例等を紹介しています。これらのストーリーからビジネスパーソンならではの態度・振る舞い，働きぶり，そしてヒューマンスキルを感じ取ってください（人名の肩書は当時のままとしています）。本書は検定の受験参考書ですが，信頼されるビジネスパーソンを目指すためのガイドブックでもあるということです。コラムで引用した書籍も，機会があればぜひ手に取ってお読みください。

目 次

Ⅰ 必要とされる資質

Ⅱ 企業実務

Ⅲ 対人関係

目次

ビジネス実務マナー技能検定の受け方

1 ビジネス実務マナー技能検定試験の概要

①ビジネス実務マナー技能検定試験の範囲

試験の範囲は次の5領域です。

Ⅰ　必要とされる資質
Ⅱ　企業実務
Ⅲ　対人関係
Ⅳ　電話実務
Ⅴ　技能

級位には3級, 2級, 1級があり, それぞれの級位によって, 必要とされる技能の段階に違いがあります。詳しくは「審査基準」をご覧ください。

②各級位において期待される技能の程度

■3級の程度

ビジネス実務の遂行に必要な一般的知識を持ち, 平易な業務を行うのに必要な技能を持っている。

■2級の程度

ビジネス実務の遂行について理解を持ち, 一般的な業務を行うのに必要な知識, 技能を持っている。

■1級の程度

ビジネス実務の遂行について深い理解を持ち, 業務全般に関して高度の知識, 技能を発揮できる。

③試験の方法

2級・3級は筆記試験によって, 受験者の技能が審査されます。問題は選択肢による択一方式によるものと, 記述式の解答をするものから構成されます。

1級は, 全問題とも記述式です。また, 筆記試験合格者には面接試験が課されます。

④受験資格

どなたでも受験することができます。学歴・年齢その他の制限は, 一切ありません。

⑤検定についてのお問い合わせ

試験の実施日・会場・検定料, 合否通知, 合格証の発行などについては, 「検定案内」をご覧ください。その他, 不明の点は, 下記へお尋ねください。

公益財団法人 実務技能検定協会　ビジネス実務マナー検定部
〒169-0075　東京都新宿区高田馬場一丁目4番15号
電話　(03) 3200-6675

---

2 ビジネス実務マナー技能審査基準

ビジネス実務マナー技能の審査基準は以下のように定められています。

3級

程度	領域		内容
ビジネス実務の遂行に必要な一般的知識を持ち、平易な業務を行うのに必要な技能を持っている。	Ⅰ 必要とされる資質	(1) ビジネスマンとしての資質	① 適切な行動力，判断力，表現力が期待できる。 ② 明るさ，誠実さを備えている。 ③ 身だしなみを心得ている。 ④ 自己管理について，理解できる。
		(2) 執務要件	① 平易な仕事を，確実に実行できる能力がある。 ② 良識を持ち，素直な態度をとることができる。 ③ 適切な動作と協調性が期待できる。 ④ 積極性，合理性，効率性について，理解できる。
	Ⅱ 企業実務	(1) 組織の機能	① 業務分掌について，一応，理解している。 ② 職位，職制について，一般的に知っている。 ③ 会社などの社会的責任について，知っている。
	Ⅲ 対人関係	(1) 人間関係	① 人間関係への対処について，一応，理解している。
		(2) マナー	① ビジネス実務としてのマナーを心得ている。 ② ビジネス実務に携わる者としての服装について，一応の知識がある。
		(3) 話し方	① 話の仕方と人間関係との結び付きが分かる。 ② 基礎的な敬語を知っている。 ③ 目的に応じた話し方について，一応，理解している。
		(4) 交際	① 慶事，弔事に関する作法と服装について，一般的な知識を持っている。 ② 一般的な交際業務について，初歩的な知識がある。
	Ⅳ 電話実務	(1) 会話力	① 感じのよい話し方について，一応，理解している。 ② 整った分かりやすい話し方について，一応の知識がある。
		(2) 応対力	① 用件や伝言の受け方について，一応の知識がある。 ② 用件や伝言の伝え方について，一応の知識がある。 ③ 電話の特性について，初歩的な知識がある。 ④ 電話の取り扱いについて，基礎的な知識がある。
	Ⅴ 技能	(1) 情報	① 情報について，一般的な知識がある。 ② 情報の整理について，基礎的な知識がある。 ③ 情報の伝達について，基礎的な知識がある。
		(2) 文書	① 文書の作成について，初歩的な知識がある。 ② 文書の取り扱いについて，基礎的な知識がある。
		(3) 会議	① 会議について，基礎的な知識がある。
		(4) 事務機器	① 事務機器の基本機能について，一応，知っている。
		(5) 事務用品	① 事務用品の種類と機能とを知っている。

※令和２年度より，出題領域に〔電話実務〕を新たに取り入れます。

2級

程度	領域		内　容
ビジネス実務の遂行について理解を持ち、一般的な業務を行うのに必要な知識、技能を持っている。	Ⅰ 必要とされる資質	(1) ビジネスマンとしての資質	① 状況に応じた行動力,判断力,表現力が期待できる。 ② 明るさ,誠実さを備えている。 ③ 身だしなみを心得ている。 ④ 自己管理ができる。
		(2) 執務要件	① 一般的な仕事を,確実に実行できる能力がある。 ② 良識を持ち,模範となる態度をとることができる。 ③ 協調性のある行動をとることができる。 ④ 積極性,合理性,効率性について,十分理解できる。
	Ⅱ 企業実務	(1) 組織の機能	① 業務分掌について,理解がある。 ② 職位,職制の持つ役割および機能について,知識がある。 ③ 会社などの社会的責任および役割について,知識がある。
	Ⅲ 対人関係	(1) 人間関係	① 人間関係への対処について,理解がある。 ② 人間関係の心理について,基礎的な知識がある。
		(2) マナー	① ビジネス実務としてのマナーを活用できる。 ② ビジネス実務に携わる者としての服装について,基礎的な知識がある。
		(3) 話し方	① 話し方の成立要件が理解でき,人間関係への結び付きが分かる。 ② 一般的な敬語が使える。 ③ 目的に応じた話し方ができる。
		(4) 交際	① 慶事,弔事に関する作法と服装および式次第について,一般的な知識を持っている。 ② 一般的な交際業務について,知識がある。
	Ⅳ 電話実務	(1) 会話力	① 感じのよい話し方について,理解がある。 ② 整った分かりやすい話し方について,知識がある。
		(2) 応対力	① 用件や伝言の受け方について,知識がある。 ② 用件や伝言の伝え方について,知識がある。 ③ 電話の特性について,知識がある。 ④ 電話の取り扱いについて,知識がある。
	Ⅴ 技能	(1) 情報	① 情報活動ができる。 ② 情報の整理ができる。 ③ 情報の伝達ができる。
		(2) 文書	① 基本的な文書が作成できる。 ② 一般的な文書の取り扱いができる。
		(3) 会議	① 会議について,一般的な知識がある。 ② 会議の運営について,基礎的な知識がある。
		(4) 事務機器	① 事務機器の機能について,知識がある。
		(5) 事務用品	① 事務用品を適切に使うことができる。

※令和2年度より,出題領域に〔電話実務〕を新たに取り入れます。

1級

程度	領 域		内 容
ビジネス実務の遂行について深い理解を持ち、業務全般に関して、高度の知識、技能を発揮できる。	I 必要とされる資質	(1) ビジネスマンとしての資質	① 状況に応じた行動力、判断力、表現力がある。 ② 明るさ、誠実さを備えている。 ③ 身だしなみを心得ている。 ④ 自己管理ができる。
		(2) 執務要件	① 一般的な仕事を、確実に実行できる能力がある。 ② 良識を持ち、模範となる態度をとることができる。 ③ 協調性のある適切な行動をとることができる。 ④ 積極性、合理性、効率性について、深い認識がある。
	II 企業実務	(1) 組織の機能	① 業務分掌について、深い理解がある。 ② 職位、職制の持つ役割および機能について、深い認識がある。 ③ 会社などの社会的責任および役割について、深い認識がある。
	III 対人関係	(1) 人間関係	① 適切な対人行動をとることができる。 ② 人間関係の心理について、知識がある。
		(2) マナー	① ビジネス実務としてのマナーを活用できる。 ② ビジネス実務に携わる者としての服装について、知識がある。
		(3) 話し方	① 話し方の成立要件が認識でき、人間関係への結び付きが理解できる。 ② 高度な敬語が使える。 ③ 目的に応じた話し方が適切にできる。
		(4) 交際	① 慶事、弔事に関する作法と服装および式次第について、全般的な知識を持っている。 ② 交際業務全般について、深い知識がある。
	IV 電話実務	(1) 会話力	① 感じのよい話し方ができる。 ② 整った分かりやすい話し方が適切にできる。
		(2) 応対力	① 用件や伝言の受け方が適切にできる。 ② 用件や伝言の伝え方が適切にできる。 ③ 電話の特性について、深い知識がある。 ④ 電話の取り扱いが適切にできる。
	V 技能	(1) 情報	① 情報活動が効率よくできる。 ② 情報の整理が合理的にできる。 ③ 情報の伝達が適切にできる。
		(2) 文書	① 一般的な文書が効率よく作成できる。 ② 文書全般について、取り扱いが適切にできる。
		(3) 会議	① 会議について、深い知識がある。 ② 会議の運営が一応、できる。
		(4) 事務機器	① 事務機器の機能について、知識がある。
		(5) 事務用品	① 事務用品を適切に使うことができる。
	（備考）ビジネスマンの適性としての口頭表現について面接による審査を付加する。		

※令和２年度より、出題領域に〔電話実務〕を新たに取り入れます。　©公益財団法人 実務技能検定協会

I

必要とされる
資質

---

①
ビジネスマンとしての資質

②
執務要件

o m o i y a r i

① ビジネスマンとしての資質

> ① 適切な行動力, 判断力, 表現力が期待できる。
> ② 明るさ, 誠実さを備えている。
> ③ 身だしなみを心得ている。
> ④ 自己管理について, 理解できる。

1 適切な行動力, 判断力, 表現力が期待できる

　礼儀正しい態度・振る舞いなどから, **社会人としての品格**を感じ, 相手を気遣う丁寧な言葉遣いなどから, **ビジネスマンとしての見識**の高さを感じる。これが, 期待される行動力, 判断力, 表現力です。そして, この行動力, 判断力, 表現力が一体となって発揮されれば, **社内外の人から, 高い評価と信頼を得る**こともできるでしょう。**ヒューマンスキル**です。

　では, 次の事例を検討してみましょう。「表現力」に視点を置いてのケース・スタディーです。

事例研究① 適切な行動力, 判断力, 表現力が期待できる　case study

　次は新人の堀口健二が, ビジネスマンに「表現力」がなぜ求められるかを考えたものである。この中から<u>不適当</u>と思われるものを一つ選びなさい。

(1)　表現力の善しあしが, 社会人としての品格に関わるため。
(2)　表現の仕方がよければ, よりよく意思の疎通（そつう）が図れるため。
(3)　相手に対する敬意や配慮は, 的確な表現によって表せるため。
(4)　社員の表現力の善しあしは, 会社に対する信頼に関わるため。
(5)　豊かな表現力があれば, どのような場でも自分の意見を通すことができるため。

事例解説　instructions

　いかがでしょうか。**不適当な選択肢は(5)**になります。
　豊かな表現力は, 必要なビジネススキルの一つ。でも, 自分の意見を通してばかりいたのでは, 周囲との人間関係も悪くなり, 職場の中で孤立し

てしまいます。仕事は自分一人ではできないからです。**周囲の人と協調して初めて仕事ができる**というわけです。ここは，人間関係を意識して，**自制することも表現力の一つ**と考えておきましょう。「何よあの人，自分のことばかり言って。不愉快だわ」とならないためにも。

　そして，このことが(1)の社会人としての品格に関わってきます。社会人としての品格は，相手の立場や思いを十分にわきまえ，**礼儀正しく謙虚に接する**，その心の持ち方にあるからです。また，このことが基本軸にあれば(2)と(3)に見られるように，**相手を気遣った的確な表現（言葉遣い・態度・振る舞いなど）**ができます。すると，**(4)会社に対する信頼**も高まります。ビジネスマンとしての表現力が，会社のイメージを高めていくからです。そして，これが**事業の貢献**へとつながっていきます。

　　　＊事例研究①は，ビジネス実務マナーの総合問題でもある。「審査基準」からも分かるように，ビジネス実務マナーの内容を全体的に捉えて出題されているからである（例えば，協調性，自己管理，人間関係への対処，マナー，話の仕方，敬語など。そして，これがヒューマンスキル）。
　　　＊この総合問題への理解は重要である。ビジネス実務マナー検定のエッセンスを表しているからである。そして，その他の検定問題は，この趣旨に基づいて出題されている。

要点整理　the main point

適切な行動力，判断力，表現力が期待できる

1 企業社会が期待しているもの

　企業社会が期待しているのは，配慮と気遣いのある表現力です。対人関係やその時々の状況を**適切に判断し行動できる，その表現力**です。すると，(5)のような考え違いに陥ることなく，顧客や取引先などから，好意を持って受け入れられるようになります。**期待できるビジネスマン，信頼できるビジネスパーソン**として。出題の意図もここにあります。

2 行動力，判断力，表現力の根源にあるもの

　行動力，判断力，表現力のよりどころは，**道徳心**にあります。道徳には，**規律を順守する態度（良識），互いに協力して事に当たる協調性，人の気持ちを慮る優しい心根（対人関係），礼儀正しさ，誠実さ**などが内包されているからです。そして，これが**社会的行動**につながっていきます。事の

善しあしをわきまえた適切な**行動力，判断力，表現力（ヒューマンスキル）**
として。

> ＊経営学者のＰ．Ｆ．ドラッカーは，孔子の言葉などを紹介しながら，今こ
> そ「道徳的価値観」を重視するべきであると説いている（Ｐ．Ｆ．ドラッカー
> 著『新しい現実』ダイヤモンド社）。なぜなら，ビジネスマンには社会
> 人としての道徳的な責任(正しいことを正しく行うこと)が求められてい
> るからだ。
> ＊孔子が説く道徳の根幹は，「仁(思いやり)」と「礼（人間関係を円滑にす
> るために守るべき社会生活上の規範。秩序。)」である。そして，この大
> 切さを，孔子は二千年以上前に説いていた。特に，思いやりを。

３ ビジネス実務マナーと道徳心

ビジネス実務マナーは，**道徳や対人関係の理解に裏打ちされた「行動の
型」**です。道徳とそれに深く関わる対人関係を意識しないと，その行動に
心が伴ってきません。そう，だからこその**ビジネス実務マナー（ヒューマ
ンスキル）**なのです。

その意味で「行動力，判断力，表現力」は，ビジネス実務マナーそのも
のであるといってもよいでしょう。**ビジネス社会があなたに期待している
ことの第一は，対人関係やその時々の状況を適切に判断し行動できる，そ
の表現力**にあるからです。

■ 出題の視点

検定問題では，事例研究①のほか，「企業はどのような人物を求めてい
るか」などが出題されています。それを，次の事例から確認しておいてく
ださい。事例研究①とともに，重要な事項です。

企業が求める人物像

◆誰に対してもきちんとした**挨拶**ができる人。

> ＊仕事は，挨拶（礼）に始まり挨拶（礼）に終わる。そして，これがビジ
> ネス実務マナーの基本。

◆常に自己啓発を心がける**向上心**のある人。

◆**責任感**を持って行動できる人。

> ＊ハーバード・ビジネス・スクールでは，倫理学講座が「もっとも人気の
> あるクラス」で，「現在でも賞賛を博しながら授業が続けられている」（ロ
> バート・クーパー，アイマン・サワフ著／堀田力訳『ビジネスマンＥＱ』
> 三笠書房）という。ではなぜ，倫理学か。ビジネスマンには高い道徳性

（責任感）が求められているからだ。

◆健康で明るく，生き生きとして**行動力**のある人。

◆人間関係を大切にし，**チームワーク**がとれる人。

＊「事例解説」で述べたように，その基本は協調性にある。この協調性が
チーム内に良好な協力関係を築く。チームワークである。そして，これ
が業績を向上させるための源。

良好な人間関係をつくり，チームワークをよくするための基本——
①特定の人に偏った付き合いはしない。
②自分と考えの違う人がいても，その人の考え方を尊重する心を持つ。
③自分のことを棚に上げて人を責めない。「上から目線」で人を見ない。
④チームの存在と支えがあるからこそ，自分は仕事ができるのだという謙虚な心を持つ。

◆何事にも興味と関心を持ち，**積極的**に取り組む人。

◆公私の**けじめ**をつけられる人。

＊例えば，課の親睦会と社内の同期会の日にちが重なった場合には，課の
親睦会を優先する。課内のコミュニケーションを図り，今後の仕事を円
滑に進めていくためにも大切な会だからである。課の親睦会は，今後の
仕事の方向性を確認し，その考え方を共有する場である。また，上司や
先輩の仕事に対する考えを聞く絶好の場でもある。これがオフィシャル
のオフィシャルたるゆえんである。これによって，事業活動に対して目
的意識を結集することもできる。

ちなみに，飲食を伴うのは，あくまでも親睦会を和やかにするための手
段。従って，暴飲暴食は避け，上司や先輩からの話は内容を理解するよ
うに努めることが肝心。一方の同期会は，飲食や会話などを楽しむため
の個人的な関係の集まり。これはあくまでもプライベートと考える。

◆**公共心と公衆道徳**（社会人としてのマナー）が身に付いている人

＊通勤途上はもちろんのこと，普段から公共心を持ち，公衆道徳（公徳）
に細心の注意を払うように（公共の場を汚さない，電車内では座席を
譲り合う，歩道では他の歩行者の邪魔にならないように片隅を歩く，な
ど）。

＊例えば，あなたが化粧室の洗面台で手を洗い，備え付けのハンドタオル
で手を拭いたとしよう。さて，あなたなら，この後どうするか。そう，
手を洗ったときに飛び散った水滴はきれいに拭き取る。これが「次に使
う人にもきれいな状態で使ってほしい」という配慮（道徳心）。過去に
出題例もある重要なテーマ。

＊例えば，朝の混雑している通勤電車の中で，おばあさんが荷物を持ってつらそうに立っていたとする。さて，隣にいるあなた，どう対処するか。そう，前に座っている人に席を譲ってくれるように頼むか，または，荷物を持ってあげるのがベスト。

＊普段から，ビジネスマンとしてのふさわしい身だしなみを心がける。これは，人に不快感を与えるようなだらしない服装はしないということ。そして，これは会社のイメージにも関わる重要な事項。

Column

企業社会と道徳心について

モラルこそが最大の財産

　こう語るのは伊藤雅俊さん（イトーヨーカ堂グループの創業者）です。では，その話を聞いてみましょう。

　会社の財産は、「人」「物」「金」「信用」ですが、中でも人（人材）が重要です。その「人」の中でも、モラル（道徳）が最大の財産だと私は考えています。

（伊藤雅俊著『商いの心くばり』講談社文庫）

　では，なぜ**モラル（道徳）は最大の財産**なのでしょうか。それは，顧客や取引先と良好な関係を築き，**信用と信頼（評価）を得ていくための基盤中軸になる**からです。この道徳心があれば，**取引先との約束は必ず守る，嘘偽りのない販売活動や交渉，礼儀正しい挨拶と良心的なお客さま応対**，などができるというわけです。誠実さです。伊藤さんも語ります。**「信用は誠実さから生まれる」**と。

　そして，これこそが企業の格（ステータス）をつくり上げていく礎（いしずえ）であり，企業発展の原動力です。

　　　　　＊伊藤さんは，「誠実とは『嘘のない行為であり、責任をもった行為』」とも語っている。

　　　　　＊この嘘偽りのない行為をドラッカーは，重視すべき「道徳的価値観」の一つとしている。

2 明るさ，誠実さを備えている

信頼されるビジネスマンになるための基本要件の一つ。それが，**明るさと誠実さ**です。どのような人にも誠実であるということは，明るさがあってのこと。そして，その明るさが誠実な人柄を伝えます。では，企業社会における誠実さとはどのようなことをいうのでしょうか。次の事例から検討してみましょう。

事例研究② 明るさ，誠実さを備えている　　　　case study

次は新人の宮崎典子が，ビジネスマンとしての「誠実さ」とは何かを考えたものである。この中から<u>不適当</u>と思われるものを一つ選びなさい。

(1)　顧客のために，労を惜しまずサービスしたときでも，販売契約などの見返りを求めることはしない。
(2)　顧客からのクレームに対しては，会社の不利にならないように，言葉を巧みに操って一生懸命弁明に努める。
(3)　退社時，同じチームの先輩が忙しそうに残業していたら，「手伝います」と言って雑用でも何でも率先して引き受ける。
(4)　仕事で成果を上げ，周りから評価を受けたときでも，得意がらずに「みなさんの協力があってのこと」と，心から感謝する。
(5)　同僚が仕事上で過ちを犯し，上司から注意されているときは，関係ないとは思わずに，自分のことのように責任を感じて上司の言葉を聞いている。

事例解説　　　　　　　　　　　　　　　　instructions

誠実さとは，「うそ偽りがなく，まじめ（真摯）である」ということです。そして，この誠実さは，「**真心**」という言葉に置き換えて考えてみてもよいでしょう。真心には，「**他人のために尽くそうという純粋な気持ち。偽りや飾りのない心。誠意。**」（『大辞林』）などの意味があるからです。

この視点から見てみると，**不適当な選択肢は(2)**になりますが，どうでしょうか。

心にもない口先だけの言葉で取り繕うことは，とどのつまり顧客を欺い

18

てしまうことになります。これを不誠実といいます。「巧言を弄する」ことはしない。そういうことです。

　では，どうするか。心からの謝罪とその苦情を真摯に受け止めることです。顧客には，決して不愉快な思いをさせない，顧客に不利益になるようなことは絶対にしない。これが，**企業人としての責任と義務（誠実な態度）**だからです。

　そして，この誠実さが(1)の顧客対応につながっていきます。まずは見返りを求めずに，**「顧客のために誠意を尽くす」**。このマインドです。また，この**打算なきマインド**が基軸にあれば，(3)と(4)に見られるように，仕事に対して**協調性のある態度**をとることができます。すると，(5)同僚の過失も自分の問題として捉えることもできるでしょう。ミスを共有して反省し，今後このようなことがないように皆で気を付ける。これが仕事への**誠実な取り組み方**であり，**成熟した大人の態度**だからです。

> ＊相手を第一に思う打算のない心こそが大切。選択肢(1)の意味もここにある。誠実ある販売活動は，いずれ顧客の心を動かすことにもなるからだ。
> ＊会社の体面より，まずは顧客の立場を優先すること。これが顧客第一主義の考え方。
> ＊「巧言を弄する」のはもってのほか。弁解，弁明，言い訳も言わずもがな。この行為こそが会社の体面を汚すことにつながると考えるべきだろう。老先生も『論語』の中で「巧言乱徳（巧言は徳を乱る）」と戒める。この解釈には幾つかあるが，その一つに「きれいなだけの言葉は，その人の品性を台なしにする」（宮崎市定著『現代語訳論語』岩波現代文庫）というのがある。

要点整理 the main point

明るさ，誠実さを備えている

1 誠実さはビジネス活動の要

　「なんという誠実さでしょう。なんという謙虚さでしょう」。そう言って，感心した人がいます。前項のコラムで紹介した伊藤雅俊さんです。

　静岡に三保原屋さんというインテリアや生活用品専門のお店があります。この店の仕入れ担当者はすべて女性です。その方たちは、たとえば

醤油つぎを仕入れるときには、全部の醤油つぎに実際に醤油を入れて試してみるそうです。そして、醤油の出が悪かったり、下の方へたれてしまうものは、売場に置かないのです。

　私はこの話を聞いて、感心すると同時に、深く反省しました。なんという誠実さでしょう。なんという謙虚さでしょう。この話には、私たちがよく考えてみなければならない大切な教訓が含まれていると思います。

（伊藤雅俊著『商いの心くばり』講談社文庫）

　誠実さとは，「うそ偽りがなく，まじめ（真摯）である」ということです。そして，この真摯な態度は，仕事に対して，また社内外での人間関係に対して求められています。これがないところに，ビジネスは成り立たないからです。**ビジネス活動の要，それが誠実**というわけです。出題の意図もここにあります。

2 チームワークのよさは誠実さがあってこそ

　仕事は皆で協力し，誤りは補い助け合いながら進めていかないと，チームとしての実は挙がりません。これは，互いの存在を認め合い，当事者意識（責任感）を持って事に当たるということです。そして，これはとても大切なマインドでしょう。

> ＊従って，「友のミス 口で慰め 心で笑う」（『平成サラリーマン川柳傑作選』）はいけない。品性が疑われる。

3 明るさ，誠実さを備えているということ

　誠実に人と向き合い，誠実に仕事と向き合うことができるのは，明るさがあってのこと。そして，この**明るさは，思いやりと優しさ，素直さがあってこそのこと**。

　だからこそ企業社会は，**明るさと誠実さ，美徳を備えたビジネスマン**に期待しているのです。一般社会から，そして社内外の人から高い評価と信頼を得るために。

> ＊いつも笑顔を絶やさず，しかも機敏に立ち振る舞う。これが明るさ。だが，この根底には，社内外の人に決して不快な思いをさせないという，細やかな気遣いと心配りが必要。「感じて、気づいて、理解する」（ジェームズ・アレン著／葉月イオ訳『幸福に通じる 心の品格』ゴマブックス）ことが大切だからだ。
> ＊明るく振る舞うことはよい。が，調子に乗って，自分が無邪気な主人公

になってはいけない。相手の立場を思いやり，知的に，謙虚に振る舞うことが肝要。これが，ビジネスマンとしての知的な明るさ。そして，だからこその「明るさと誠実さ」なのである。

出題の視点

　検定問題では，事例研究②に見られるように「明るさ，誠実さとは何か」を中心に出題されています。そして，このケースが代表的な出題事例になるでしょう。改めて，誠実さとは何かを，事例研究②とその解説，要点整理から確認しておいてください。ビジネス実務マナーの基軸となる重要項目です。

誠実であるということ

誠実さは，道徳性の高い生活態度から

　ビジネスパーソンにとってこの上なく大切なもの。それが**誠実さ**です。キングスレイ・ウォードは息子にこう語り掛けます。

　誠実な人格の持ち主であるということは、道徳性の高い生活態度が身についている、ということ。つまり、その人の日常がいつもまじめで、正直で、率直ということである。実業界では、そのような特質をそなえることが長期的な成功をもたらす生命力になる。

（G・キングスレイ・ウォード著／城山三郎訳
　　　　『ビジネスマンの父より息子への30通の手紙』新潮文庫）

　道徳性の高い生活態度が身に付いているとは、「礼儀正しく丁寧に振る舞いなさい」「周囲の迷惑になるから，もう少し静かに話しなさい」などと言われる前に，この当たり前のことを，当たり前のこととして普段の生活からきちんとできているということです。そして企業社会は，この**「道徳性の高い生活態度」を重要視**しています。ビジネス活動の基本になるからです。

3 身だしなみを心得ている

　信頼されるビジネスマンになるためのパスポート。その一つが，きちんとした身だしなみです。そして，これが**規律ある企業社会で働いているビジネスマンの基本スタイル**です。その基本スタイルを問うているのが次の事例です。検討してみましょう。

事例研究③　身だしなみを心得ている　　　　　　　　　case study

　次は営業課に配属された新人大山雄二と松浦香奈が，身だしなみについて先輩から教えられたことである。中から<u>不適当</u>と思われるものを一つ選びなさい。

(1)　服装は男女とも，上下がそろいのビジネススーツにすること。
(2)　女性の場合，スカートにこだわらずパンツスーツでも構わない。
(3)　ネクタイはぶらぶらすると見苦しいのでネクタイピンで留めること。
(4)　軽快な感じではあるが，男性の白のスポーツソックスと女性の素足はいけない。
(5)　靴は，男女ともカジュアルな物でよいが，色はスーツの色に合わせた物にすること。

事例解説　　　　　　　　　　　　　　　　　　　　instructions

　この場合の身だしなみとは，**ビジネスの場に適しているかどうか**という視点からになります。**ビジネス実務マナー**です。
この視点から考えてみると，**不適当な選択肢は(5)**になりますが，どうでしょうか。

　カジュアルな靴は，休日の遊びのときなどに履く物なので，**ビジネスというフォーマルな場には適さない**ということです。

　では，どのような靴を履くか。スーツには，スーツに合ったビジネスシューズを，そして，色は一般的には黒。また，スーツによっては茶系ということになるでしょう。

　さて，そのスーツです。スーツは(1)と(2)にあるように，上下がそろいの物を着用します。これが**整然としたビジネスパーソンの服装**です。

そして，(3)ネクタイにはネクタイピンを。これをワンポイント着けることによって，**身だしなみが整い，きちんとした印象**を与えます。**折り目正しさ**はこういうところからも。もちろん，会食の席上などでタイピンをしていると邪魔にならない。何よりスマートに食事ができます（ネクタイを押さえながらスープを飲むこともない）。

では，靴下はどうするか。基本は無地。そして，色は靴かスーツに調和するものを選びます。

> ＊板坂元さん（日本文学）は靴下の色と靴の色，そして服装とのバランスについて，「黒のソックスは、ペニー・ローファーのようなカジュアルな靴やスニーカーズに合わない。逆に、ビジネス・スーツやブラック・シューズには白ソックスは絶対に不適当だ。ただし、黒のカジュアルな靴にジーンズやチーノのパンツだったら白のソックスをはいても構わない」（『紳士の小道具』小学館）と語る。要はＴＰＯの問題だ。なお，ペニー・ローファーとは「スリッポン式の革靴で，甲の部分のストラップに硬貨（ペニー）がはさめるようになっているもの」。コイン・ローファーともいうそうだ。
> ＊また，同書で板坂さんは，「靴も靴下も最も上品な色は黒である」と紹介している。もちろん，これはフォーマルな場でのことである。
> ＊素足をあらわにしてはいけない。ストッキングをはいてこそ，装いも整うというもの。色は一般的にはナチュラルなベージュ系。

要点整理　the main point

身だしなみを心得ている

1 ビジネスというフォーマルな場にふさわしい服装

ビジネスの場にふさわしい服装。それは**商取引などのフォーマルな場に適した服装**のことです。そして，服装はこの公的（フォーマル）な場にふさわしく，**整然とした統一感ある装い**になるでしょう。これが商取引などで，顧客や取引先から信頼を得るための基本スタイルだからです。出題の意図もここにあります。

> ＊言うまでもなく，職場も公的な場である。
> ＊第一印象は外見によって決まる。服装もその一つ。これを心理学では「スレッド効果、つまり服の繊維の効果」（齊藤勇著『自己表現上達法』講談社現代新書）といっている。ことわざにある「浮世（うきよ）は衣装七分（しちぶ）」である。このことをわきまえておくこと。

＊信頼される装いとは，ビジネススーツにワイシャツ，ネクタイ，靴など
がうまくコーディネートされたもの。そして，この装いが規律ある企業
社会で働いているビジネスマンの基本スタイル。
＊ビジネスの場にカジュアルな服装やスポーティーな服装はなじまないと
心得ておくこと。
＊服装の善しあしは，相手への信頼感に影響があるので，スーツはベー
シックなデザインのものが無難と考えておく。もちろん，これは会社の
印象にも影響する。だからこそ，身だしなみのマナーをきちんと心得て
おく必要があるということである（第Ⅲ章(2)−②で，対人関係の視点か
ら改めて取り上げる）。

2 身だしなみの意味

身だしなみとは，服装・髪形などの身なりや言葉遣い，態度・振る舞い
を整えることです。そして，これが礼儀正しいビジネスマンとして，全体
の雰囲気を表現していきます。改めて，その意味を確認しておいてくださ
い。

＊身なりだけでなく，言葉遣いや態度・振る舞いまでもコーディネーショ
ンしていく。これによって，全体に調和の取れた身だしなみが完成する。
＊貝原益軒（江戸時代の儒学者）は，その人となりを見極めるとき，まず
服装を見る，次に言葉遣いを聞き，そして態度・振る舞いを見る，と語っ
ているそうだ（川北義則著『日本人の作法』徳間書店）。だからこその
身だしなみである。

3 誠実さと身だしなみ

では，礼儀正しいビジネスマンとして，**全体の雰囲気を表現していくた
めの要**は何でしょうか。それは，常に**顧客の立場を尊重し，敬意を持って
誠実に対応する心**です。この心が，服装や言葉遣い，態度・振る舞いなど
の身だしなみに表れてきます。

＊前項②「明るさ，誠実さを備えている」を再確認のこと。この誠実さが
あって初めて，身だしなみも整うからである。
＊身だしなみを整える第一は，相手に不快な思いをさせないこと。決して，
自分のためにするのではない。これがビジネス実務マナー。

出題の視点

検定問題では，事例研究③に見られるように，「身だしなみの基本」を
中心に出題されています。それを，次の事例から確認しておいてください。
ポイントは，**仕事に取り組む姿勢（心がけ），感じのよさと清潔感，丁寧**

さなどになるでしょう。特に，**仕事の場にふさわしい身だしなみ**なのかどうか，その判断力は重要です。仕事に取り組む姿勢そのものが問われるからです。そう，ビジネスマンの資質として。

> ＊第Ⅲ章対人関係(2)−②と内容は連動している。が，この領域では，服装を含めた身だしなみ全般にわたって出題されるケースが多い。
>
> ＊以下で紹介する事例が，第Ⅲ章の対人関係(2)−②で出題される場合もある。総論として，ここでしっかり押さえておくとよい。

①デスクワークのときの身だしなみ

◆靴をサンダルなどには履き替えないこと。

> ＊ビジネスの場にふさわしくないからである。履くなら自宅で。

◆ワイシャツの腕をまくるようなことはしない。

> ＊どうしてもがさつな印象が残るからである。デスクワークはスマートに。

◆ワイシャツの襟のボタンもきちんと留め，ネクタイを締めること。

> ＊ワイシャツはボタンが全部かかっていて，初めて姿がきちんとするからである。
>
> ＊ワイシャツは，首回りのサイズが合った物を着るようにし，色は白が無難だが，極端でなければ色物でも柄物でもよい。ただし，カジュアルな物は避ける。
>
> ＊女性は「インナーにはシャツブラウスやＴシャツ、タートルシャツなどを着用しますが、胸元があきすぎているものや、大きなフリルがついたもの、ラメなどの光る素材は避けましょう。シャツのボタンは必ずしもいちばん上まで留める必要はありませんが、いくつもボタンを外す着こなしはよくありません」(幸運社編『女のマナー常識555』ＰＨＰ文庫)。だらしなく見えるからだ。

◆仕事をするときは，動きやすいように上着を脱いでいるときもあるが，来客のときはきちんと着て応対する。

> ＊ワイシャツは下着の部類なので，人前に出る服装としてはふさわしくないからである。
>
> ＊上着を着ていると気持ちも引き締まり，それが態度や動作などに表れる。
>
> ＊来客が上着を着ていたとき，こちらが着ていなければ相手に失礼になるからである。

②暑い時期に得意先を訪問するときの身だしなみ

◆ワイシャツは，なるべく長袖の物を着るようにする。

> ＊できるだけ肌をあらわにしないという配慮からである。大事なマナーの一つ。

◆スーツの生地は，涼しげに見える物でしわになりにくい物を選ぶ。

＊スーツは，上下がそろいのビジネススーツが基本。

◆上着を脱いで歩くときは，暑苦しく見えないように持ち方を工夫する。

＊無造作にわしづかみにするのではなく，上着の形を整え腕にきちんと抱える。これが見る人に対して爽やかな印象を与える。そして，颯爽(さっそう)と歩く。これが暑さを感じさせない歩き方。

◆柄物の靴下は暑苦しいので無地にし，汗を吸い取ってくれる綿製品をはく。

＊見た目の印象だが，これが大事。無地（黒か紺，またはグレー）の方が涼しげに見える。

③その他の身だしなみ

◆時計は，カジュアルな物は避け，落ち着いたデザインの物にする。

◆ベルトの色は，スーツや靴の色に合わせる。革製の物が無難。

◆カフスボタンは，普段は必要ないが，使う機会もあるので，いつでも使えるように用意しておく。

＊「アクセサリーも、仕事のときにはなるべく控えめを心がけましょう。ぶらぶらと揺れ動くピアスやイヤリング、大振りな指輪やネックレスなどは、動くたびに音を立てたり、何かにぶつかったりして仕事の妨げになります。シンプルなものを身につけるようにしましょう」（『女のマナー常識555』）。

◆髪には整髪料をつけ，くしを使って，乱れをなくしてきちんとしておく。

＊女性は「前髪が目にかかるような髪型や、くるくるとカールした華美なスタイルは職場にはふさわしくありません。なるべく束ねたり、ピンで留めたりして、すっきりさせると好印象です」。また、「濃い化粧はタブーです。派手なマニキュアや付け爪、香りの強い香水は歓迎されません」（幸運社編『大人のマナー常識513』ＰＨＰ文庫）。

ビジネスマンであることの意思表示①

礼儀正しさが身だしなみに表れる

　ビジネスマンにふさわしい装いとは何か。このことについて，キングスレイ・ウォードは息子にこう語ります。

　若い管理職は（あるいは誰でも）、どうすればイメージの向上がはかれるか？　話は長くなるが、服装について一、二言付け加えたい。世の中には（中略）あらゆる種類の衣服がある。君がこの社会で何を着ようと、選択の自由は確かにある。（君は土曜日の朝の私のだらしのない恰好を見て、この点を強調するだろう）。しかし面接を受けるとき、あるいは会社で顧客とその部下、あるいは君の部下と一緒に働くとき、あるいは仕入れ先と話し合うときには、今日の実業家にふさわしい装いを定めた不文律がある。その一般法則は、自分の好みではなく、君の会う人の好みに合った、あるいは合うと思われる装いをすることである。長髪、もじゃもじゃのひげ、プレスしていないズボン、磨いていない靴、昨日から剃っていないひげは、ふつう人びとの不興を買ういで立ち、あるいは手抜かりの数例である。

（G・K・ウォード著／城山三郎訳『ビジネスマンの父より息子への
30通の手紙』（新潮文庫）

●

　仕事に対する真摯な態度が身だしなみに表れる。そんな事例でした。

　　　＊第Ⅲ章の対人関係(2)－②のコラムでは，「服装」について
　　　村上龍さん（作家）のエッセーを紹介している（「ビジネス
　　　マンであることの意思表示②」）。

4 自己管理について, 理解できる

　信頼されるビジネスマン, 誠実なビジネスパーソンは, **企業社会の秩序と規範を順守し, それに従い行動**しています。時に, 「自分独自のスタイルで営業活動(仕事)をしてみたい」と思っても, それが組織の**行動規範(基準)**にかなっているかどうかを, ビジネスマンは必ず自己確認しています。そして, この確認作業から, 組織人として何がベストかを考え, 行動していくわけです。そう, 個人的な思い・感情を抑えて。これが**自己管理(セルフコントロール)**です。では, その基本事例を見てみましょう。

事例研究④ 　自己管理について, 理解できる　　　　　**case study**

　水谷健二は新人研修で, 「ビジネスマンは, 会社の規則に従って行動することを基本としている。しかし, そのためには自らを厳しく律する, 『自己管理』能力が必要だ」と教えられた。次はそのとき, 水谷が考えた理由である。中から<u>不適当</u>と思われるものを一つ選びなさい。

(1)　ある程度親しくなった顧客との間でも, 自分の立場をわきまえた丁寧な対応ができるようになるからではないか。

(2)　上司の誤解で, 厳しく叱責を受けたとき, 「それは私ではない。Aさんがしたことだ」と正確に言えるようになるからではないか。

(3)　会社の規則に従って行動することにより, 自分の行動パターンとの違いが分かり, その後の仕事がより適切にできるようになるからではないか。

(4)　時に, 「この程度の規則は守らなくても構わないだろう」と, 勝手気ままに判断してしまうことがあるが, それを, 抑える要となるからではないか。

(5)　顧客は感情的に不満を言ってくることもある。が, このようなときでも, 感情的にならずに謙虚に顧客の話を聞くことができるようになるからではないか。

事例解説 　　　　　　　　　　　　　　　　　　　　**instructions**

　さて, 自己管理の問題です。**不適当な選択肢は(2)**になりますが, いか

がでしょうか。

　勘違いと間違い，誤解は誰にでもあるもの。それを，「私ではない。Aさんだ」と直截的に否定してしまって，果たしていいものなのかどうか，ここが問題です。そう言われた上司は，叱った手前もあり，引っ込みがつかなくなるのではないでしょうか。これが人の心理です。そして，この対人心理の理解は重要です。しかも，致命的なことに水谷さんは「真犯人」の名前まで挙げています。これは，もういけない。Aさんとの関係も危ういものになるからです。

　ここで重要なこと。それは，その先にある**「互いに信頼できる人間関係を築くこと」**を心に留め置き対応することです。すると，何がしてよいことで何がしてはいけないことなのかがおのずと選択できるようになります。この**心の働きが自己管理**です。選択肢(2)は，この自己確認（点検）を怠った結果です。

　この心の働きが十分に機能すると，**選択肢(3)と(4)**に見られるように，自己判断ではなく，**会社の秩序（規範）を意識して仕事を進めること**ができます。これがチームワークの基本です。そしてこの役割意識の下，全てを**顧客第一主義で考え，会社の信用を高めるために努力する**ことができるというわけです。それが，**選択肢(1)と(5)**の事例です。

　　　＊誤解をしたまま叱る上司も上司だが，しかし，それをすぐさま否定してしまうと，「私が間違っているとでも言うのか。言い訳をするな。A君に責任転嫁でもするつもりか」などと言われかねない。不協和音が鳴り響き，後は泥沼にはまり込んでしまうだけだ。従ってここは，人間関係を損なわないことに心を砕き，説明などせずに，大人の対応をしていかなければならないだろう。忍耐心（自制）である。

　　　†誤解は時間を置いて解いていけばよい。「言いたいことは明日言え」である。

要点整理　　　　　　　　　　　　　　　　　　　the main point

■■ **自己管理**について，理解できる

1 行動規範は，事業活動のよりどころ

　企業社会には，**行動規範**があります。その代表例が**服務規定（規律）**

でしょう。ここには，**会社の信用を貶めるようなことはしないこと，互い**
に協力し合って業務を遂行すること，互いに信頼関係を高めることに努力
すること，顧客から信頼される行動を取ること，出退勤の時間は厳守する
こと，などが書かれています。**会社の意思**です。そして，ビジネスマンは
これに依拠して仕事をしています。

2 自己管理は心の働き

これが社会や市場，顧客などから好意と好感をもって受け入れてもらえ
るための第一歩です。「さすがモラルの高い会社だ。約束はきちんと守る
し，何より一人一人の社員が礼儀正しい」というわけです。これが**ビジネ**
ス実務マナーであり，ビジネスマンが果たさなければならない**責任と義務**
です。そして，出題の意図もここにあります。

> ＊自己管理（自制）がきちんと理解できれば，「適切な行動力，判断力，
> 表現力」は，十分に期待できる。

3 自己管理は自己実現への第一歩

ビジネスパーソンは，規律や規則をただ守ればよいと考えてはいませ
ん。それを**自分の価値観（信条）**とし，そして，**道徳心**にまで深化させて
仕事に取り組むべきであると考えています。これが真に**顧客から高い評価**
と信頼が得られる源であると知っているからです。だからこその**自己管理**
です。

サミュエル・スマイルズも語ります。「**自制はあらゆる美徳の根源**」（本
田健訳『**品性論**』三笠書房）であると。

そしてビジネスパーソンは，顧客から高い評価と信頼感を得たことによ
る喜び，達成感を大切にします。この蓄積が**仕事への誇り**となり，また**自**
己実現への第一歩になると考えるからです。

出題の視点

検定問題では，事例研究④のほか，健康管理や時間管理などが出題され
ています。それを，次の事例から確認しておいてください。

①**健康管理**

◆休日に遊びに行くときは，翌日の仕事に影響しないように注意する。

◆体調がよくないと感じたときには，早く治すためにすぐに病院に行
くことにする。

◆ストレスをためないために，趣味やスポーツなどで気分転換を図る
　ように心がける。

◆友人と付き合うときでも，深夜まで飲み歩くようなことはしないよ
　うにする。

◆退社後の買い物などは，翌日に疲れを残さないために，帰りが遅く
　ならないように気を付ける。

　　　＊健康管理の目的は，会社や取引先，顧客などに迷惑をかけないためにあ
　　　　る。そして，自分のために。

②時間管理

◆朝は早めに出社し，その日にする仕事の段取り（優先順位）を決め
　て，定時に仕事に取りかかれるようにしている。

◆その日のうちに終わらせなくてはいけない仕事があるときは，事前
　に上司に話し，残業の許可をもらっておくようにする。

◆ミーティングの時間が近くなったら，急ぎの仕事をしていても一時
　中断して会議に出席する。

◆外出するときは，上司に外出先と帰社予定時間を伝えて出かけ，遅
　くなりそうなときは，外出先から連絡するようにしている。

③その他の自己管理

◆自分の言ったことやサービスの内容は，会社の言ったこと，したこ
　とになるので，言動に注意し，会社の信用を高めるようにしている
　（責任感を持って事に当たる）。

◆昼食を会社の外で取るときは，休憩時間であっても勤務中と考え，
　節度のある行動をとるようにしている。

　　　＊公衆道徳もその一つ。

◆社外の人には，いくら親しくなっても，会社の機密と思われる事柄
　は話さないようにしている。

　　　＊「『内緒』だと 言えば伝達 ゆきわたり」（『平成サラリーマン川柳傑作選』
　　　　講談社）となること，請け合いである。

◆社員間のお金の貸し借りは，人間関係を悪くする場合が多いので，
　なるべくしないようにしている。

◆会社の備品を私物化しないようにしている。

　　　＊「〝私のもの、あなたのもの〟というりっぱな区別がある」（『品性論』

三笠書房）ということを忘れないように。

◆取引先との交渉で，できもしない約束はしないようにしている（安易に口約束はしない。安請け合いをしない）。

　　＊個人判断での値引き，サービスなど。

Column

健康管理は重要な仕事の一つ

フィジカル・エリート

「フィットネスやジョギングなどでからだを鍛え、運動が得意で、健康的なからだや雰囲気を誇れる人。また、心身ともに鍛え上げたビジネスマン」（『大辞泉』）のことを，フィジカル・エリートといいます。そしてこの体力づくりは，ビジネスマンにとっての基本的なスキル，集中力の向上に高い効果を挙げているようです。

「そうかなあ，集中力って，自分の心掛け次第なんじゃないの」。そんな声も聞こえてきそうですね。

いや，そうではない。「精神力と体力とは密接に結びついていることが心理学的に明らかにされている」。そう語るのは，内藤誼人さん（心理学）です。では，その精神力と体力の関係について，『交渉力養成ドリル』から見てみましょう。

スポーツでも格闘技でもかまわないのだが、普段から身体を動かし、体力の向上に努めている人は、少々のことでは音をあげないし、へこたれることもない。私の知り合いの編集者は、ボクシングのジムに通いだすようになってから、どんな人に会うときも物怖じしなくなったと語っている。体力がつくと、自信もつくのだろう。

（中略）

体力こそ、あらゆる仕事をこなす基礎。これは商談でも、交渉でもそうである。一歩も引かない気力を養うには、体力を養うのがてっとり早い方法なのだ。

（中略）

ケース・ウェスタン・リザーブ大学のマーク・ムラベン博士によると、知的な作業をさせてから、握力の測定をすると、いつもの握力が出せなくなるという。私たちの精神力と体力は結びついていて、精神力を使うと、体力も消耗するからなのだ。このデータは、精神力と体力が結びついていることを示している。

＊また，同書によると，海外の論文や雑誌では、「フィジカル・

34

エリート」という言葉が新しい称号として取り上げられているという。タフなビジネスパーソンとして。

（内藤誼人著『交渉力養成ドリル』ダイヤモンド社）

●

　体力がないと，どうしても疲れやすくなる。そして，それが顔に態度についつい出てしまう。すると，顧客や取引先から「お疲れのご様子で」などと皮肉の一つも言われてしまう。やはり，**「体力こそ、あらゆる仕事をこなす基礎」**なのですね。

② 執務要件

> ① 平易な仕事を，確実に実行できる能力がある。
> ② 良識を持ち，素直な態度をとることができる。
> ③ 適切な動作と協調性が期待できる。
> ④ 積極性，合理性，効率性について，理解できる。

1 平易な仕事を，確実に実行できる能力がある

　新人には，業務の内容とその程度に従って，上司から仕事の指示が出ます。この指示によってあなたの**仕事の第一歩がスタート**します。もちろん新人ですから，その仕事はさほど難しいものではありません。でも，本当は難しいんです。この平易で平凡な仕事を完璧にこなすことは。そして，だからこそ，従業要件の一つとして，「平易な仕事を，確実に実行できる能力」が求められているのです。それを，次の事例から見てみましょう。

事例研究①　平易な仕事を，確実に実行できる能力がある　case study

　次は新人富田真一が先輩から，ルーチンワークについて指導されたことである。中から<u>不適当</u>と思われるものを一つ選びなさい。

(1)　ルーチンワークはやりがいがないと思われがちな仕事なので，気を抜かずにやることが必要だ。

(2)　ルーチンワークは簡単そうに見えるが，準備をして計画的に行わないと，完全な仕事はできない。

(3)　ルーチンワークは日課のように行う仕事だから，上司の指示をいちいち待たず自発的に行ってよい。

(4)　ルーチンワークはやり方が決まっているので，仕事の手順を覚えて，早く一人前と言われるようになること。

(5)　ルーチンワークはやらなければいけないこととして，あらかじめ分かっている仕事なので，上役への結果報告はしなくてよい。

　　　ルーチンワークとは，いつも行う決まり切った仕事のこと。

事例解説 instructions

　新入社員は，営業部や総務部，広報部などに配属され，それぞれの部署で仕事に就くことになります。そして，仕事は，その部署の**上司の指示**に従って行います。言うまでもなく，最初は「決まり切った仕事（ルーチンワーク）」がメイン。当面，新人はこの仕事（日課）に取り組み，業務の内容を一つ一つ覚えていくわけです。

　さて，ここで考えておかなければならないこと。それは，ルーチンワークとはいえ，これは会社（上司）から与えられた**重要な仕事**だということです。であれば，**報告は当然の義務**になります。例えば，「本日の販売実績をご報告します」というように。これが**ビジネス実務マナー**。従って，**不適当な選択肢は(5)**になりますが，いかがでしょうか。

　いずれにせよ，日々の業務（ルーチンワーク）を正確かつ効率的にこなしていくためには，**(3)自発的に，(1)気を抜かず，(2)計画的**に取り組んでいくことが大切でしょう。この蓄積が，完成度の高い**(4)「一人前」**の仕事をしているという評価につながっていきます。

　　＊仕事は上司の指示に従って行うのが基本。なお，選択肢(3)の「上司の指示をいちいち待たず自発的に行う」ことの意味は，いつも行う決まり切った仕事だから，朝，デスクに着いたらすぐに取りかかるようにするということ。もちろん，その作業手順を示した業務マニュアルに従って。

　　＊ルーチンワークは，やり方が決まっているので気を抜きやすい一面がある。そして，ここに基本的なミスをしてしまう落とし穴もある。細心の注意が必要だということ。

　　＊また，ルーチンワークは簡単そうに見える。が，決して侮らずに，きちんと計画を立て，勤務時間内にきちんと仕事を終えるようにすること。これが仕事を完璧にこなすということ。「たかがルーチンワーク，されどルーチンワーク」である。前節の「④自己管理（時間管理）」とも関わる重要事項。

　　＊そのために，会社には業務マニュアルがある。まずはこれを「自分のもの」にすることが肝心。同節の「④積極性，合理性，効率性」とも連動する重要事項。

■ 平易な仕事を，確実に実行できる能力がある

1 平易な仕事の意味

　ここでいう平易な仕事とは，**基本的な仕事**ということです。販売データの作成などもその一つです。そして，あなたが作成した基礎データは販売会議の資料になり，今後の販売計画の基になります。課（部）としての仕事を，**補佐**していくというわけです。これはサッカーなどでいう**アシスト**。事業を支える重要な業務です。

　この一連の仕事の流れをきちんと理解して，正確に迅速に処理する。これが，**平易な仕事を，確実に実行できる能力**ということです。出題の意図もここにあります。

> ＊一般社員の場合は，課（部）全体の補佐業務を行う位置付けになる。新
> 　人に限らず，これが社員としての重要な役割である。そして，これが事
> 　業活動の基盤となる。
> ＊例えば，確実に実行できる能力とは，入力ミスをしないように丁寧に仕
> 　事をする，データをプリントアウトして提出する際は，ページを確認し，
> 　きちんと四隅を整え，クリップ等で留めてから渡す，など。もちろん，
> 　「期日を守る」ことは言うまでもない。
> ＊丁寧さが求められる毎日の電話応対なども重要なルーチンワークの一
> 　つ。その基本をしっかり押さえておく必要がある。

2 平易な仕事を積み重ねるということ

　事例研究①の選択肢(1)に「ルーチンワークはやりがいがないと思われがちな仕事」とあります。仕事そのものが単調だからです。でも，だからこそ「気を抜かずに（一生懸命）やることが必要」です。そして，そのためには，まず**誠実にその仕事を進んで受け入れること**が大切でしょう。フランスの教育者アランもこう語ります。**「ある職業をよろこんで、さらには心から、受けいれた場合と、その同じ職業をいやいやながら甘受した場合とでは、じっさい大きなちがいがある。すぐれた会計係と凡庸な会計係、すぐれた大工と凡庸な大工とのちがいは、すべてこれである」**（井沢義雄訳『アラン 人間論』角川文庫）と。

　この意識を持って，平易な仕事に取り組み実績を残す。この小さな積み

重ねが，あなたの**基礎体力**となり，**次の仕事へのステップ**となります。そして，もう一つの出題の意図もここにあります。**キーワードは誠実（真摯）に仕事に取り組む**ということです。

> ＊アランの言葉は，いろいろなビジネス書で引用されている。与えられた仕事を進んで受け入れることの重要性が，この言葉にはあるからであろう。そして，これはビジネスマンとしての心の出発点でもある。

出題の視点

　検定問題では，事例研究①のほか，「上司からの指示の受け方」や「電話応対の基本」などが出題されています。それを，次の事例から確認しておいてください。平易な仕事を確実に実行できる能力がある。その実際例です。

①係長から仕事の指示を受けたときにしていること

◆受けた指示はなるべくメモするようにし，最後に指示内容を確認するようにする。

◆量が多くて日にちがかかりそうな仕事の場合は，いつまでにできればよいかを確認している。

> ＊期日の確認は，仕事を行う上での基本である。もちろん，「量が多くてできそうもない」と言って断るのはタブー。これはただのわがまま。会社では通用しない。

◆手順などで分からないことがあるときは，その場で教えてもらっている。

> ＊指示を受けているとき分からないことがあっても，その指示の最中に質問はしないこと。不明な点は指示が終わってから。これがビジネス実務マナー。

◆同時に幾つかの指示を受けたときは，どの順序で処理すればよいかを確認している。

> ＊優先順位の確認である。これを忘れないように。同様に，すでに手がけている仕事があるときは，そのことを話してどちらを先にすればよいか確認すること。

◆指示を受けてもその仕事がすぐにできないときには，どのようにすればよいかを確認している。

> ＊このとき，勝手に上司から指示された仕事を後回しにしないこと。必ず確認をして上司の判断を仰ぐ。

◆初めての仕事で難しそうなときは，係長に，先輩に手伝ってもらってよいか尋ねている。

　　＊誰かに手伝ってもらってでも期限までに仕上げるのが基本。ただし，先輩に手伝いを頼む前に，必ず上司の了承を得ること。

◆期限までにできそうもないときは，そのことを話してどのようにすればよいかを尋ねている。

　　＊この確認によって，上司から「期限は二日ほど延ばしてもよい」と言われるかもしれないし，「それでは吉本さんに手伝ってもらいなさい」などと指示されるかもしれない。そして，これも重要な確認事項の一つ。上司には，その先の仕事があるからである。従って，これも上司の判断を仰ぐことになる。

②営業などで外出するとき（ＰＣのスケジュール表に書き込むメモ）

◆訪問先と訪問する相手の名前

◆おおよその用件

◆帰社予定時刻

　　＊出かける前に，上司に得意先を訪問する旨を伝える。そして，ＰＣのスケジュール表に訪問予定のメモを書き込む。情報の共有である。これで不在中，別の取引先から電話がかかってきても，十分対応できる。

　　＊言うまでもなく，帰社したら訪問の成果（内容）を上司に報告する。

　　＊なお，「取引先を訪問する際のマナー」については，第Ⅲ章(2)−①「ビジネス実務としてのマナーを心得ている」で解説。

③ルーチンワークとしての電話応対

　顧客から頻繁にかかってくる電話。そして，この電話を受けるのも新人ビジネスマンの重要な仕事の一つです。

　さて，ここではそのルーチンワークとしての電話応対の仕方とその**意義**を確認しておいてください。電話の応対は，その場だけのものではない。**その先にある大切な仕事につながっている**ということを。そう，だからこその**執務要件**です。

電話の受け方

◆外線電話が鳴ったら，面倒がらずにすぐに出ること（嫌がらない）。

　　＊仕事の始まりであり，営業活動のスタートであるということ。

◆電話に出たら，社名や部署名を名乗ること。

　　＊「はい，Ｋ株式会社（営業部）でございます」など。そしてこれが，会社を代表して電話に出るということ。責任のある仕事である。

◆用件は必ずメモを取りながら聞き，相手が話し終えたらその内容を
　復唱（確認）すること。

　　　＊正確に用件を聞き取ることは，重要な仕事の一つ。聞き間違いをしてし
　　　　まうと，その後の業務に支障を来す。そのためにもメモは必ず取ること。
　　　＊答えられない内容のものは，分かる人にすぐに代わってもらうこと。

電話の取り次ぎ

◆上司に取り次ぐ場合は，「どこの誰からの電話なのか」を確認して
　から取り次ぐ。

　　　＊「会社」と「会社」とのやりとりである。聞き間違えのないように。そ
　　　　して，失礼のないように。会社の信用に関わる重要事項。

◆上司が不在の場合，相手からの伝言があればメモを取り，その要点
　を復唱（確認）すること。

　　　＊「私，神田が承りました」と自分の名を名乗ることも忘れないように。
　　　　そして，これが責任ある仕事の仕方。

電話のかけ方

◆電話をかけるときは，あらかじめ用件をまとめておくこと。

　　　＊用件を要領よく伝えるためである。これが意思疎通を図るためのスター
　　　　トラインであり，ビジネスを効率よく進めるための第一歩である。

◆相手が電話に出たら，こちらの社名，部署名，名前を名乗り，「い
　つもお世話になっております」などと，丁寧に挨拶をすること。

　　　＊まずは，自ら名を名乗る。これが礼儀であり，自社の 格 を高めていく
　　　　第一歩でもある。

◆電話をかけた理由を話し，相手の都合を尋ねること。

　　　＊一方的にかけた電話である。ここはまず，相手の了承を得るために，「○
　　　　○の件でお電話を差し上げたのですが，ただ今，お時間よろしいでし
　　　　ょうか」と，慎み深く謙虚に振る舞う必要がある。これが，仕事の仕方（姿
　　　　勢）であり，取引先との信頼関係を築いていく大本。

※詳しくは，第Ⅳ章 電話実務を参照してください。

　いかがですか。顧客からの信頼を得，取引関係を良好なものにする。
これが執務要件としての電話応対の目的です。もちろん，そのためには
「マナーに裏打ちされた応対」が必要になります。それが**「電話のマナー」**
（第Ⅲ章(2)−①「ビジネス実務としてのマナーを心得ている」）です。
併せて確認をしておいてください。相互に関連している領域です。

ルーチンワークの先にあるもの

仕事を心から受け入れることの意味

アランは，与えられた仕事を進んで受け入れるその心，その思いを大切にしていました。これによって，以後の仕事の仕方に違いが出てくるからです。そして，この深遠な言葉は，現在の企業体にも受け継がれています。そんな事例を紹介しましょう。

どんな組織でも、部分から成り立っています。その部分はディテールから成り立っています。些細と見える部分こそが全体を支えている、いや、全体そのものとなる。

だからこそ、どんなに小さなものに見える仕事も、それを軽んじることなく懸命にやる人は、いつの間にか大きな仕事がやれるようになるのです。

まずは現在目の前にある仕事を、丁寧に心をこめてやってみてください。

「凡事」と思えるような単調に見える仕事こそ、誰よりも工夫してやってみてください。それは大きく飛躍するための跳躍台でもあるのです。

（松田公太著『仕事は５年でやめなさい。』サンマーク出版）

＊同書の著者である松田さんは，タリーズコーヒージャパン株式会社の創業者。その松田さん，「銀行員時代も起業してからも，単調な仕事に明け暮れる日々を過ごして」きたそうだ。その軌跡は『すべては一杯のコーヒーから』（新潮社）に詳しい。

2 良識を持ち，素直な態度をとることができる

　信頼されるビジネスマンは，**社会性（ソーシャル・インテリジェンス）**を備えています。社会性とは，**対人心理や道徳，公共心**などを十分意識して行動できるということ。例えば，社会のルールを守る，組織の規範を守る，常に相手中心の行動をとる，などがそう。そして，これが**良識（グッドセンス）**です。ではその事例を検討してみましょう。「良識を持ち，素直な態度をとることができる」スタディーです。

事例研究②　良識を持ち，素直な態度をとることができる　　**case study**

　次は新人の福岡隆史が，相手第一に考えて行動した例である。中から<u>不適当</u>と思われるものを一つ選びなさい。

(1)　出張先のホテルのロビーで見知らぬ人と擦れ違ったとき，偶然目が合ったので軽く会釈をした。

(2)　道で斜め前を歩いていた人がつまずいて転んだとき，きまり悪そうだったので見ぬふりをしていた。

(3)　回転ドアで後ろから来た人に靴のかかとを踏まれたとき，「すみません」と謝られたので，「いいえ」と応えた。

(4)　訪問先の応接室で「こちらへどうぞ」と上座を勧められたとき，相手がそこの課長だったので遠慮して下座に座った。

(5)　面談中取引先の課長が「セールスプロモーション」を「セールスプロポーション」と間違えたとき，知らぬふりをしていた。

事例解説　　　　　　　　　　　　　　　　　　　　**instructions**

　不適当な選択肢は(4)になりますが，どうでしょうか。
上座（上席）とは，来客である福岡が座る場所です。入り口から最も離れている席がそうです。取引先の課長は，気遣いながら「ようこそ，いらっしゃいました。静かな奥の席へどうぞ」と，上席を勧めます。勧められた福岡は，謙虚に「恐れ入ります（恐縮です）」と言って，上座に座ります。**これがスマートなビジネス実務マナー**です。

　従って，上座を勧めた相手が課長だからといって，特に戸惑うことはな

いでしょう。課長は，もてなす側の良識（配慮）として，当然のことをしたまでなのです。この**配慮と気遣いを素直に（心から）受けるのが良識あるビジネスマンの態度**。そして，これがもてなす側ともてなされる側の**グッドセンスな関係**の一例です。

　企業社会でこのグッドセンスな関係は重要です。ではこの視点から，一つ一つの選択肢を見てみましょう。

　見ず知らずの人に対しても，目が合ったら**互いの存在を認めて挨拶をする(1)の社会性**。みんなが見ている所で転んでしまったきまりの悪さを**察する(2)の思いやり**。足を踏まれて「すみません」と言われたら，「こちらこそ，回転ドアに戸惑って失礼しました」と，自分の不注意もわびる**(3)の相互尊重の態度**。取引先に恥をかかせない**配慮ある(5)**。そして，これ全て**良識（分別）あるビジネス実務マナー**。

　　＊第Ⅲ章(2)－①と内容は連動しているが，ここでは良識（社会性）の視点からのもの。

　　＊選択肢(1)のケースで，目が合った途端，すかさず目をそらすのはマナー違反。「あなたのことは見なかったことにする」とでも言いたげで失礼だからだ。そういえば，江戸しぐさの一つに「会釈のまなざし（すれ違いのしぐさ）」（越川禮子著『江戸の繁盛しぐさ』日本経済新聞社）がある。これは，擦れ違いざまに，互いに目で挨拶し合うことによって，その場の雰囲気を和やかなものにしようというものだ。

　　＊選択肢(2)はどうだろう。これは「何も冷淡で不親切だからではない。自分がその身になって見れば，こういう場合，一人でも人に見て貰いたくない。人も同様見られたくないに極まっているから，その方を見ない。よし見ても見ない振りをする。これが文明社会の人の当然の心づかいである。この心づかいの欠けた行為が，即ち心なき振舞といわれるものである」（小泉信三著『平生の心がけ』講談社学術文庫）。紳士の国・イギリスではこのことが徹底されているという。

　　いずれにせよ，転んだ人は恥ずかしい思いでいっぱいだ。そのやり場のない思いを歩道の段差のせいにしてそこに目をやったりする。そうでしょ。どうですか。

　　　†もちろん，けがをしている人や体の不自由な人，病気の人などに対しては，手を差し伸べるのは言うまでもない。江戸しぐさでいう「さしのべしぐさ」（越川禮子著『暮らしうるおう江戸しぐさ』朝日新聞社）である。

　　＊選択肢(3)はこういうこと。「足を踏まれたとき，踏んだ方はもちろん謝り，踏まれた方も『うかつでした』と謝れば角が立たない。トラブルを

避けるための基本的な知恵です。／踏んだ踏まないで口論するのは野暮なこと。野暮とは，人情の機微をわきまえないこと」（越川禮子著『身につけよう！江戸しぐさ』ＫＫロングセラーズ）。なお，足を踏まれ，その相手をにらみつけている人をよく見かけるが，これはいけない。まっとうなビジネスマンのすることではないからだ。ちなみに，「西欧では『私の足が大きいから踏まれたのだ』というユーモラスな表現がある」（『江戸の繁盛しぐさ』）そうだ。ちなみに，「すみません」と謝られたとき，「はい」と言ってはいけない。「そうだよ，私の足を踏んだあなたが悪い」という意味になるからだ。

＊選択肢(5)の対応がベスト。取引先の課長が一生懸命話している。そんなとき，「セールスプロモーションですよ，課長」とか，くすっと笑ったりして話の腰を折ってはいけない。ここは，言い間違いなどにはお構いなく，話の内容に集中して聞くのがビジネスマンの良識だ。

　　†セールスプロモーションとは，販売促進のこと。これを，プロポーションと言い間違えたらしい。よくあること。

要点整理　　　　the main point

■ 良識を持ち，素直な態度をとることができる

1 良識あるビジネスマンの根幹にあるもの

物事の判断や考え方などに偏りがなく，バランスの取れた行動をとることができる。これが**良識**です。そして，これが**健全なビジネスマンとしての態度**。そして，この健全な考え方や判断，行動のよりどころ（基準）となるのが，**対人関係，道徳，公衆道徳，公共心の理解**です。この理解が，対人関係や公共のマナーなどにおいて，**配慮と思いやりのある社会的行動**となって表れてきます。誰からも評価される「**行動力，判断力，表現力**」として。そう，これが**社会性あるビジネスマンの態度**です。出題の意図もここにあります。

2 良識と自己管理（セルフコントロール）

良識あるビジネスパーソンは，社内外で**社会的規範**（モラルとルール）を自らに厳しく課して行動しています。**自制**です。それだけ，社会人としての責任を感じているからです。この意識が，良識をより堅固なものにします。そして，これによって顧客や取引先からの**信頼を揺るぎないもの**にします。

　＊良識は，前節第④項の「自己管理」ができてこそのこと。そして，これ

によって「適切な行動力，判断力，表現力」が期待できる。良識は自制心によって培われるからだ。

3 社会の範となる

　そしてビジネスパーソンは，**社会に範を示す役割**を担っているとも考えています。だからこその率先垂範。ホテルのロビーでも，公道でも，良識ある態度（行動）をとり，高い**公衆道徳**を表しています。言うまでもなく，**企業社会の中枢にいるのはビジネスパーソン**なのですから。そして，もう一つの出題の意図もここにあります。

■ 出題の視点

　検定問題では，事例研究②のほか，「基本的な勤務態度」や「仕事への取り組み方」などが，出題されています。それを，次の事例から確認しておいてください。良識のある素直な態度の実際例です。

①出勤の途上で

◆電車の中で同僚などと会社の話をするときは，周りに聞こえないように配慮しないといけない。

> ＊誰が聞いているか分からない。特に仕事の話は慎重には慎重を期して（自制）。もちろん，大声で騒ぎ立てるのは他の乗客に迷惑。「車内ではお静かに願います」ということである。

◆交通機関の遅れで遅刻するときは，遅延証明書をもらっても，遅刻すると電話連絡をする。

> ＊「寝過ごしてしまった。もう10時だ。完全に遅刻だ。どうしよう」。
> さて，あなたならどうするか。1時間以上の遅刻はきまりも悪い。こんなとき，「また寝よう 昨日（きのう）は葬式 今日は医者」（第一生命『平成サラリーマン川柳傑作選』講談社）などと考えてはいけない。言ってもいけない。ここは嘘偽りなく素直に「申し訳ありません。つい，寝過ごしてしまいました。今からすぐに出社します」などと言うのがベスト。「嘘はつかない」。これ，とても重要なモラル。

◆会社への道すがら，ペットボトルの水を飲みながら歩くのは，不作法なのでしない。

> ＊取引先の人などに見られたら，だらしない会社と思われるし，また，飲みながら歩いていて人にぶつかると，相手の衣服を汚す場合もあるからである。いずれにせよ，歩きながらの飲食は不作法。

②勤務中の心得

◆デスクで仕事をしている自分の所に，先輩や上司が来て何か言ったら，すぐに立ち上がって受け答えをしている。

　　*これが，会社の中での上下関係（序列）である。どのような場合でも先輩と上司は立てなければいけない。

◆自席で仕事をしていて呼ばれたときはすぐに手を止めて，はっきり返事をして立ち上がり，呼んだ人の所へ出向く。

◆上司や先輩から仕事の指示を受けたときは，最後まできちんと聞いて「○○ですね」と内容を復唱する。

◆上司や先輩からの話は内容を理解するように努め，分からないところは質問する。

◆雑用と思われるような仕事でも進んで引き受け，嫌な顔をせずにさっさと仕上げるようにする。

◆資料などを抱えるように持っている人がいたら，すぐ手を貸すこと。

◆他の部署に出向いたときは，よく通る声で挨拶してから入ること。

◆同僚と打ち合わせ中，来客が訪ねてきたら，話は中断して応対すること。

◆休みたい日があって，上司に事前に許可をもらっていても，周囲の人に休むのでよろしくと言うようにしている。

　　*風邪や体調不良で，やむを得ず欠勤するときがある。このときも，きちんと電話連絡を入れ事情を話すこと。ただし，「休む理由 ごめん叔父さん 二度も死ぬ」の川柳にあるようなずる休みをしてはいけない。「あら不思議 風邪で休んで 小麦色」と，厳しい糾弾に遭う羽目になる。なお，サラリーマン生活の一こまを描いた上の二句も『平成サラリーマン川柳傑作選』からのもの。

③課内の新人歓迎会での態度（マナー）

◆自己紹介のとき，自分のことを話す前に，歓迎会を開いてくれたことへの礼の言葉を言った。

　　*「初めに自分ありき」ではない。まずは歓迎会を開いてくれたことへの感謝の言葉が必要だということ。この良識ある態度は重要。つい「私は……」となる。

◆勧められた席は課長の隣だったので，座るとき課長に「失礼します」と挨拶した。

◆乾杯の後，係長が歓迎のスピーチをしてくれているとき，ビールの
グラスはテーブルの上に置いて聞いた。

 ＊新人歓迎のスピーチである。いわば新人のためのスピーチだから，ここ
はかしこまって聞かなければならない。周囲の先輩たちがビールを飲み
ながら聞いていたとしても，である。そして，これが良識ある態度であ
り，ビジネス実務マナーである。

◆始まって少し時間がたってから，課長を最初にして順に「よろしく
お願いします」と，挨拶しながら酌をして回った。

 ＊酌は歓迎会を開いてくれたことに対する感謝（礼）の気持ちを表すため
の行為と理解すること。そして，酌には，その場を和気藹々としたもの
にしたり，コミュニケーションを円滑にしたりする効用もある。積極的
に酌をして回り，会社（課）に溶け込もうとする気持ちが大切だという
わけだ。もちろん，男女に関係なく。

◆先輩に酌をしたところ，先輩から「君もどうぞ」と言われたので，
「ありがとうございます。いただきます」と言ってついでもらった。

 ＊これが大人の関係。そして素直な態度。でも，アルコールを全く受け付
けない体質の場合はどうするか。ソフトドリンクで受けるしかない。例
えば，「先輩，申し訳ございません。私は全くの下戸で。ウーロン茶な
ら何杯でもいただきますので，これでよろしくお願いします」と。も
しかしたら，「下戸と化け物はなし」と言われたり，「下戸の肴荒らし」
と言われたりして，肩身の狭い思いをするかもしれないが。

Column

良識は気遣い

ある朝の通勤電車の中で

　良識は互いに気遣ってこそ，配慮してこそ，本物になります。そんな事例を，**佐藤幸司さん（小学校教諭）の「道徳」の教科書**から紹介しましょう。

　通勤ラッシュの電車内で、80歳くらいのおばあちゃんが、背が低いためか、ぶらさがるようにしてつり革につかまり立っていた。彼女の前を見ると40歳前後の会社員らしき男性が座って書類に目を通していた。

　そこで勇気を出して彼に一言、声を掛けた。

　「お仕事で大変お疲れだと思いますが、おばあちゃんに席を譲っていただけますか」

　すると、彼は、

　「気が付かなくて大変申し訳ないですね」

と言って、すぐに席を譲ってくれた。

　「人として当然のことを言ったまで」と思いつつも、勇気を出した自分をほめたいような満足感があった。

　ところが……。この男性がある駅で下車しようとドアまで歩いていく姿を見た時、彼の足が不自由なことに気付いた。申し訳なくなり、声を掛けた。

　「気付かなくてすみませんでした」

彼は、

　「私こそ、早く気が付けばよかったのに」

と言い、さわやかな笑顔を残し下車していった。悲しい思いをさせてしまったかもしれないと落ち込んでいた私は、彼の言葉に救われた思いがした。

**　　　　（佐藤幸司著『心を育てる「道徳」の教材開発』明治図書）**

　いかがでしょうか。互いに気遣い，互いに尊重し合う。これが**社会性（良識）**です。本物の**「優しさ（道徳）」**です。そして，企業社会に適応していくための基本です。

　　　*この事例は『読売新聞』の投書欄「気流」に掲載されていたもの。

譲り譲られる気配り

　ところで，あなた。残業帰りの電車やバスの中で，塾帰りの小学生から席を譲られたことはありませんか。「そんな小学生はめったにいないだろう」と思ってはいけません。いるんです。こんなケースです。

　優先席でなくても，お年寄りや，体の不自由な人が前にいらしたらさっと席を譲る，たまにそんな若い人を見ると「かっこいい」と思います。願わくは，譲られた方は素直にその好意を受けて欲しいのです。せっかく勇を鼓してどうぞと譲った小学生に，「次，降りるから」とにべもなく断らないでください。「ありがとう」と言って座り，降りるときにもまた「ありがとう」と言えばいいじゃありませんか。あのはずかしさと失望の入り交じった少年の複雑な表情が忘れられません。

（越川禮子著『暮らしうるおう江戸しぐさ』朝日新聞社）

相手の心遣いに気付き，感謝し，素直に応じる心。そう，これが社会人たるビジネスマンの良識であり，誠実さでしょう。

3 適切な動作と協調性が期待できる

　組織には，組織としての目標があり，その**目標を達成するためにつくら
れたのが，課（部）というチーム（グループ）**です。そして，誠実で良識
あるビジネスマンは，このチームにおけるメンバー間の**協調性**をとても大
切にしています。協調性が，**人間関係の要，事業活動を円滑に運ぶため
の要，目標達成のための要**であることを，よく知っているからです。では，
その事例を検討してみましょう。

事例研究③ 　適切な動作と協調性が期待できる　　　　case study

　次は営業部特販チームに配属された新人屋敷孝則が，協調性とコミュニ
ケーションについて考えたことである。中から<u>不適当</u>と思われるものを一
つ選びなさい。

(1)　人にはそれぞれ得手不得手があるのだから，それを補い合って仕事
　　をするのがよいのではないか。
(2)　ミーティングで誰かが意見を述べているときには，その人の顔を見
　　ながら聞くのがよいのではないか。
(3)　チームで仕事の成果が挙がらなかったときは，原因をつくったのは
　　誰かを調査し責任の追及をするのがよいのではないか。
(4)　お互いのコミュニケーションのためには，自分の考えを伝えると同
　　時に相手の考えも理解しないといけないのではないか。
(5)　誰にも短所や欠点はあるのだから，そこに目を付けるのではなくよ
　　いところに目を付けて褒めるようにしたらよいのではないか。

事例解説 　　　　　　　　　　　　　　　instructions

　協調とは，**「互いに協力し合うこと」**（『大辞泉』）です。でも，そのため
には，自分の考えを言うだけでなく，**相手の考えも真摯に聞き，ここから
ベストな人間関係を築いていく**必要があります。これが，**協調性に裏打ち
されたビジネス実務マナー**です。

　この視点から考えてみると，**不適当な選択肢は(3)**になりますが，どう
でしょうか。

これは，いわゆる犯人捜しゲームです。不協和音が生じ，互いに不信感
だけが残ります。最悪の事態です。従ってここは，まず**チーム全体の責任**
として考えるべきでしょう。犯人捜しは，チームプレーとチームワークを
度外視した責任逃れに過ぎません。これでは，いかんせん次に向かっての
目標達成もおぼつかないでしょう。

　では，協調性ある態度とは何か。**発言者の意見に興味と関心を示す(2)
の態度**。そして，**その意見をより深く理解しよう**する**(4)の傾聴的態度**が
そうです。ともに，相手を尊重する態度です。

　また，仕事を進める上でも，大切なことがあります。それが，**(1)**と**(5)**。
互いのよさを認め合い，支え合って仕事をするということです。そして，
これがチームワークの出発点です。何より，**チームに責任感と信頼感**が生
まれます。

> ＊本項の「適切な動作と協調性」は，第Ⅲ章の「(1)人間関係」とも深い関
> 　わりを持つ。
> ＊選択肢(1)の考え方は，効率のよい役割分担が生まれる条件の一つでもあ
> 　る。
> ＊選択肢(4)は，自分と相手との意見の違いを明確にし，チームとしてベス
> 　トな考え方を導き出していこうとするもの。この背景にあるのは，「絶
> 　対的に正しい考え方などない。柔軟に対応していこうよ」ということ。
> 　そもそも，人の考え方に対して，それが百パーセント正しいとか間違っ
> 　ているとか決め付けられるものではない。
> ＊選択肢(5)の褒めるということは，相手の能力や個性を認めるというこ
> 　と。そして，互いに認め合うと，人と人とにある心の垣根が取り払われ
> 　る。これがチームワークづくりの第一歩。仕事の成果も期待できる。

要点整理　　　　　　　　　　　　　　　　　　　the main point

■ 適切な動作と協調性

1 コミュニケーションの要

　明るさと誠実さ，自制心，そして，良識ある態度がバックグラウンドに
あれば，適切な**行動と協調性**が期待できます。その根っこにあるのは，互
いに相手の立場と考え方を尊重し，協力し合って事に当たる，そのマイン
ドです。これが事業活動で成果を挙げていくための前提条件であり，大切
な従業要件の一つです。まずは**心から受け入れる**，そういうわけです。そ

して，出題の意図もここにあります。

* 自己主張と他者批判ばかりに終始する人もいるが，これを交流分析（心理学）では，「自己肯定（自分だけはOKで，他はOKでない）」とし，その自己防衛的な人生態度を戒めている。言わずもがな，「彼奴駄目 此奴も駄目と 自分ほめ」（『平成サラリーマン川柳傑作選』講談社）はいけませんよというわけだ。
* 交流分析では，好ましい人間関係の基本的態度を，「自他肯定（私もOK，あなたもOK）」としている。これもビジネス実務マナー。
* 前節(1)−①「適切な行動力，判断力，表現力が期待できる」の中で，「チームワーク」について解説している。再確認のこと。

2「あの人は大嫌い」という感情

この感情を払拭するのは，なかなか厄介でしょう。**「いやな人 横から見ても いやな人」**（『平成サラリーマン川柳傑作選』）ということだってあるからです。そして，協調性を阻む最大の関門が，この感情です。でも，**「私にも好き嫌いはある。そして、世の中は自分の思うとおりにはいかない。相手のことばかり批判はできない」**（五木寛之著『大河の一滴』幻冬舎）ことも事実でしょう。何せ，自分だって嫌われることもあるのですから。

冷静なビジネスパーソンは，この五木さんの言葉を胸に秘め，**自己管理**に努めています。企業社会において，協調することの重要性を誰よりもよく知っているからです。

* いとも簡単に，好き嫌いの判断を下さないということ。ある一面だけを見て嫌いと言ったことが，その人の全人格の否定にもつながりかねないからだ。
* 企業社会で，嫌いという感情はなじまない。むしろ相手の能力や個性を褒め，これをチームワークづくりに生かしていく，いわばリスペクト（尊敬）し合う関係が大切だろう。太田肇さん（同志社大学教授）も，『承認欲求』（東洋経済新報社）の中で，「会社の中でも『ほめる――ほめられる』機会を増やすことによって職場の雰囲気をよくし，それをモラール・アップにもつなげようとしているところが目立つ」と語っている。リスペクト社会である。
* ビジネス実務マナーは，リスペクト社会にとって重要なスキルとマインドになる。

3 協調性は企業を支える要

チームワークのよい職場は，互いに能力を高めようと切磋琢磨しています。**「切するが如く磋するが如く琢するが如く磨するが如し」**（白川静著『詩

経』中公文庫）です。そして，この努力の積み重ねが**感じのよい顧客対応**となって表れてきます。「**顧客に最も高い価値を提供できる企業**」（バージニア・オブライエン著／奥村昭博監訳／吉川明希訳『**MBAの経営**』日本経済新聞社）として。

＊チームワークのよい職場イコール仲よしクラブではないということ。

＊協調性に優れたチームには，コミュニケーション能力に優れたビジネスパーソンが，必ずいるということ。そして，これが事業貢献への大きな力となる。

＊社内における協調性も，その先にあるのは顧客である。その顧客に満足を提供するために，協調して事に当たるというわけである。「顧客に，いつでも最高の満足を提供する」ために。

＊企業が重要視している「積極性，合理性，効率性」も，協調性あってこそのもの。

出題の視点

検定問題では，事例研究③に見られるように，「**チームワーク**」や「**対人関係（コミュニケーション）**」を中心に出題されています。その重要性を，改めて確認しておいてください。

Column

誠実さと協調性

存在価値のある企業

　『**日本でいちばん大切にしたい会社**』という本があります。著者は**坂本光司さん（法政大学大学院教授）**。「現場で中小企業研究や、がんばる中小企業を支援している」経営学者です。そして，同書で坂本さんは，五つの会社の感動ストーリーを紹介しています。**企業にとって，ビジネスマンにとって，今，何が最も大切なのか**を問いながら。

　では，その一例を紹介しましょう。長い引用になりますが，協調性とは何かを余すところなく伝えています。

社員の7割が障害者の会社

　従業員約50名のうち、およそ7割が知的障害をもった方々で占められている神奈川県川崎市のその会社は、多摩川が近くに流れる、静かな環境のなかにあります。

　この会社こそ、日本でいちばん大切にしたい会社の一つです。昭和12年（1937）に設立された「日本理化学工業」は、主にダストレスチョーク（粉の飛ばないチョーク）を製造しており、50年ほど前から障害者の雇用を行っています。

　そもそものはじまりは、近くにある養護学校の先生の訪問でした。昭和34年（1959）のある日、一人の女性が、当時東京都大田区にあった日本理化学工業を訪ねてきたそうです。

　「私は養護学校の教諭をやっている者です。むずかしいことはわかっておりますが、今度卒業予定の子どもを、ぜひあなたの会社で採用していただけないでしょうか。大きな会社で障害者雇用の枠を設けているところもあると聞いていますが、ぜひこちらにお願いしたいのです」

　障害をもつ二人の少女を、採用してほしいとの依頼でした。

　社長である大山泰弘さん（当時は専務）は悩みに悩んだといいます。

　その子たちを雇うのであれば、その一生を幸せにしてあげないといけない。しかし果たして今のこの会社に、それだけのことができるかどうか……。そう考えると自信がなかったのです。

結局、「お気持ちはわかりますが、うちでは無理です。申し訳ございませんが……」

　しかしその先生はあきらめず、またやって来ます。また断ります。またやって来ます。それでも断ります。

　3回目の訪問のとき、大山さんを悩ませ、苦しませていることに、その先生も耐えられなくなったのでしょう、ついにあきらめたそうです。しかしそのとき、「せめてお願いを一つだけ」ということで、こんな申し出をしたそうです。

　「大山さん、もう採用してくれとはお願いしません。でも、就職が無理なら、せめてあの子たちに働く体験だけでもさせてくれませんか？　そうでないとこの子たちは、働く喜び、働く幸せを知らないまま施設で死ぬまで暮らすことになってしまいます。私たち健常者よりは、平均的にはるかに寿命が短いんです。

　頭を地面にこすりつけるようにお願いしている先生の姿に、大山さんは心を打たれました。「1週間だけ」ということで、障害をもつ二人の少女に就業体験をさせてあげることになったのです。

「私たちが面倒を見ますから」

　就業体験の話が決まると、喜んだのは子どもたちだけではありません。先生方はもちろん、ご父兄たちまでたいそう喜んだそうです。

　会社は午前8時から午後5時まで。しかし、その子たちは雨の降る日も風の強い日も、毎日朝の7時に玄関に来ていたそうです。

　お父さん、お母さん、さらには心配して先生までいっしょに送ってきたといいます。親御さんたちは夕方の3時くらいになると「倒れていないか」「何か迷惑をかけていないか」と、遠くから見守っていたそうです。

　そうして1週間が過ぎ、就業体験が終わろうとしている前日のことです。

　「お話があります」と、十数人の社員全員が大山さんを取り囲みました。

　「あの子たち、明日で就業体験が終わってしまいます。どうか、大山さん、来年の4月1日から、あの子たちを正規の社員として採用してあげてください。あの二人の少女を、これっきりにするのではなくて、正社員として採用してください。もし、あの子たちにできないことがあるなら、私

たちがみんなでカバーします。だから、どうか採用してあげてください」

これが私たちみんなのお願い、つまり総意だと言います。

社員みんなの心を動かすほど、その子たちは朝から終業時間まで、何しろ一生懸命働いていたのです。

仕事は簡単なラベル貼りでしたが、10時の休み時間、お昼休み、3時の休み時間にも、仕事に没頭して、手を休めようとしません。毎日背中を叩いて、「もう、お昼休みだよ」「もう今日は終わりだよ」と言われるまで一心不乱だったそうです。

ほんとうに幸せそうな顔をして、一生懸命仕事をしていたそうです。

（坂本光司著『日本でいちばん大切にしたい会社』あさ出版）

●

この後，大山さんは「社員みんなの心に応えて」，二人の少女を正社員として採用することにしたそうです。

いかがでしょうか。

社員の高い協調性が，「一緒に働こう」と，心から障害者に語り掛けています。そして，会社も「能力に合わせて作業を考え、その人に向いている仕事」を与えています。すると，どうでしょう。それに応えるかのように，大いに能力を発揮し，「決して健常者に劣らない仕事ができる」ようになりました。でも，これだけではありません。「ある程度のレベルに達したら、リーダー」にするそうです。これによって、「モチベーションが高まる」からです。**職場の雰囲気に，思いやりのある好循環**が生まれます。これが**協調性**です。

＊「以来50年間、日本理化学工業は積極的に障害者を雇用し続けること」になる。そして大山さんは，これが「企業の存在価値であり社会的使命」と語っている。

（坂本光司著『日本でいちばん大切にしたい会社』あさ出版）

4 積極性，合理性，効率性について，理解できる

「積極性，合理性，効率性」は，その**基盤に協調性**があって，初めて発揮される能力です。企業社会では，独り善がりの積極性，合理性，効率性は，まずあり得ないからです。

では，積極性，合理性，効率性とは何か。**何事にも進んで取り組み，これによって無駄のない，誰からも評価される仕事**ができるということです。もちろん，**スピーディーに**。その一例が，次の新人ビジネスマンの「仕事をするときの心得」です。検討してみましょう。

事例研究④ 積極性，合理性，効率性について，理解できる **case study**

次は新人ビジネスマンが，仕事をするときの心がけを述べたものである。中から<u>不適当</u>と思われるものを一つ選びなさい。

(1) 自分で正しいと判断したことは，積極的に行動に移していくこと。
(2) 自分の仕事でなくても，頼まれた仕事には積極的に対応すること。
(3) 自分で行った仕事は常に振り返って，反省と改善を心がけること。
(4) 仕事の上の疑問点は，ささいなことでも聞いて解消に努めること。
(5) 仕事が重なったときは，優先順位を考えて効率的に処理すること。

事例解説 **instructions**

仕事はチームワークです。独断専行は許されません。独断専行とは，「**自分だけの考えで決めて，勝手に物事を行うこと**」(『大辞林』)です。

この視点から考えてみると，**不適当な選択肢は(1)**になります。言うまでもなく，組織で個人プレーは絶対に許されないからです。

では，ビジネスマンとして，**積極的な行動**にはどのようなスタイルがあるでしょうか。**担当外の仕事でも積極的に取り組んでいこうとする(2)の態度**。仕事上の疑問点は，どんな小さなことでも積極的に尋ねる**(4)の姿勢**などがそうです。

特に，**(4)の姿勢は重要**です。「ささいなことでも聞いて解消に努める」ことによって，以降の仕事が効率よく運ぶからです。分からないことを，そのままにしておかないというわけです。**学びの姿勢**です。そして，これ

が**向上心**につながっていきます。**執務要件の執務要件たるゆえん**もここにあります。また，この積極性は(3)**「常に，反省と改善を心がける」合理性**と，(5)**「優先順位を考えて事に対処する」効率性**を高めます。

> ＊合理性とは，「論理の法則にかなっていること」(『広辞苑第六版』)。その代表例が，Plan（計画）－Do（実施）－See（検討），いわゆるＰＤＳサイクルである。事前に十分計画を練り，周到な準備の下に実施し，その結果を検討して次の計画に反映させるというものである。そう，これが「仕事を円滑に進めるための論理」，すなわち合理性ということ。そして，選択肢(3)の「反省と改善を心掛ける」もSee（検討）の範疇（はんちゅう）というわけだ。
>
> ＊効率性とは，無駄のない仕事の仕方（進め方）のこと。
>
> ＊いずれにせよ，密接に関連し合っている「積極性，合理性，効率性」は，仕事を円滑に進めるための論理・法則・手順と考えてよいだろう。これによって初めて，事業活動への貢献，顧客への満足の提供ができるからである。

要点整理　the main point

■ 積極性，合理性，効率性について，理解できる

よい仕事ができるための要，それが積極性，合理性，効率性

「どのような仕事にも**積極的**に取り組む」。

この積極性をビジネスの場で生かすためには，**合理的**な考え方（手順）に基づき，**効率的**に仕事を進めていく必要があります。効率よく仕事をこなし成果を挙げたとき，初めて「何事についても積極的である」との評価が得られるからです。**チーム（組織）への貢献，事業への貢献**です。出題の意図もここにあります。

■ 出題の視点

検定問題では，事例研究④に見られるように，「積極性，合理性，効率性」が総合的に出題される場合と，「積極性」などのように，一つに的を絞っての出題とがあります。それを，次の事例から確認しておいてください。もちろん，両者に共通する出題の視点は**「仕事をする上での基本的な心構え」**です。

①職場での積極的な行動

◆外部からの問い合わせに速やかに応じられるよう，誰がどのような仕事をしているかを早く知るようにする。

◆外線電話が鳴ったら，周りの人が受話器を取る前に自分が進んで取るようにすること。

◆仕事の指示を受けるときは，黙って聞いていないで，うなずいたり相づちを打ったりするようにすること。

　　　＊これが積極的な態度の表れ。そして，これもマナー。

②営業活動と積極性

◆先輩の取引先との交渉の仕方などをよく見ていて，そこから学ぶようにすること。

◆営業成績が上がらないときでも，新たな営業方策を考えるなどして，**前向きに仕事に取り組む**ようにすること。

　　　＊以上のことを，自分なりにマニュアル化（文書化）しておくとよい。こんな例がある。

> プレゼンテーションが苦手な人がいるとします。会議や発表ごとがあるたびに、さまざまな資料を準備したり、話し方を変えたりしていたのですが、なかなかうまくいきません。しかしある日、とても手応えのあるプレゼンをすることができました。
>
> そこで、「今日はたまたまうまくいった。よかった！」で終わらせてはいけません。なぜ今日はうまくいったのか、その理由を分析します。
>
> どんな服装をしていたか、本編に費やした時間は何分だったか、パワーポイントの資料は今までとどこが違ったか、聴衆にどんなジョークが受けたか……このように、うまくいったときのやり方をデータとして取っておくことが、成功体験を「仕組み化」する第一歩です。これをもとに、自分に合ったプレゼンのパターンをつくりあげれば、次からは安心してプレゼンにのぞむことができます。
>
> もし次に今回ほどうまくいかなかったとしても、そのときはまた「仕組み」を改良していけばいいのです。ポイントは、そのつどゼロから始める無駄をなくすことです。
>
> （泉正人著『「仕組み」仕事術』ディスカヴァー・トゥエンティワン）

これが積極性である。

◆取引先を訪問する際は，自社の製品を売り込むだけでなく，担当者との雑談の中からでも，役立つ情報を引き出すようにすること。

◆納品が済んだ取引先には，その品の売れ行きを聞いたり，他地方

の売れ行き情報を提供したりして，情報の交換をするようにすること。

> ＊以上のことから得た営業情報は，他のメンバーと共有すること。そして，ここから皆で今後の販売方策を練ることが大切（情報の独り占めは不可）。これがビジネス実務マナーに裏付けられた本当のチームワーク。なお，このことについては，第Ⅴ章「(1)情報」で解説。

③合理的で効率のよい仕事の仕方

◆仕事にはいろいろなやり方があるが，仕事に慣れるまでは**先輩のやり方をまねる**とよい。

> ＊「新人や若手ビジネスマンに必要なのは『成功者の真似』」。こう語るのは，前出の泉正人さん（日本ファイナンシャルアカデミー株式会社代表取締役社長）。そして，その理由を「自分の頭で考えることには限界があります。ひとりの人間が歯を食いしばって独力でがんばるよりも，とにかくデキる人の真似をして、それを吸収していくことです。デキる人、仕事を効率よくこなしているビジネスマンというのは、自分の仕事に『仕組み』ができている人ですから、その『仕組み』を真似するのです。他人の『仕組み』をベースにして、それを自分なりにどんどんバージョンアップすることで、自分の『仕組み』としていくわけです」（前掲書）と語っている。学ぶは真似ぶである。そして，これも効率のよい仕事の仕方。

◆会社に業務マニュアルがあれば，まずはこれに従って仕事をしていくとよい。

> ＊「マニュアルとは、言葉を換えれば『普遍化された先人の智恵』です。／その方法を使えば、誰でも効率よく一定の成果が出せる。それをまとめたのが本来のマニュアルなのです」（『レバレッジ勉強法』大和書房）。そう語るのは，レバレッジコンサルティング株式会社代表取締役兼ＣＥＯの本田直之さんである。
>> †マニュアルを使えば，効率よく短時間で仕事ができるというわけだ。何せ，上司や先輩が作り上げた知恵の結晶なのだから。

仕事の質を高める積極性，合理性，効率性

組織が考える「積極性，合理性，効率性」とは，無駄のない仕事の仕方のことです。**時間とコストをかけずに効率よく仕事をこなしていく**ということです。

でも，積極性，合理性，効率性だけが全てではありません。その**根底にマナーとモラル**がないと，周囲から要らぬ反発を受けてしまいます。例えば，「あの人は，全てが効率優先で，顧客への対応が事務的だ」などと。

大切なのは**バランス感覚**です。「**二つの行き過ぎ。理性を排除すること、理性しか認めないこと**」（前田陽一責任編集『世界の名著「パスカル」』中公バックス）という戒めの言葉もあるくらいですから。

そして，これができれば，ルーチンワーク以外の新しい仕事にも余裕と自信を持って取り組むことができるでしょう。何より，この**余裕と自信が仕事の質を高めます**。もちろん，**顧客満足度**も。

これが**ビジネス実務マナーを背景にした積極性，合理性，効率性**です。

II

企業実務

① 組織の機能

seizitu

1 組織の機能

① 業務分掌について，一応，理解している。
② 職位，職制について，一般的に知っている。
③ 会社などの社会的責任について，知っている。

1 業務分掌について，一応，理解している

会社組織には，総務や経理，人事，企画，営業，広報などの部門があります。そして，それぞれの部門（セクション）は，その与えられた役割の範囲内で業務を遂行しています。総務には総務としての仕事が，営業には営業としての仕事があるというわけです。これが**業務分掌**（分担）です。

では，各部門の仕事にはどのようなものがあるのでしょうか。それを問うているのが次の事例です。検討してみましょう。

事例研究① 業務分掌について，一応，理解している　　case study

池上亜矢は就職活動を控えている学生時代の後輩から，会社のどの部署がどういう業務を担当しているのかを教えてもらいたいと言われた。そこで池上は，ほんの一例だと言って次のように教えた。中から<u>不適当</u>と思われるものを一つ選びなさい。

(1) 社員の採用を扱うのは「人事課」
(2) 製品の販売業務担当は「営業課」
(3) 事務用品の購入担当は「資材課」
(4) 会社の宣伝をするのは「広報課」
(5) 金銭に関することを扱うのは「経理課」

事例解説　　instructions

いかがでしょうか。**不適当な選択肢は(3)**になります。

「資材課」が担当する資材というのは，製品などを造るもとになる原材料のこと。この原材料の調達を扱うのが，仕入部（購買部）の「資材（仕入）課」の仕事です。

では，事務用品の購入を担当するのはどの部署でしょうか。**総務課や庶務課（総務部）**です。庶務課のない会社では，総務課が一括して行います。

> ＊会社によって資材課は，仕入課，購買課などと呼ばれている場合もある。が，基本的には「仕入（購買）部」の中に位置付けられている。

■ 業務分掌について，一応，理解している

1 業務分掌の意義

業務分掌とは，部門ごとに仕事の分担を取り決めたものです。これによって，それぞれの部門が**効率よく機能**していきます。営業は営業の仕事に，広報は広報の仕事に専念できるというわけです。もちろん，それぞれの部門は分離独立して活動しているわけではありません。**「組織を構成する各部門の協力と協調」**（『改訂10版 社内規程百科』経営書院）を前提に，相互に関連し合いながら，仕事を進めています。出題の意図もここにあります。

> ＊業務分掌に従い，効率よく仕事をしていくためには，前章(2)執務要件で挙げた①から④までの項目が大前提。仕事への基本的な取り組み方，良識のある態度，協調性，積極性，合理性，効率性である。
>
> ＊前章(2)執務要件の③協調性ある態度では，「課（部）というチーム（グループ）におけるメンバー間の協調性」について述べたが，本項では「部門間の協調性」がテーマ。だが，そのためには，まず各部門の仕事の分担範囲（役割）を理解しておかなければならない。この基本理解（相互理解）があって初めて，チーム間に協力体制ができるからだ。

2 業務分掌と各部門の機能（役割）

それでは，ここで各部門の仕事の分担範囲を見てみましょう。そして，ここから**各セクションが受け持つ重要な役割**を理解しておいてください。

①企画開発

商品企画開発の要。自社の基本方針に従い，社会のニーズにマッチした商品やサービスを作り出す部門。そして，そのために社会情勢や市場の分析，他社の動向調査と分析などの業務も行います。

> ＊特に，顧客の声や市場の動向を熟知している営業との連携は重要である。商品企画の基礎データ（ヒント）になるからである。

②製造

環境や安全，利便性等に配慮した製品を造る部門です。仕入れ品の検

査，製造過程でのチェック，製品の検査，在庫管理，安全衛生管理など
の業務があります。そして，製造業において，この物造りは会社に利益
をもたらす源泉となります。

> ＊企画開発や仕入れ部門等との連携（情報交換）は重要である。

③営業

　営業は，事例研究①の**選択肢(2)「製品の販売業務」**のほか，顧客動
向調査（市場調査），商品の売れ行き状況調査，新規顧客の開拓，販売
促進活動などの業務を行います。これによって，直接売り上げに貢献し
ていきます。

> ＊デスクワークには，見積書の作成，売上伝票の整理，営業日報の作成な
> どがある。
> ＊会社によっては，販売促進部，販売部などの名称もあるが，その機能は
> 同じである。
> ＊販売促進の一環として広告宣伝活動がある。営業部とは別に「宣伝部（広
> 告部）」として機能している会社も多い。もちろん，その役割は「商品
> の宣伝」である。

④物流サービス

　納入前の検品作業，安全を期した梱包作業，顧客宅等への搬入と設置
作業，設置後の説明と清掃作業などの業務があります。

> ＊場合によっては，営業が立ち会うこともある。契約して「はい終わり」
> というわけにはいかないからだ。

⑤広報

　広報の仕事は，事例研究①の**選択肢(4)**にあるように**「会社の宣伝」**
です。その宣伝媒体には，ホームページや会社案内，ＰＲ誌などがあり
ます。これによって，**企業イメージ**の**向上**を図ります。

> ＊各部署の活動状況や人事異動，新人の紹介などが掲載される「社内報」
> の制作や会社の歴史を著した「社史」の編纂なども広報の仕事。
> ＊「会社宣伝」の最たるもの，それが企業理念の提示。例えば，テルモ株
> 式会社（医療用機器の製造販売）の理念は「テルモは医療を通じて社会
> に貢献します」である。いずれにせよ，広報は重要な使命を担っている
> わけだ。

⑥総務

　総務は，株主総会などの公式行事の実施運営から，用度品（事務用品，
ＰＣなど）の調達・管理に至るまで，幅広い業務を担当しています。こ

れによって，「他の部署で働く社員はこまごまとした業務から解放され、部署ごとに決められた仕事に専念することが可能になり、より、快適に、確実に業務を遂行することができる」（服部英彦監修『総務部』インデックス・コミュニケーションズ）というわけです。フォローアップです。

＊その他，部長会議の準備・議事録の作成，文書管理，自動販売機等の設置と管理，書籍やスーツその他の斡旋，社用車の管理，防災対策，地域社会との交流，環境問題への対応などがある。その意味で，総務の担当者は「オールラウンドプレーヤー」である。

†ある総務スタッフは，今までで一番うれしかったこととして「行事をやって、多くの社員からねぎらいの言葉をもらった時」「ラインの人から『ありがとう』と言われる時」などを挙げている。これは，総務の「日頃コツコツとした、縁の下の力持ち的な仕事」（実務教育出版編『総務・人事の仕事』実務教育出版）を理解してもらっているとの思いからであろう。

⑦人事

人事は，事例研究①の**選択肢(1)「社員の採用」**に代表されるように，**「人に関する全ての業務」**を取り扱います。社員の採用，社員教育，配属・異動，人事考課，福利厚生，給与・賞与，退職金等の計算業務がそうです。

＊社員の生活の安定を目指しているのが福利厚生業務である。その福利厚生には雇用保険，健康保険，厚生年金保険，保養施設・食堂・託児所等の設置，育児介護休業，貸付金制度，慶弔金制度などがある。

＊人事部は「採用から退職」までの「人」に関する一切の業務を行う重要なセクション。特に採用業務は重要。会社の戦力となる「人材」を選考する仕事だからである。

＊社員教育（人材育成）には，入社前研修，新人研修，中堅社員研修，営業スタッフ研修その他がある。

＊「人事異動」とは，現在の部署から他の部署に移ること（「仕入部から営業部へ異動になった」などという）。そのための準備と実施が，人事スタッフの仕事になる。

＊「人事考課」とは，社員の職務遂行能力や勤務態度，業績などを評価すること。だが，考課を実際に行うのは各部門の役職者である（次項「職位，職制」）。人事部の仕事は，「各部門で行われた人事考課を集め、賞与や昇給、昇進・昇格などの査定材料として使えるよう、データをインプット」し，管理することである。なお，人事考課の評価基準の作成と各部門への説明は人事部の仕事。

⑧経理

経理は，事例研究①の**選択肢(5)「金銭に関することを扱う」**セクションです。そして，その業務には取引先への売上代金の請求と回収事務，仕入れ代金の支払い，各部門からの経費その他の精算，給与の支払い，法人税等の計算と支払いなどがあります。そうなのです。経理部は，営業部や広報部，仕入部，総務部などで発生した金銭の出納（出し入れ）を一括して管理するセクションというわけです。

> ＊営業部から「納品書」（注文を受けた品物を取引先に間違いなく納めたという証し）の控えが届いたら，経理部はその納品書（控え）に基づいて売上代金の請求書を取引先に発行する。そして，約束の支払期日に売上代金が入金されたかどうかのチェックを行い，未入金の場合は，営業と連携して代金の請求・回収を行う。この「売上の管理は最も基本的かつ重要な業務」（笠原清明監修『経理部』インデックス・コミュニケーションズ）である。
>
> ＊また，自社が仕入れた場合は，まず仕入部で品物と納品書を受け取り，その納品書を経理に回す。経理では，その後仕入れ先から届けられた請求書を納品書等で確認し，期日までにその代金を指定の銀行に振り込む。そして，これは「会社の信用を支える大切な業務」（『経理部』）である。
>
> ＊経費の支払い業務。例えば営業部の接待費用などは，営業担当からの領収書を確認し現金で支払う。また，総務からの事務用品等の購入は，その請求書に基づき月締めで事務用品販売会社に支払う。 なお，会社によっては「各部門や事業所ごとに会計係を任命し，小口現金を預けて経費の支払い」（『経理部』）などに充てているケースもある。ちなみに「小口現金」とは，事務用品（ペンなど）や交通費（短距離）などの支払いに充てる少額の現金のこと。
>
> ＊このほか，月次の損益計算書の作成や年次の損益計算書などの決算書類の作成，税務申告（法人税や消費税など）のための計算事務などがある。
>> †月次の損益計算書は，売り上げから仕入れ原価，経費等を差し引いたもので，これによって，利益がどの程度出ているかが分かる。また年次の損益計算書などの決算書類は，１年間の事業活動でどの程度の利益が出たか，または損失が出たかなどを計算したもの。これは，いわば会社の成績表である。

3 業務分掌とビジネス実務マナー

さて，前述した部門の業務分掌（概略）から，ビジネスマンたるものどのような姿勢で仕事に取り組んでいけばよいでしょうか。それを，実務マナーの視点から考えてみましょう。

①他のセクションの仕事を理解し尊重する

　すでに述べたように，業務分掌の基本は部門間の**協力と協調性**です。でもそのためには，**組織の目標**（例えば，「顧客に最高の満足を提供し，業績の向上を図る」）と，その目標のために各部門が分掌に従って業務を遂行しているのだという**共通認識**が必要でしょう。「**あらゆる仕事が組織全体の目標に向けられなければ、成果は得られない**」（P．F．ドラッカー著／上田惇生訳『**マネジメント（中）**』ダイヤモンド社）からです。

　そして，この認識がないと「**当事者の防衛意識**」（小笹芳央著『**会社の品格**』幻冬舎新書）が働きます。

　例えば，営業からのこんな声。「経理から，『最近，接待等の出費が多すぎるね。何とかならないか』と言われた。全く，経理ってところはそろばん勘定だけだね。営業には営業の都合というものがあるんだ。何も分かっちゃいない」。

　確かに，営業にはそろばん勘定抜きに仕事をしていかなければならないときもあるでしょう。でも，経理の担当者はやみくもに物を言っているわけではないのです。なぜなら，「**経費は予算管理の対象でもあり、その効率化、つまりムダな経費を減らすことは経営者にとって大きな課題です。経費には、支出の管理が容易なものとそうでないものがありますが、旅費交通費、交際費、広告宣伝費といった経費は、各部署の創意工夫で削減することが可能です。どこがムダだったのか、ムダを削るにはどうしたらいいのかを検討するためにも、経理部での経費管理が欠かせない**」（『**経理部**』）からです。

　いかがでしょうか。経理部は経理部の役割（分掌）に従ってチェックをしているわけです。そして，他部署の担当者はここをきちんと理解しておくことが必要でしょう。これが，次の連携プレーにつながります。

②連携プレー

　各部署の担当者は，それぞれの仕事に**責任と自信，そして誇り**を持って働いています。まずは，このことを互いに**認め合う**ことです。すると，「**『たしかに、当営業部と開発部との〝間〟では、連携上、多少の問題があるな』というように、一方的に責任を押しつけるようなこと**」（『**会社の品格**』）もなくなります。**バランス感覚**です。

　そして，この互いの役割を尊重する態度こそが，**業務分掌（規範）に**

裏付けられたビジネス実務マナーということになるでしょう。

　検定問題では，事例研究①に見られるように**「各部門の仕事の分担範囲」**と，これを踏まえての良識ある言動の適不適が問われます。**「業務分掌とビジネス実務マナー」**です。その内容を，次の事例から確認しておいてください。

> ＊「業務分掌」の意味を問う場合もあるので，前述した「業務分掌の意義」を確実に理解しておくこと。
> ＊経理や総務などで使われる専門用語を問うことはない。出題の視点は，あくまでもビジネス実務マナーである。

①営業と企画開発の情報交換会議で

◆新製品の売れ行きが思わしくないときでも，「売れない製品を企画した企画開発部に責任がある」などと言わないこと。

> ＊こう言われると，「いや，営業の販売方法にこそ，売上不振の原因がある」「じゃ，営業にはよいアイデアでもあるのかい。あるなら，営業さんで企画でも何でも立ててみれば」などということにもなりかねない。売り言葉に買い言葉である。
> ＊それぞれの存在価値を認めること。決して他部門を貶めるような言い方と態度はとらないということである。

◆企画開発から，現段階での顧客の反応，販売店の感触を聞かせてくれと言われたとき，「役に立つ情報など特にない」などと言わずに，どんな些細なことでも報告すること。

> ＊役に立つかどうかは，企画開発が決める。どんな些細なことでも報告するのが営業の仕事。
> ＊同様に，「営業が足を棒にして収集した顧客情報は，今後の販売促進のためのものだ。何で企画開発にその情報を提供しなければいけないのだ」などと考えないこと。情報の私物化（独占）はご法度。縄張り意識は無用ということだ。
> ＊企画開発にとって，情報とは「新製品開発の宝箱」でもある。もちろん，どんな些細な情報でも。そして，これが情報の共有化。

②定例の担当者連絡会議で

◆経理から「最近，月締めの支払伝票が遅れがちである。特に営業は期日を守らない」と言われたとき，「月末は忙しいのだ。少しぐら

いは待ってくれてもいいじゃないか」などと言わないこと。

 ＊営業優位の立場から物を言わないこと。営業部門が利益を挙げているのは，経理などのスタッフ部門が側面からフォローしてくれているからだと考えること。

 ＊支払伝票は営業だけから回ってくるのではない。全部門から上がってくる。経理は，この作業を滞りなく処理して取引業者への支払いをしていかなければならない。これは対外的にも責任のある仕事なのである。

 ＊月次の損益計算書を作成するための基礎データの一つでもある。経理は迅速に作成して，収支の状況を経営陣に報告しなければならない。

◆総務から，「コピー用紙の使用頻度が高い。用紙の表だけでなく裏も使うようにしてコストの低減を図ってほしい」と言われたとき，「たかがコピー用紙じゃないか。そんなに物惜しみするなよ」などと言わないこと。

 ＊「事務用品の購入費は，会社の経費」である。「ここで〝コスト意識〟が働き，少しでも経費を減らす方法を考える」(『総務・人事の仕事』)。これが総務の仕事（経費管理）である。他部門はこの要請を受け，速やかにコストダウンを図っていかなければならない。

◆総務から，「環境の美化に協力してほしい。特に，玄関や廊下などにごみが落ちていたらよろしく頼む」と言われたとき，「それは総務から清掃業者に言うべきことではないか」などと対応しないこと。

 ＊確かに環境整備の管理は総務の仕事である。だが，ここで総務は，総務の役割として各部門に協力を依頼しているのである。言うまでもなく，環境美化の推進は，社員の一人一人が意識していかなければできないからだ。

連携プレー

「いい仕事」をする

　営業の目的は何か。**顧客に最高の満足を提供する**ことです。でも，これは営業の力だけでは，なかなか果たし得ないでしょう。なぜなら，他部門の協力が絶対条件として必要だからです。

　こんな事例があります。電機部品メーカーの営業マンの話です。

　上司だけではなく、生産部門や仕入れ担当の人、営業事務を担当している人など、横のつながりにも気配りが必要です。別の部署の人たちとのコミュニケーションをふだんから図っておくことが、トラブルに対する敏速な対処ができるか否かに影響します。

　電機部品メーカーの営業マンT・Aさん（27歳，男性）は、暇さえあれば、生産現場の工場へ顔を出し、工場長や工員の人と会話するようにしています。

　「何かトラブルがあった時に助けてくれるのは工場の人たちです。私たち営業マンが、無理なお願いをするのも工場の人たちに対してなのです。たとえお客さまには信頼されていても、社内で孤立していては、いい仕事はできません。生産現場の見学と意思の疎通、そして日頃のお礼の意味もこめて、お世話になっている工場へ通うようにしています」

　社内の人間とのよいチームワーク、そして連携プレイができるというのも、営業マンの実力です。

（実務教育出版編 『営業の仕事』 実務教育出版）

2 職位，職制について，一般的に知っている

　職位とは，社長，部長，課長，係長などの，いわば肩書（役職名）のこと。また職制とは，その職位に与えられた役割（職務）のことです。部長には部長としての仕事が，課長には課長としての仕事があるというわけです。**職務分担**です。そして，この**職務（役割）分担**は重要です。独りで，ありとあらゆる業務をこなしていくのは不可能だからです。

　では，職制としての係長の仕事（職務・役割）にはどのようなものがあるのでしょうか。それを問うているのが次の事例です。検討してみましょう。

事例研究② 職位，職制について，一般的に知っている　**case study**

　一般的に，係長は組織の中でどのような役割を果たしているか。次の中から<u>不適当</u>と思われるものを一つ選びなさい。

(1)　課長の補佐
(2)　業務の管理
(3)　部下の教育
(4)　業務の指示
(5)　社員の採用

事例解説 **instructions**

　係長の組織上の位置付けは監督職で，課員（スタッフ）の仕事の監督がその役割となります。そして，その具体的な仕事には，**(1)上位者（直属上長）である課長の補佐，(2)業務の管理，(3)部下の教育，(4)業務の指示**などがあります。

　ところが，(5)社員の採用というのは，会社全体のことを考えてするものなので，一般的には部長以上の上層部の役割ということになるでしょう。従って，**不適当な選択肢は(5)**になりますが，いかがでしょうか。

　　＊職制には，「職務の分担に関する制度（仕組み）」のほか「管理監督職」という意味もある。
　　＊係長の職務は「監督職」である。また，課長とその上位者である部長の職務は「管理職」となる。言うまでもなく，それぞれに権限と責任は異なる。

73

＊職務（タスク）とは，その人が担当している仕事（役割）のこと。係長
は課長の指示の下，その職務を全うすることになる。
＊そして係長は，課長の補佐という立場から，営業なら営業としてやるべ
き仕事を全うする責任がある。その一例が(1)から(4)までの選択肢にな
る。これが係長としての具体的な職務の例。

要点整理　the main point

■ 職位，職制について，一般的に知っている

1 業務を円滑に運ぶために

　前項で，「業務分掌とは，部門ごとに仕事の分担を取り決めたもので，
これによって，それぞれの部門が**効率よく機能**していく」と解説しました。
でも，効率よく業務を機能させていくためには，その仕事を**管理監督する
統率者が必要**です。そして，その重要な役割を担っているのが，それぞれ
の部門の**部長**であり，**課長**であり，**係長**です。職制として，「**業務を組織的、
有機的に運用できるようにして経営目的の遂行**」（経営書院編『改訂新版
模範実例 組織分掌規程総覧』経営書院）を図っていくというわけです。出
題の意図もここにあります。

> ＊基本的な役職の序列は，社長，専務，常務，部長，次長，課長，係長であ
> る。この序列に従ってトップからの指示命令が伝達される。なお，一般
> 社員への指示は係長から行われる。そして，これが職務上の指示命令系
> 統の序列である。
> 　†トップとは，社長，専務，常務等の経営陣（取締役会）のこと。こ
> 　　こで，会社の方針など経営に関する全てのことが決定される。
> ＊そして，「各職位には明確な範囲の責任事項と，その遂行に必要な権限
> が与えられ」（『改訂新版 模範実例 組織分掌規程総覧』）ている。組織目
> 標を達成するためには，トップからの指示命令を伝える見識のある責任
> 者が必要であるからだ。これによって，組織が一つのつながりとして機
> 能していく。

2 職制の役割

　それでは，ここで部長，課長，係長の職務の概要を見てみましょう。そ
して，ここから**役職者が受け持つ重要な役割**を理解しておいてください。
営業部の事例です。

> ＊多くの企業で，「職制規定」として，その職務が明文化されている。

＊なお，「マネージャー，チーフ，リーダーその他，カタカナ名も最近は
多くなってきている」（『改訂新版 模範実例 組織分掌規程総覧』）が，こ
こでは一般的にもよく知られている部長，課長，係長等の名称で説明す
る。

①部長

　部長は，経営陣の方針に基づき，部の事業計画等を立て，その実行を，
営業１課，営業２課等の課長に命じます。そして部門長として，各課を
統括し組織目標の達成を図っていきます。

　　　＊その他の職務として，営業現場の状況を経営陣に報告，他の部門長との
　　　情報交換，部門内で起きるさまざまなケースに対する判断と対応，営業
　　　スタッフや係長，課長とのコミュニケーション，営業スタッフの指導育
　　　成の管理，部の人事考課，などがある。そして部長は，営業部の全ての
　　　業務を全うする責任を持つわけである。
　　　　†人事考課については，前項の業務分掌「⑦人事」を参照のこと。
　　＊外資系の企業では，部長のことを「ゼネラルマネージャー」，課長のこ
　　　とは「マネージャー」と呼ぶことが多いそうだ（大門コミュニケーショ
　　　ン研究室編『業界別 肩書きの辞典』小学館）。

②課長

　課長は，部の事業計画に基づき，１課なら１課としての業務計画を立
て，その実行を課内の係長に命じます。そして，効率よく計画等が遂行
できるように，アドバイス等を行い，業績の向上を図ります。この指導
監督が，課長としての職責です。

　　　＊その他の職務として，部長に対し，計画の進捗状況の説明と月次等の売
　　　り上げの報告，課内業務の指揮監督，係長とスタッフへの助言，ケース
　　　により，係長やスタッフとともに顧客への対応，課内で起きるさまざま
　　　な事態に対する判断と対応，１課なら１課の人事考課（考課表は部長に
　　　提出），課内スタッフの指導育成の管理，部内の２課長とのミーティン
　　　グ，課内係長やスタッフとのコミュニケーション，社内規則（規律）を
　　　順守しているかどうかのチェック（監督）と指導，などがある。

③係長

　係長は，課長から命じられたその係としての業務をスタッフに指示し
ます。特に，仕事を直接指示監督する立場にいる係長は，**率先垂範**を旨
としてスタッフを指導しています。そしてこの職務は重要です。なぜな
ら，スタッフへの指導の仕方いかんによって業務の遂行に支障を来す場
合もあるからです。会社の収益にも影響します。この現場の**最前線にい**

るスタッフ一人一人への配慮ある対応こそが係長としての職責であると
いうわけです。

 ＊係長の場合，重要な役割の一例として挙げたのが，事例研究②の選択肢
  (1)から(4)までの職務である。

 ＊その他の業務として，自らも営業等の業務を担当し，部の売り上げに貢
  献する，1係なら1係スタッフの人事考課（考課表は課長に提出），コ
  スト等の管理，仕事の仕方その他の改善，休暇・残業・休日出勤等の承認，
  係員の要望や苦情等を聞き，適切に対処する，社内規則（規律）を順守
  しているかどうかのチェック（監督）と指導，などがある。

  †係員の休暇の届出や遅刻・欠勤・早退等の連絡は係長にする。もし，
   係長が不在ならば課長になる。現場を預かっているのは係長だから
   である。

3 職位，職制とビジネス実務マナー

さて，前述した職制の役割から，ビジネスマンたるものどのような態度
で役職者に対応していけばよいでしょうか。それを，実務マナーの視点か
ら見てみましょう。

①管理監督者の仕事を知る

業務分掌の理解は，互いの役割（仕事）を尊重する態度を育みます。
そう前項で述べました。そして，職位，職制の理解も同様です。なぜな
ら，**「組織内の摩擦のほとんどは、たがいに相手の仕事、仕事のやり方、
重視していること、目指していることを知らないことに起因する。問題
は、たがいに聞きもせず、知らされもしないことにある」**（P.F.ドラッ
カー著／上田惇生編訳**『仕事の哲学』**ダイヤモンド社）からです。

組織内の軋轢（あつれき）をなくしていくための基本，それが分掌の理解であり，
職位と職制の理解であるというわけです。そして，この理解が**上司の指
示で仕事をしていく上での土壌**になります。

 ＊ドラッカーは，こうも言う。「組織は、もはや権力によっては成立しな
  い。信頼によって成立する。信頼とは好き嫌いではない。信じ合うこと
  である。そのためには、たがいに理解しなければならない。たがいの関
  係について、たがいに責任をもたなければならない。それは義務である」
  （『仕事の哲学』）と。そして，これがビジネスパーソンの良識。

 ＊業務分掌の理解は，チーム間（横）のコミュニケーションにつながり，
  職位，職制の理解は，上下（縦）のコミュニケーションにつながる。そ
  して，この横糸と縦糸がきちんと織り込まれたとき，強靭（きょうじん）な組織になる。

②リスペクト企業

　上司のキャリアや実務能力，見識，指導力等への敬意。それは，自分より優れた人に対する**謙虚な態度**から生まれます。そしてこの**謙虚さ**があれば，**「逆らわず いつも笑顔で 従わず」**（『平成サラリーマン川柳傑作選』）などということもなく，上司のいわんとしていることを，いつでも**肯定的に心から聞く**ことができます。**傾聴**です。

いかがでしょうか。

　一般社員は係長を，係長は課長を，そして課長は部長を補佐し，これが一つになって部を支え，会社の事業を支えています。もちろん，上司は豊富な知識やキャリアに基づいて部下へ助言をします。これによって**協心**が生まれます。これが**企業社会の序列の機能**です。

> ＊協心とは，「心を合わせて助け合うこと」（『大辞林』）。 管理監督職とスタッフが心を一つにして，事業目的を達成するために努力していこうというわけだ。そして，これも組織と序列のルールを守るという実務マナーが根底にあればこそのもの。

出題の視点

　検定問題では，事例研究②に見られるように**「役職者の役割」**と，これを踏まえての良識ある言動の適不適が問われます。**「職位，職制とビジネス実務マナー」**です。その内容を，次の事例から確認しておいてください。

> ＊「業務分掌」と「職位，職制」が総合的に出題される場合もある。横糸と縦糸の関係を，確実に理解しておくこと。

職位，職制と良識ある態度

◆社長が社内報で伝えた経営方針（ビジョン）を，部長が改めてスタッフの前で説明したとき，「それはもう知っている。何でまた同じことを言うのか」などと思わないこと。

> ＊社長だけでなく，部長をはじめとした管理監督者もまた，折に触れ，事あるごとに社員に語りかけていく。これによって方針の浸透を図り，一枚岩の結束を，というわけだ。この管理監督者層の意思（方針）を真摯に受け止め，これに応えていくのがビジネスパーソンとしての重要な役割。協調性である。

◆担当者Aの過失で取引業者に損害を与えてしまい，課長とともに謝

罪に出向くことになったとき，「A一人の責任ではないか。何で課長が一緒に謝りに行くのか」などと考えないこと。

   ＊確かに担当者Aの責任である。が，この場合は社会倫理に基づき，会社として謝罪しなければならない。それを担うのが管理職である課長の職務というわけだ（場合によっては部長が出向く場合もあるだろう）。

   ＊ミスをしたのが自分だった場合でも「私の責任です。自分一人で謝罪に行ってきます」などと言ってはいけない。まずは報告と事後の相談である。そして，そのための上司でもあるからだ。

◆担当者間での連絡の不徹底などで，係内でトラブルが相次いでいたとき，「係長より課長か部長に相談した方が早く片が付く」などと言わないこと。

   ＊係内の苦情処理と対応は係長の重要な役割（職務）である。課長から係りの統括責任を命じられているからだ。

◆課長から，販売路線の変更指示が出たとき，「急に言われても困るよ，今まで一生懸命やってきたのに」などと言わないこと。

   ＊これは部門長からの指示であると考えること。そして，その指示に従い業務を遂行すること。決して，「K課長はいつも急なんだよ」などと，陰で個人攻撃をしないこと。

     †販売方針の変更には，販売状況の変化やコストの問題など多々ある。まずはこのことへの理解が必要。良識である。

◆係長が，休日出勤を指示してきたとき，「2週続きの休出はつらい。他に出勤できるスタッフがいるのではないか。大体，係長にそんな権限があるのかね」などと思わないこと。

   ＊「課長でも部長でもないのに，どうして残業を命じるのか。残業をしなければならないときは自分が決める。実際に仕事をするのは，わたしなのだから」などもいけない。

   ＊係長は課長の指示で係の仕事を統括している。そして，係長は仕事の進捗状況等により，休日出勤や残業を命じることができる。これが係長の職務であり，権限の一つである。このことをきちんと理解しておくこと。これも協調性。

Column

スタッフからの提案

スタッフの仕事の情熱に動かされた上層部

　会社の経営方針はトップから発信されます。そして，この方針は職制を通じて現場のスタッフに伝わります。でも，これと全く逆のケースがありました。スタッフの仕事への情熱が上層部を動かし，トップがその提案を事業計画に取り上げたという話です。

　「三千院は、お堂のなかまでは階段があって入れませんが、車いす専用のスロープがあるので南門というところから入って上まであがることができます。そうするとお庭や、不動像、観音像など、野外にあるものは見ることができます。多目的トイレもあるから安心ですよ。

　北野天満宮は段差がないので、車いすでも正面入り口から入れます。高台寺は入り口に長い階段がありますが、その段差をのぼりきったところにある駐車場まではタクシーで行けますよ」

　京都で、車いすを利用したり、杖をついているお客様に、こんな対応をしているホテルのスタッフがいる。

　ホテルグランヴィア京都で、ゲストリレーションズを担当している永瀬晶子さん(26)は、お客様のニーズをくみ取りながらサービスを変えていこうと取り組み始めた。

　永瀬さんは、『ユニバーサルサービス』を読んで、わたしが講師をしたホテル業界の勉強会「宿屋塾」が主催するユニバーサルサービスの講演会に来てくれて知り合った。宿屋塾は、ホテルに従事する若い人たちで、これからのホテル業界を、よりよいものにしていくために有志で立ち上げたものだという。

　訪ねてみると、さまざまなホテルの最前線で働く若者たちが、上司や先輩に聞いてもわからない障害者や高齢者への接客法を学ぼうと目を輝かせていた。とてもやる気のある人たちで、わたしの話を熱心に聴いてくれた。

　ユニバーサルサービスに取り組み始めてから、何か意識が変わってきたと永瀬さんは言う。まちでキョロキョロしている外国人を見かけると、自然に声をかけるようになったそうだ。

失敗談も、いっぱいあった。

車いすを利用する人に、「こっちのほうが、歩きやすいですよ」と言ってしまった。「移動しやすいですよ」と言えばよかったと気づいたときは遅かった。お客様は嫌な顔すらしなかったが、相手の状態や立場を考えたうえで、瞬時にご案内ができるようにしなくてはならないと反省した。ほかにもある。「○○まで、歩いてどのくらいかかりますか」と杖をついたお客さんに聞かれ、とっさに「ふつうの方で徒歩３分です」と言ってしまった。

あとで反省し、家に帰って考えてみて「ゆっくり歩いて、５分ですね」と言えばよかったと思った。言葉の使い方ひとつとっても、さまざまな配慮が必要だ。彼女たちは、そんな失敗談も共有しながら、ユニバーサルサービスに取り組んできている、現在は、理解のある上司を中心に、社内で「ユニバーサルサービス推進チーム」をつくり、会社の活動としてすすめているという。

永瀬さんの上司である「ユニバーサルサービス推進チーム」のチームリーダーをつとめる吉野 修さん(34)は、永瀬さんの情熱に動かされ、上層部へもユニバーサルサービスの取り組みの必要性を訴え、2006年の年頭訓示では社長が、ユニバーサルサービスの活動のことを取り上げるまでに至ったそうだ。

「今年度の事業計画の文書にも、人にやさしいホテルづくりの一端として〝ユニバーサルサービス〟の言葉が取り上げられました。社内での活動が、ある程度の認知度を得た結果だと感じています」と吉野さん。

＊ユニバーサルサービスとは，「子どもからお年寄り、病を患っている人、障害のある人など、年齢や性別、障害の有無にかかわらず、あらゆる人の立場に立って、公平な情報とサービスを提供する」（井上滋樹著『ユニバーサルサービス』岩波書店）こと。
（井上滋樹著 『＜ユニバーサル＞を創る！』岩波書店）

3 会社などの社会的責任について，知っている

企業の社会的責任（Corporate Social Responsibility＝ＣＳＲ）とは
何か。企業が**経済社会の担い手として，社会に対して果たさなければなら
ない責務**のことです。その代表格が「法を守り，納税の義務を果たす責任。
そして雇用」でしょう。さらに企業にはもう一つ，重要な責務があります。
それが，道徳的価値観に基づいた**社会貢献活動**です。

では，企業は社会貢献の一環として，どのような支援活動をしているの
でしょうか。それを問うているのが次の事例です。検討してみましょう。

事例研究③ 会社などの社会的責任について，知っている　　case study

次は企業の社会貢献活動について，その一例を挙げたものである。中か
ら**不適当**と思われるものを一つ選びなさい。

(1)　台風に見舞われた地域への支援
(2)　社員のボランティア活動への支援
(3)　慈善活動等を行う市民団体への支援
(4)　自社の実業団スポーツチームへの支援
(5)　文化・芸術活動やスポーツなどへの支援

事例解説　　　　　　　　　　　　　　　　　　　　　instructions

企業における社会貢献活動には，**(1)**被災地への復興支援のための義援
金の寄付，**(2)**社員のボランティア活動を積極的に支援するための特別休
暇制度，**(3)**環境保全や福祉活動をしている市民団体への寄付，**(5)**音楽
の演奏会や展覧会などへの協賛とスポーツの振興支援事業，などがありま
す。**困っている人たちに温かい手を差し伸べる，社会に役立つことを率先
して実践する**，というわけです。そして，これが**徳ある企業**の行動です。

では，**(4)**自社の実業団スポーツチームへの支援はどうでしょうか。こ
の場合の支援は，あくまでも会社とチームのためであって**社会のため**では
ありません。従って，この場合は**(4)が不適当な選択肢**になります。

　　　　＊なぜ企業に社会的責任が求められるのか。経済社会の担い手（中心的存
　　　　　在）として，リーダー的役割が期待されているからである。そして，こ

の期待に応えるべく企業は「世のため人のため」に社会貢献などの社会的責任を果たしているのである。高い道徳心と倫理規範を持って。もちろん，貢献活動等の根本にあるのは企業の経済力であるのは言うまでもない。

＊災害による義援金は，日本赤十字社や中央共同募金会等を通じて行われるのが一般的。

＊ボランティア休暇は，企業による任意の規定。この制度は富士ゼロックスや日立製作所などが導入している。

＊市民団体であるＮＰＯ法人のほか，日本ユニセフや日本ユネスコなどへの寄付も行っている。

＊会社の 部(クラブ) 活動として行っているのが，実業団のスポーツチーム。企業の宣伝活動の一環としての色彩が強い。所属の選手は皆，その会社の社員。野球やバレーボール，陸上競技，バトミントンなどがある。

＊音楽の演奏会や展覧会，演劇公演などを支援することを「メセナ」という。サントリー音楽財団やサントリー文化財団，出光美術館などはその一例。また，企業が音楽祭などの主催団体を支援しているケースもある。

スポーツ振興支援の一つ，少年野球に対しては，多くの企業が世界少年野球推進財団の協賛スポンサーとなっている。

要点整理　　　　　　　　　　　　　　　　the main point

■ 会社などの社会的責任について，知っている

1 企業は優れて社会的存在

　言うまでもなく，会社とは，営利追求を目的として活動している組織体です。そして，企業はこの利益によって，社会的責任を果たしています。それを，『**会社は誰のために**』から見てみましょう。

　御手洗さんは、会社の使命として四つのことをあげられました。そして、そのためには利益が必要なんだと。これは私も同感です。さらに付け加えていうなら、会社には永続性が求められるということです。10年、20年でもうやめるというのであれば、これは社会的な存在意義はありません。ＣＳＲ（corporate social responsibility）という言葉に代表されるように、企業には社会的な責任があります。雇用の確保とか、納税の義務、あるいは社会に対する寄付活動などの貢献もその一環でしょう。

　したがって、会社というのはもともと、社会的な存在だと私は考えてい

ます。その役割を果たすためにも、利益が必要なのです。

> ＊引用にある会社の四つの使命とは，①「社員の生活の安定と向上」②「投資家への利益の還元」③「社会貢献」④「先行投資するに十分な資金の確保」である。そして，この四つを行うために必要なのが利益であると言う。

（御手洗富士夫，丹羽宇一郎著『会社は誰のために』文藝春秋）

いかがでしょうか。

企業は，法律に定められたことを守って，経済の秩序を維持し，この中で，安全良質な製品を消費者に提供し利益を得ています。そして，この利益があるからこそ，企業は企業としての社会的責任が果たせるというわけです。社会貢献もその一つです。

さて，その社会貢献で最も大切なこと。それが，**よき企業市民**（コーポレート・シチズン）として「世のため人のため」に尽くすという**利他の精神（思いやる心）**です。もちろん，よりよい社会，豊かな社会を築いていくために。出題の意図もここにあります。

> ＊消費者に満足のいく（ニーズに合った）製品やサービスを提供するのも社会貢献。社会（顧客）の需要に応じた商品やサービス（満足）を提供しているからだ。これが「企業は社会に貢献することで成り立っている」（皆木和義著『企業の品格』ＰＨＰ研究所）という考え方につながっていく。そして，これが企業の存在意義である。

2 企業の社会的責任とビジネスパーソンの役割

企業は，経営理念に基づいた社会貢献への思いをメッセージとして発信し実践しています。その目的は**「社会との共生」**と**「公共心」**です。

そしてビジネスマンは，この会社の意思（メッセージ）に心から共感し，誠実に真摯に社会貢献活動に取り組んでいます。もちろん，**高い規範意識と道徳心，責任感**を持って。これがあって初めて，企業の社会貢献活動も本物だと評価されます。何せ，企業の社会的責任を果たす立役者は，**忠恕の心**を持った一人一人のビジネスパーソンでもあるのですから。

> ＊忠恕とは，『論語』に出てくる言葉で，「誠実（忠）で，思いやり（恕）のある心」ということ。

3 「尊敬できる会社や人物のもとで働いてください」

オマハの賢人，世界一の投資家（大富豪）などと呼ばれているウォーレン・バフェットは，学生に**「尊敬できる会社か、尊敬できる人物のもとで**

働きなさい」(ジェフ・マシューズ著／黒輪篤嗣訳『バフェットの株主総会』エクスナレッジ)とアドバイスしています。

　さて，次の京セラの事例を見てみましょう。慈善活動で，経営者と社員の心が一つになった事例です。

　創業から数年後、会社の基盤も固まってきたころ、私は暮れのボーナスを社員一人ひとりに手渡したあと、その一部を社会のために寄与することも考えたらどうかと提案しました。社員全員から少しずつお金を出してもらい、それと同額のお金を会社からも提供して、それをお正月にお餅も買えないような貧しい人へ寄付しようと提案したのです。

　従業員はそれに賛同してくれ、ボーナスの一部を快く寄付してくれました。これが、今日京セラが行っているさまざまな社会貢献事業のさきがけとなり、その精神はいまも変わることなく生きています。

　つまり、自分たちの汗の結晶を、その一部でいいから他人のためにも使って、社会のために役立ててもらおうという利他の精神の実践に、創業まもないころから努めてきたのです。

　　　　＊稲盛さんは，この「利他（徳）の心」の必要性を何度となく社員に説いたという。「心の底流に『世のため、人のため』という思いやりの気持ち」がなければ事業が成り立たないからだ。

　　　　　　　　　　　（稲盛和夫著『生き方』サンマーク出版）

　いかがでしょうか。

　「ボーナスの一部を快く寄付する」。これが，**心あるビジネスパーソンの態度**です。そして，社会貢献活動を行う自社のことを**誇り**に思うようになります。**「私は，世間から尊敬されている会社で働くことを，誇りに思う」**と。この誇りが仕事に対する自信を育みます。事業活動をよりよい方向へと導きます。そして，そのためにもビジネスマンの一人一人が，積極的に社会貢献活動に関わっていく必要があるでしょう。

　　　　＊また，これはアメリカの事例だが「ＩＢＭをはじめ多くの企業はボランティア活動を奨励しており、寄付金活動においても社員が投じた額と同額を、その企業がさらに寄付するような制度を設けているケースが多い」（岡本享二著『ＣＳＲ入門』日経文庫）そうだ。

　　　　†もちろん，金額の多寡ではない。必要なのは、「少しだけでも社会

のために役立てよう」という奉仕の精神である。

出題の視点

　検定問題では，事例研究③に見られるように**「企業の社会的責任にはどのようなものがあるか」**と，それに関わるビジネスマンとしての良識ある態度の適不適が問われます。「公共心と責任感，そして気付き」です。その内容を，次の事例から確認しておいてください。

> ＊「ＣＳＲ」や「コーポレート・シチズン」などといった用語の意味を問うことはない。大切なのは，その背景にあるボランティア精神，思いやる心である。
> ＊第Ⅰ章の(1)ビジネスマンとしての資質①②④と(2)執務要件②③等を確認のこと。道徳心について，その基本を解説している。

企業の社会貢献活動に対する考え方

◆営業車両に「子ども安全パトロール」のステッカーを貼り，出かけるようにと言われたとき，「営業で出かけるのだから，パトロールはできない」などと言わないこと。

> ＊地域社会への貢献活動の一環。その目的は，子どもたちの安全確保を図ることにある。もちろん，ステッカーを貼るだけで犯罪等の抑止力にもなるし，また，何かあったとき，このステッカーを頼りに子どもが助けを求めて駆け寄ってくる場合もある。従って，「営業で出かけるのだから，パトロールはできない」などと言ってはいけない。もちろん，「営業車はパトカーではない」や「ステッカーを貼るだけで子どもの安全を確保することなどできない」なども同様。企業として地域社会へ奉仕する，子どものことを見守る，この精神が大切。
> ＊タクシー会社や配送会社など，数多くの企業で実施している。また，ガスや水道，電気等の検針員が「子ども安全パトロール」の腕章を着け，検針業務を行っているケースもある。

◆早朝，全社員で会社の近くの公園を清掃することになったとき，「なぜ清掃などするのか。会社の宣伝のためか。私たちだけでなく，部長と課長も参加するのか」などと思わないこと。

> ＊地域美化推進活動（ボランティア）の一環である。社員も昼休みのひととき，公園を利用している。そんな公共施設を皆できれいにしようとする心が大切。
> > †徳ある企業は，トップから率先して参加している。また，NPO法人日本を美しくする会は，学校や公共施設のトイレ掃除，街頭清掃な

どの活動を行っている。「ひとつ拾えば，ひとつだけきれいになる」
をモットーに。そして，この活動は全国各地に広まり，多くの人が
参加しているという。もちろん，ビジネスマンも。

—— 「ひとつ拾えば，ひとつだけきれいになる」は，イエローハット
　　の創業者，鍵山秀三郎さんの言葉。書名にもなっている ——

◆総務部から，会社の敷地内でチャリティーバザーを催すので，ス
　タッフとして協力してほしいと言われたとき，「その日は都合が悪
　い。別の人に頼んで」などと言わずに積極的に参加すること。

　　＊都合が悪いのは致し方ない。が，何とかなるのなら，「世のため人のため」
　　　である。積極的に参加したいものである。チャリティーというからには，
　　　その収益金は困っている人の元に届くのだから。そして，赤い羽根募金
　　　にも協力を。

　　　　† 「会社の近くにある養護施設の運動会にボランティアとして参加し
　　　　　てほしい」と頼まれたときも同様。

　　＊共栄火災海上保険では，いろいろな社会貢献活動を積極的に行っている。
　　　例えば，「バレンタイン・チャリティ募金」。それを同社のホームページ
　　　から見てみると——

　　　職場でなかば儀礼的となっている義理チョコの配布とホワイトデーでの
　　　お返しを，もっと有意義な目的に使えないかと女性社員有志が発起し，
　　　1993年から全社員を対象に「"義理チョコ，あげたつもり・もらったつ
　　　もり" バレンタイン・チャリティ募金」がスタートしました。これは義
　　　理チョコやホワイトデーのお返しのかわりに一口500円をチャリティ
　　　として募金してもらう活動です。
　　　毎年，女性社員を中心とした「ボランティア推進チーム」が中心となっ
　　　て，就業時間外に募集呼びかけやチラシの配布，運営方法や募金の活用
　　　方法などを検討・運営しています。

　　　——まさに，「社会とともに歩む共栄火災の社会貢献活動」である。そ
　　　して，愛の手を差し伸べる女性社員は，とても思いやりのあるビジネス
　　　パーソンだ。

社会貢献の心が問われるとき

キャストの一人一人がリーダーとして活躍
——ハリケーン来襲のとき

　ウォルト・ディズニー・ワールド・リゾート（ディズニー・ワールド）に，ハリケーン「チャーリー」が来襲——。

　さて，そのとき，キャストはどのような働きぶりで，この非常事態を乗り切ったのでしょうか。「47平方マイルに広がるパークを閉めてハリケーンに備えるのは大変な作業」なのに。

　もっともよく覚えているのは、強風の恐ろしさに怯えたことでも、緊急対策センター（ＥＯＣ）でゲストとキャストの安全を守るための対策を徹夜で話し合ったことでもない。キャストが懸命に働いてくれたこと、意思疎通が正確に行われたこと、初めて経験する非常事態にもかかわらず、キャスト一人ひとりがやるべきことをやってくれたことだった。彼らはシャンデリアを縛って止めたり、テーブルや椅子を積み上げてロープでくくったり、販売用ワゴンを地面に固定したりと懸命に働いた。ミッキー、ミニー、シンデレラ、グーフィーは、怯えている子どもたちをホテルのロビーで元気づけた。5000人を超えるキャストが、なにかあればすぐに手助けができるようにと嵐の夜に園内に泊まり込んでくれた。そのほかの大勢のキャストは家を出ても大丈夫だとわかるとすぐに手伝いに駆けつけてくれた。

　夜中になってようやくチャーリーの勢力が衰えると、キャストたちは疲れていたにもかかわらず、夜を徹して荒れた園内を片づけ、必要なものを揃え、倒れた木を引き抜いた。だれもが懸命に働いた。ゲストのなかにはホテルに18時間閉じ込められたままの人もいる。そうした人々のために、一人ひとりが力を合わせたのである。

　翌朝、ディズニー・ワールドは定刻に開園した。入場したゲストは驚いたことだろう。昨晩までの嵐が嘘だったかのように、太陽の光が降り注ぐ園内にはゴミ1つなく、すべてが通常どおりに動いていたからだ。キャストたちは舞台裏で力を合わせて準備を整え、ストレスや疲労を隠して、笑

顔でゲストを迎えた。フロリダ中央にある他のパークや多くの企業が休業し、地元当局が道路や電力の復旧に苦労している一方で、ディズニーは魔法をつくりだしていたのである。

　運営を統括するエグゼクティブ・バイスプレジデントとして、わたしは誇らしさでいっぱいだった。

（中略）

　その後、さらに仲間を誇りに思うようなことが起こった。ハリケーンで被害を受けたキャストや住民を支援するための活動が始まったのである。キャストたちは、給与水準に関係なく、現金を寄付したり、未消化の有給休暇を現金に換えたりした。そうして集まったお金と、ウォルト・ディズニー本社からの拠出によって、寄付金および生活必需品、宿泊施設、保育、その他の支援を相当規模で行うことができた。

（リー・コッカレル著／月沢李歌子訳『感動をつくる』

ダイヤモンド社）

　そして，平常の状態に戻ったとき，「ゲストからの何百通という感謝の手紙」が届いたそうです。

●

　いかがでしょうか。ここにある思いとは，**社会貢献も重要な仕事の一つであるという使命感と，みんなのお役に立ちたいという奉仕の精神**です。そして，このことが根幹にあるからこそ，仕事も支援活動も，分け隔てなく献身的に真摯に取り組んでいけるのでしょう。

　いずれにせよ，この事例はビジネスパーソンにとって，格好のロールモデルになるでしょう。何より，**仕事も社会貢献も「他人を思いやる」ことが，心の底流にある**わけですから。

III

対 人 関 係

sinrai

① 人間関係

1 人間関係への対処について，一応，理解している

人間関係の要とは何か。相手の考えや価値観，立場などを，尊重することです。この気遣う心が，良好なコミュニケーションをつくる第一歩です。

では，このことを踏まえた人間関係への対処にはどのようなケースがあるでしょうか。それを問うているのが次の事例です。検討してみましょう。

事例研究① 人間関係への対処について，一応，理解している case study

次は，販売チームの高峰千穂がビジネス書で読んだ「良好な人間関係を築くためのポイント」と，それに対して高木の取った対人行動である。中から適当と思われる対処の仕方を一つ選びなさい。

(1) 「ジョークは，チームの雰囲気を明るくする」

そのために私は，同僚Aのふとしたしぐさや口癖を面白おかしくまねて，皆の笑いを誘った。

(2) 「業績の向上は，チームワークがあってこそのもの」

そこで私は，同僚Bが課長から営業成績を評価された時，「それは私の協力があったから。なぜそれを課長に言わなかったの」と，Bの協調性のなさを注意した。

(3) 「相手を理解することがよい人間関係をつくる第一歩」

そこで私は，毎日ランチタイムに同僚たちを誘い，休日の過ごし方や趣味，家族のことなど，プライベートなことを詳しく尋ねた。

(4) 「周囲から信頼される第一歩は，陰口をたたかないこと」

だから私は，同僚Dが自分の陰口をたたいている話を聞いても，自分はDのことを陰で非難するようなことはしなかった。

(5) 「仕事では，何でも互いに言い合えるフランクな関係が大切」

　だから私は，会議で同僚Eの発言が月並みだった時，「そんなことはどうでもいいわよ」と，遠慮なく率直に意見を述べた。

事例解説　　　　　　　　　　　　　　　　　instructions

　ビジネス実務マナーは，**社会倫理や人間関係への理解に裏付けされた「行動の型」**です。でもこのとき，**モラル**とそれに関わる**人間関係**を意識しないと，その行動に**心**が伴ってきません。だからこそ，**心と人間関係を**理解することは重要なのです。**ビジネス実務マナーの心**です。では，その心とは何か。他者への配慮と気遣いです。そう，この 慮(おもんぱか)る心です。

　さて，その人間関係の問題です。**適当な選択肢は(4)** になりますが，どうでしたか。

　陰口とは不快なものです。悔し紛れに悪態の一つでもつきたくなります。これが人情です。でも，非難の応酬は醜態の極み，周囲は二人に不信感を抱きます。ここは，**「人の嫌がることは絶対にしない」というモラル**をもって沈着冷静に対処していくのがよいでしょう。それが，たとえ陰口をたたいたDであったとしても。

> ＊陰口とは，本人のいない所で言う悪口のこと。そして，これがいさかいのもとになる。ではどうするか。いわれのないことでも，文句など言わずにしばらく静観することである。仮に言い返したとしても，開き直られるかもしれないし，また，陰口が始まるかもしれない。そうなると，もう泥仕合である。ここは，「人の噂も七十五日」。じっと耐えているのがよいだろう。
> 　　†旧約聖書の「箴言(しんげん)」には「木(き)がなければ火(ひ)は消える。／陰口(かげぐち)を言(い)う者(もの)が消えればいさかいは鎮(しず)まる」(『聖書 新共同訳』日本聖書協会)とある。
>
> ＊この自制心こそが美徳である。すると，「あの人は，決して他人の悪口を言わない」と周囲からも信頼される。「結局，世間は『いかなるときにどのようにして沈黙を守るべきか』をわきまえている賢者のまわりに集まり，支持するようになる」(サミュエル・スマイルズ著／本田健訳『品性論』三笠書房)からだ。
>
> ＊陰口へのもう一つの対処。それが「不賢(ふけん)を見ては，内(うち)に自(みずか)ら省(かえり)みるなり」(加地伸行全訳注『論語』講談社学術文庫)である。これは，陰口などの「愚かな行動を見れば，自分もそういう短所がないかと自ら反省」(『渋沢栄一「論語」の読み方』三笠書房)してみるということだ。「自分は，そのようなことはしていないだろうか」と。そして，この自戒が沈着冷

静な行動を生むというわけだ。

　では，その他の選択肢はなぜ不適切になるのでしょうか。本章「対人関係」の要でもあるので，ここは一つずつ検討してみましょう。

　選択肢(1)は，同僚Ａをピエロに仕立てて物笑いの種にしています。しかも自分が主人公になって。これはいけない。**ここで配慮しなければいけないことは，Ａの心情**です。Ａがこれを見てどう受け取るか，本当のところは誰にも分からないからです。ジョークを言ってチームの雰囲気を明るくしたいなら，他に方法は幾らでもあるはずです。もちろん，他人を標的にせずに（Ⅰ－(1)－②「明るさ，誠実さを備えている」）。

　選択肢(2)は，「私がいたから，Ｂが評価された」と言っています。確かに，その側面はあるかもしれませんが，ここは「よかったじゃない。Ｂさんが頑張ったからよ。販売チームとしても評価されたし」などと，**謙虚さを旨として言うべき**でしょう。そして，これが**チームワーク（協調性）**というものです。

　では，**選択肢(3)**はどうか。もちろん，ランチに誘うのはコミュニケーションを図るためにも大切なことです。が，いかんせん，プライベートなことに立ち入り過ぎています。ここは**まず自分のことをオープンにして話すべき**でしょう。これが人間関係を築いていくための出発点です。

　そして**選択肢(5)**の問題点は，月並みな発言だと決め付け，「そんなことはどうでもいい」と言っているところです。この**上から目線の攻撃的な発言**は，同僚Ｅの存在を認めていません。いわばコミュニケーション拒否です。これを率直（フランク）とはいいません。ただ独り善がりなだけです。ここは，どのような発言であってもまずは**耳を傾け，その話をよく聞くべき**でしょう。よく聞いて，Ｅの言いたいことを理解するべきです。これが，率直に物の言える関係をつくる出発点でしょう。もちろん，その根幹にあるのは**配慮**です。

＊選択肢(1)のような行動に対して，哲学者アレンはこう指摘する。

　誠意や真実みの感じられない言葉で，コミュニケーションをうまく取り繕（つくろ）っていると思い込んではいませんか？
　きつい冗談や，下品な話題を振り撒（ま）いて，その場を盛り上げようとしてはいないでしょうか。
　・相手や周りにいる人たちを不愉快にする。
　・度を越した親近感で接する。

> ・人をバカにして話題にする。
> 　・相手の立場を考えないで、あつかましい振る舞いをする。
> 　こうした分別のない行動は、下品なだけです。
> 　たとえば、その場にいない人を嘲笑して楽しむことは、笑いのために、その友人や知人を生け贄にしていることと同じです。
> 　相手の立場をすっかり無視して、無作法に扱うことは、自分がかかわる人たちをだいじにする気持ちが心にない証拠です。たとえ、心から尊敬できなかったとしても、立場を尊重する気持ちを持ちましょう。それがなければ、ただの恥知らずです。
> （ジェームズ・アレン著／葉月イオ訳『幸福に通じる 心の品格』ゴマブックス）

＊選択肢(2)は，誰にもある嫉妬という感情である。なかなか厄介なものだが，これを払拭するには，前述したような対応の仕方を，心の習慣として身に付けておく必要がある。

＊選択肢(3)は，心理学でいう「自己開示」である。「仕事関係の誰かと話をするとき、まずあなた自身がオープンする。相手に対して心を開く。すると自然に相手もあなたに好意を抱き、良好な関係を築く礎になる」（齊藤勇著『自分を棚にあげて平気でものを言う人』祥伝社新書）というわけだ。いずれにせよ、プライベートなことを根掘り葉掘り尋ねるのは無神経の極み。応えたくないことの一つや二つ、誰にだってあるからだ。

＊選択肢(5)の言い方でもう一つの問題点。それが「意見だけが否定されたのではなく、自分の人格まで否定されたような気がしてしまう」（『自分を棚にあげて平気でものを言う人』）その心理傾向だ。「そんなつもりで言ったわけではない」と言っても始まらない。ここまで配慮しておかなければならないのが人間関係。

要点整理　the main point

人間関係への対処について，一応，理解している

他者を慮る心

　私たちの心には，**自己中心的な「感情」**があります。「自分さえよければ、それでよし」とする心理です。でも、翻ってみると、私たちには**人を思いやる心の文化**があります。「**己の欲せざる所を，人に施すこと勿れ**」（吉川幸次郎著『論語下』朝日選書）も、その一つでしょう。「自分が嫌がること、不快に思うようなことは、他人にもするな」。この**文化**です。

そして，この**心の規範**(モラル)がエゴセントリックな行動を自制させます。**相手を慮る心，人間性がそうさせる**のです。この**心を感じて実践する**。出題の意図もここにあります。**「対人関係」の要**です。

> ＊新約聖書の「マタイによる福音書」には，「人(ひと)にしてもらいたいと思う(おも)ことは何(なん)でも、あなたがたも人(ひと)にしなさい」(『聖書 新共同訳』)とある。世にいう「黄金律」である。
>
> ＊人間関係とは，「社会・組織・集団などにおける人と人との関係。特に、個人と個人との心理面・感情面での関係」(『大辞林』)のことをいう。であれば，人の感情にも細やかな配慮と気遣いをもって対処しなければならない。これができて初めて，チームワークも生まれるからだ。ビジネス社会で，高い良識と協調性が求められるゆえんである。
>
> ＊人は，「理性」だけで行動しているわけではない。行動は「感情」といつも背中合わせだ。故に，人間関係は難しい。でも，だからこそ，良好な人間関係を築くための規範が必要だというわけだ。そう，「個人的な感情」にも配慮した自己抑制というルールとモラルが。

■ 出題の視点

検定問題では，事例研究①に見られるように，「対人関係への対処」を中心に出題されています。それを，次の事例から確認しておいてください。ポイントは，**他者への配慮，チームへの気配り，そして品位**です。

> ＊第Ⅰ章(1)ビジネスマンとしての資質と(2)執務要件とを確認のこと。良好な人間関係を築いていくための基本（挨拶，身だしなみ，良識，協調性など）を解説している。
>
> ＊第Ⅱ章(1)組織の機能を確認のこと。ここでは，企業実務の視点から組織における人間関係の重要性を解説している。

①態度と人間関係

◆関係ないことに口出しをせず，出しゃばらない態度をとるようにすること。

> ＊「約(やく)を以て失(あやま)つものは鮮(すく)なし（控えめにしていて，しくじることはめったにないものだ）」(貝塚茂樹訳注『論語』中公新書)という教えもある。

◆先輩や同僚と親しくなっても，最低限の礼儀はわきまえて接すること。

> ＊相手の立場を尊重する（自分と相手の関係をきちんと理解する）態度(マナー)が大切だということ。

◆陰で，同僚，先輩の言動の批判はしないこと。どうしても必要なら

ミーティングなどの公の場ですること。

> ＊言うまでもなく，陰での言動批判はルール違反。なお，ミーティングの場で大切なことは，最初から批判的な言い方をするのではなく，尋ねる（教えを請う）態度で臨むこと。自分の意見（見方）が正しいとは限らないし，誤解ということだってある。まずは真意の確認というわけだ。そして，これが敬意ある人間関係への対処の仕方。

◆ミスを注意されると，仕事上気を付けないといけない勘所が分かるようになる。注意には不満を持たず反省してみること。

> ＊特に「注意には不満を持たず反省してみること」は大切。これは，注意されたとき，不機嫌そうな態度をとったり，他に責任転嫁をしたりしないということだ。そして，これが職場における人間関係の基本。この素直な態度が，先輩との信頼関係を生むことになる。

◆会議などの場で，必要以上に上司や先輩に取り入るような態度はとらないようにすること。

> ＊古人は言う。「お前追従する者は必ず陰にて誇る（人の面前でこびへつらう者は，その人がいなくなると平気で悪口を言う）」（『新明解故事ことわざ辞典』三省堂）と。これが品格に欠ける行為。見ている人は見ている。

②心と人間関係

◆先輩や同僚へのネガティブな性格判断は，相手を侮辱（軽視）することにもなりかねないので，できるだけ言わないようにすること。

> ＊軽率に人の性格判断はしないということ。「Ｙは暗い性格だね」「Ｇ先輩は偏屈なところがあるね（ひねくれ者だね）」などのたぐいである。そして，この決め付けには，人を裁く心理が潜む。これを不遜な態度という。思い上がりである。チームのメンバー，一人一人の人格を尊重する。これがビジネスパーソンとしての心の姿勢。

◆異動してきた上司に対し，つい見た目の印象や先入観などで判断してしまいがちになるが，そんな自分勝手な見方は捨てて素直な心で対処すること。

> ＊臨床心理学者の河合隼雄さんは，「人間一人一人がもっている心理というのは，そんなに図式的でもなければ，単純でもありません」と語る。そして，「決めつけてはいけない。特定の価値観に結びついた言葉を断定的に言うのはよくありません」（『人の心はどこまでわかるか』講談社＋α新書）と。そして，これがその人の心の軌跡への配慮。

優れた人間性こそが，よい人間関係をつくる

人間関係では，心の姿勢が問われる

　人間関係への対処は心で。そして，それは**相手を慮る心**です。この**心を感じて実践**する。そんな事例を，上田情報ビジネス専門学校就職課主任**比田井和孝**さんの『私が一番受けたいココロの授業』から紹介しましょう。「就職対策授業」です。

これは、「日本メンタルヘルス協会」の衛藤信之さんが、
元ディズニーランド総合プロデューサーの堀貞一郎さんから
聞いたエピソードを、話してくださったものです。
ある日、若い夫婦が2人で
ディズニーランドのレストランに入ってきました。

夫婦は2人掛けのカップル席に案内されると、
「お子様ランチ2つ」と注文したんです。

ところが、ディズニーランドには、
「お子様ランチは9歳まで」という決まりがあるそうです。
キャストは、丁寧に頭を下げて言いました。

　「お客様、大変申し訳ございません。
　　お子様ランチは、
　　大人の方がお召し上がりになるのには少なすぎますので、
　　お子様限定のメニューになっております。」

それを聞いた女性は、がっくりと肩を落としました。

キャストは，女性がとてもがっかりしたのを見て、
これは何か特別な理由があるのかも…と思い、
思い切ってたずねてみました。

「お子様ランチはどなたがお召し上がりになりますか？」

女性は静かに話し始めました。

　「実は、私達２人には子供がいたのですが、
　　１歳のお誕生日を迎える前に、病気で亡くなったんです。

　　生前、子供の病気が治って元気になったら
　　いつか、３人でディズニーランドに行って、
　　お子様ランチを食べようね…と約束していたんです。
　　なのに、結局、その約束を果たすことができなかったんです。

　　今日は、子供の１回忌なのですが、
　　子供の供養のためにその約束を果たそうと思って
　　ディズニーランドに来たんです。」

キャストは２人に向かって深々と頭を下げると、

　「かしこまりました。お子様ランチ、お２つですね。
　　それでは恐れ入りますが、
　　お席を移動していただけますか。」

と言って、２人掛けのカップル席から
ファミリー席に移動してもらいました。
そして、キャストは二人の間に、子供用のイスを準備すると、

「お子様は、どうぞこちらに」と、
まるでそこに子供がいるかのように導きました。

しばらくすると、お子様ランチを３つ持ってきて、
子供用のイスの前に、
３つ目のお子様ランチを置いて言いました。

「こちらは、ディズニーランドからのサービスです。
　ご家族でごゆっくりお楽しみください。」

2人はとても感激したそうです。
そして後日、ディズニーランドには、こんな手紙が届いたそうです。

　「お子様ランチを食べながら、涙が止まりませんでした。
　　私達は、まるで娘が生きているかのように
　　家族の団らんを味わいました。」

…これね、なかなかいい話だな、と思うんです。
ディズニーランドにも、いろんなルールがあります。
今回の件も、「お子様ランチは9歳まで」
というルールがあったわけですが、
ディズニーランドのすごいところは、

　「本当にそれがお客様のためだったら、
　　そのルールを曲げても良い」

というルールがあることです。
これね、スゴイです。スゴイことです。

だから、いろんな遊園地が、
ディズニーランドの真似をしようとしていますが、
なかなかそこまでいかないですよね。

…形だけ真似してもダメだってことがわかりますよね。
この話を聞くと。

根っこの部分…ディズニーランドの考え方とか、
あり方とかを押さえないと、
ディズニーランドのレベルには行かないんですよ。

会社にはいろんなルールやマニュアルがあって、
ディズニーランドのようにはいかないかもしれないけれど、
みなさんには、お客様からルール外のことを頼まれた時に、
「これは決まりだからできません」と
簡単に言ってしまうような人にはなってほしくないんですね。

そのルールの中で、**精一杯のことをしてあげる**とか、
そのお願いを聞いてあげることはできなくても、
違う方法で、何か望みをかなえてあげることはできないかと
一生懸命に考えること…そういう姿勢が大事だと思うんです。

お客様が本当に望んでいることは何だろうと
本質的に考えようとする気持ちがあったら、
行動も、やり方も、だいぶ違ってくるんじゃないかと、
そう思うわけです。

衛藤さんは、**「マニュアルを超えたところに感動がある」**
とおっしゃっていました。
マニュアルをどう超えるか…
…これはみなさんの**「心の姿勢」**というか、**「あり方」次第**なんです。
（比田井和孝，比田井美恵著
『私が一番受けたいココロの授業』ゴマ書房）

●

　いかがでしょうか。
　このキャストの**優れた人間性**こそが，**よい人間関係をつくる根幹**と
なるものでしょう。比田井さんも言うように，**「仕事は人間性でするも
の」**であり，**「人として大切なこと」**だからです。そして，これはビジ
ネスパーソンとして，備えなければならない**人格（徳性）**といってもよ
いでしょう。
　　　　＊漱石の『草枕』に，こんなくだりがある。
　　　　　人の世を作ったものは神でもなければ鬼でもない。やは
　　　　　り向う三軒両隣りにちらちらするただの人である。ただの

人が作った人の世が住みにくいからとて、越す国はあるまい。あれば人でなしの国へ行くばかりだ。人でなしの国は人の世よりもなお住みにくかろう。

越す事のならぬ世が住みにくければ、住みにくい所をどれほどか、寛容て、束の間の命を、束の間でも住みよくせねばならぬ。ここに詩人という天職が出来て、ここに画家という使命が降る。あらゆる芸術の士は人の世を長閑にし、人の心を豊かにするが故に尊とい。

住みにくき世から、住みにくき煩いを引き抜いて、ありがたい世界をまのあたりに写すのが詩である、画である。あるは音楽と彫刻である。

（夏目漱石作『草枕』岩波文庫）

　なかなか厄介な人の世の人間関係。でも，ＴＤＬのキャストは画家がキャンバスに絵を描くように見事なシチュエーションを設定し，詩人のように繊細な心でゲストに対応しました。**この誠実さこそが人間性**。そして，ビジネス実務マナーがハートフルな芸術になった瞬間。

Suggestion

仕事は人間性でするもの

「仕事は人間性でする」。その一例が，ＴＤＬキャストの芸術的な対応でした。でも，どうすれば，このような対応ができるようになるのでしょうか。**人間性を高めていくための心のレッスン**が必要です。

では，その「心のレッスン」とは何か。現場の第一線で一生懸命働いている人たちから，その**ヒューマンな心**を真摯に学ぶことです。ＴＤＬキャストの誠実な対応もその一つでしたが，ここでは，第Ⅱ章「企業実務(1)－②のコラムで紹介したホテルグランヴィア京都の永瀬さんのケースから，「心のレッスン」の仕方を見てみましょう。

さて，その永瀬さん。彼女は，「『○○まで、歩いてどのくらいかかりますか』と杖をついたお客さんに聞かれ，とっさに『ふつうの方で徒歩３分です』と言ってしまった」事例を紹介しています。そして，「家に帰って考えてみて『ゆっくり歩いて、５分ですね』と言えばよかった」と，反省しています。

この**「誠実に反省（自省）する心」**こそ，永瀬さんから第一に学ぶべきことでしょう。そう，自分の配慮のなさ，過ちに**気付いて**，言葉遣いや態度を**改める**。この**人間性**です。**気付き**です。

さあ，今日からこのことを実践してみましょう。この積み重ね(努力)が，**人柄のよさ，感じのよさ**になって，お客さま対応に表れてきます。

そして企業は，この高い（優れた）人間性を有するビジネスパーソンを求めています。「ビジネスの場で実務をこなす基になるものは，技術，技能であっても，その根底に**人柄のよさ**が横たわっていないと，人からも会社からも愛されない」からです。愛される理由。それは，**思いやりのある誠実な人柄のビジネスパーソン**というわけです。

> ＊ホテルグランヴィア京都の事例は，井上滋樹著『〈ユニバーサル〉を創る！』（岩波書店）による。

②マナー

① ビジネス実務としてのマナーを心得ている。
② ビジネス実務に携わる者としての服装について，一応の知識がある。

1 ビジネス実務としてのマナーを心得ている

人間関係の要。それは，相手の考えや価値観，立場などを，思いやることです。そして，この気遣う心，慮る心が形に表れたもの，それがビジネス実務マナーです。

では，思いやる心が反映されたビジネスマナーにはどのようなケースがあるでしょうか。検討してみましょう。

事例研究① ビジネス実務としてのマナーを心得ている　　case study

新人の白石亨は研修で，営業訪問の際のマナーを教えられた。そのとき，挨拶などのマナーは相手を思いやる心が形になって表れたもの。この心を理解しなければ形の整ったマナーにはならないと言われた。次はそのとき，講師が事例として挙げたマナーの形とその心（意味）の関係である。中から不適当と思われるものを一つ選びなさい。

(1) 担当者が応接室に入ってきたときのお辞儀は，テンポよく頭を下げてすぐに上げること。このテンポのよさが，担当者への敬意を表すことになるからである。
(2) 自己紹介では，相手が名刺を出す前に自分の名刺を出すこと。こちらから面会を求め，時間を取ってくれた感謝の気持ちを表すためである。
(3) 面談中にお茶を出されたら，お礼を言って口を付けること。これが，お茶を入れてくれたことへの感謝の気持ちの表れになるからである。
(4) 担当者が緊急の電話で，済まなそうに中座するときは，「かえって忙しいところをお邪魔して申し訳ない」と言うこと。これが，相手の立場を気遣う基本になるからである。

(5)　担当者が話しているときは，きちんと目を見ながら聞き，また大事な点は必ずメモを取るようにすること。これが，相手の話を謹んで聞く態度につながるからである。

事例解説　　　　　　　　　　　　　　　　　　　　instructions

　ビジネス実務マナーでの基本的なこと。それは**相手を思いやる心，気遣う心**です。そして，これが相手の心に感じよく響き渡ったとき，**人間関係も円滑で心地よいもの**になります。

　では，この視点から考えてみたとき，**ビジネス実務マナーの心**が感じられないのはどれになるでしょうか。

　選択肢(1)を見てください。「担当者が応接室に入ってきたときのお辞儀は，テンポよく頭を下げてすぐに上げること。このテンポのよさが，担当者への敬意を表すことになるからである」とあります。でも，このお辞儀の仕方はいいかげんです。丁寧さが微塵（みじん）も感じられないからです。これで，敬意を表すことはできないでしょう。

　きちんとした丁寧なお辞儀をするには，どのお辞儀でも頭を下げたらいったん止めて，それから**ゆっくり上げて**いきます。これが，**丁寧なお辞儀の仕方**です。特に，お辞儀をしたままの状態で**一瞬止める**ことは重要です。「お忙しいところ，お時間を割いていただきありがとうございます。どうぞ，よろしくお願いいたします」という**感謝の思い**が，この一瞬の「間（ま）」に凝縮されているからです。**「お辞儀は『心の表現』である」**（渡邉美樹著『サービスが感動に変わる時』中経出版），**形には意味（心）があるといわれるゆえん**です。

　　　　＊講師は「思いやる心をきちんと理解し，それを形に込めなさい」と言っている。これによって，形だけではない心あるビジネス実務マナーに一歩近づくからだ。
　　　　＊お辞儀は，相手に敬意の気持ちを表すためにするものである。この心が大切。そして，これが次の丁寧な挨拶の仕方に反映される。心が形に表れるというわけだ。
　　　　＊丁寧な挨拶の仕方は，①最初に背筋を伸ばし，直立の姿勢をつくる②直立の姿勢から，前傾姿勢をとり「おはようございます。○○社営業部の白石亨と申します。よろしくお願いいたします」と，顧客の目を見ながら挨拶をする（ここで名刺交換をする場合が多い）③前傾の姿勢から，早過ぎず遅過ぎずの適度なテンポで腰から上を倒す④お辞儀をしたまま

の状態で，一瞬，止める。これが「丁寧さ（敬意）」を表す「間」⑤直
立の姿勢に戻すときは，頭を下げたときよりゆっくりとしたテンポで（こ
れも丁寧であることの表れ），の五つ。

　　†直立の姿勢では，背筋を伸ばして体に緊張感を持たせるようにする。
　　　これによって体に張りが生まれる。丁寧さの大本。

　　†この前傾姿勢は重要。謙虚な姿勢とともに相手に敬意を表すことに
　　　なるからである。よく聞く「相手を立てた体勢（腰が低い）」とは
　　　このことを言う。

　　†頭を下げすぐに上げてしまうお辞儀は，どうしてもおざなりな印象
　　　が残る。その場だけの間に合わせ（早く済ませてしまおう）にしか
　　　映らないからである。これが「心は伝わるような形にして示さなけ
　　　れば、相手に伝わることはない」（林田正光著『ご挨拶の法則』あ
　　　さ出版）ことの好例。そして，ここに「形を学ぶこと」の重要性が
　　　ある。形を通して思いやりの心を知り，その心を深めていくことに
　　　もつながるからだ。

　　†なお，お辞儀の基本スキルについては，「出題の視点」で解説。

＊選択肢(2)での補足。名刺を渡す際は，名刺を右手で持ち，左手を添えて
両手で渡す。このとき名刺は，相手が読める向きにしておくことも忘れ
ないように。

　　†受け取った名刺は，胸の高さまで上げ，それより下に下ろさないこ
　　　と。これが丁重であるということ。そして何より重要なこと。それ
　　　が「名刺は相手の人格の一部という想いで、大切に扱う」こと。「片
　　　手で受け取ったりするのは、人格を蔑ろにするに等しい」からで
　　　ある。だからこそ，「先方の名刺をもらうときは、まず右手を出し、
　　　左手を添えて必ず両手で受け取る」（橋本保雄著『ホテルオークラ
　　　＜橋本流＞大人のマナー』大和出版）形になるわけだ。

　　†コンサルタントの青木テルさん（タクト＆アクト主宰）も，「名刺
　　　はその人の"分身"」であり，また「名刺にはその会社の社会的信用
　　　が込められている」（『ビジネスマナー』早稲田教育出版）と，その
　　　心の大切さを伝えている。

＊選択肢(3)の心，それは「忙しいところ，私のためにわざわざお茶を入れ
ていただき感謝しています」ということである。もてなしに対する感謝
の気持ちの表れというわけだ。従って，ここで遠慮してはかえって，そ
の気持ち（好意）に応えないことになる。これが慮る心である。

　　†「どうぞ」と，お茶を勧められたら，「いただきます」と言って，
　　　手を付ける。このとき，面談者より先に手を付けないこと。これが
　　　訪問客としてのたしなみ。

　　†なお，面談者がまだ来ていない場合は，手を付けずに待っているこ

と。

　†ふた付きの茶わんで出たときは，取ったふたはあおむけにして茶わんの横に置き，それから飲むこと。

＊選択肢(4)の別バージョン，「いえ，私のことならお気遣いなく」という言い方もある。が，選択肢にある「かえって忙しいところをお邪魔して申し訳ない」の方が，担当者の心に感じよく響く。言うまでもなく，自分のことではなく，相手の立場や事情を酌み取った言い方をしているからだ。

＊選択肢(5)のケースでのタブー。 時計に目をやらない，周りを見渡さない，腕や足を組まない，などがある。

要点整理　the main point

ビジネス実務としてのマナーを心得ている

1 気遣いと慮る心がマナーに表れる

　相手を思いやる心が，形になって表れたもの，それがマナー。そして，この思いやる心，常に顧客のことを慮るこの心の姿勢が，お辞儀の仕方に，名刺交換の場に，その他の態度・振る舞いに表れてくるのです。そう，これが心と形が一つになった**実のあるビジネス実務マナー**です。出題の意図もここにあります。

　　＊実のあるビジネスマナーとは，「誠実な心で」ということ。『論語』にも「誠実な心を持ち，礼を学んでその外を飾れば本当に誠実な行動ができる。誠実な心を持っていないのに礼を学ぶのは意味がない」（皆木和義著『稲盛和夫の論語』あさ出版）とある。見かけ（形）だけよくても，さてその心はどうか，というわけだ。

　　＊そして，「マナーとは，決してみせかけではない」。そう語るのは，ビジネスマナー講師の西出博子さん（英国法人WitH Ltd. 日本支社代表）。

　　　完璧な立ち居振る舞い，服装も髪型もメークもいつもバッチリで，おまけに時計やカバンなどのアクセサリーや小物類もおしゃれで，話し方も丁寧だし，とても素敵な人ねと思い，つきあってみた。しかし，その人はいつも自分の自慢話をするだけで人の話は聞かない。そして人の悪口ばかり言う人だった——あなたはこの外見が素敵な人と一生，一緒に過ごしてみたい，と思いますか？　また，毎日一緒に同じ職場で仕事をしたいと思いますか？

　　　　　　　　　（西出博子著『完全ビジネスマナー』河出書房新社）

挨拶や言葉遣いなどのマナーは，形式だけではない。その背景には人間関係への深い配慮（対人関係のモラル）と心遣い（誠実さ）があるということ。そして，マナーの本質もここにある。誠実な心の表れ，それがビジネスマナー。決して，月夜の蟹（見かけ倒し）にだけはならないように。

2 ヒューマンスキルとビジネス実務マナー

ヒューマンスキルとは，**良好な人間関係を築くために必要な能力**のこと。そして，このスキルの基盤となるものが，**協調性，共感性，良識，責任感，誠実さ**などの資質。相手を思いやる心，いたわりの心です。

そして，この資質がマナーとして表現されたとき，初めてコミュニケーションが成立します。その意味で，**ヒューマンスキルとは，ビジネス実務マナーであるといってもよいでしょう。マナーに裏打ちされないヒューマンなスキルはあり得ない**からです。

では，このヒューマンスキルを備えたビジネスパーソン。顧客の心にはどう映るでしょうか。そう，**感じのよさ，人柄のよさ**です。そして，これこそが企業社会へ貢献する最大のスキルとマインド。**ビジネス実務マナー（対応力）**です。

> ＊今，ビジネス社会で最も期待されている能力。それがヒューマンスキル。このスキルによって顧客満足度を高め，信頼関係を築いていこうというものである。もちろん，顧客との折衝や交渉などでも，この能力は大きな力となる。

■ 出題の視点

検定問題では，事例研究①に見られるように，**ビジネスマナーの心**を問う場合と，**ビジネスマナーの基本スキル**（挨拶やお辞儀，訪問の仕方など）を問う場合とがあります。それを，次の事例から確認しておいてください。

> ＊前節(1)人間関係への理解が，心あるマナーへ，そして良好なコミュニケーションへとつながっていく。このことを前節から確認しておくこと。
> ＊マナーの基本スキルを問う場合でも，相手への配慮，気遣いがその根底にある。このことを忘れないように。

①挨拶のマナー

◆出社したときは，部屋の入り口で明るく全体に聞こえる声で「おはようございます」と挨拶をすること。

> ＊同僚や先輩に挨拶するときには，「○○さん，おはようございます」と

親しみの気持ちを込めてするのがよい。また，先に課長が出勤していた
ような場合には，「課長，おはようございます」と，役職者を立てた言
い方で挨拶をすること。

＊社内のエレベーターに乗っている人には，顔見知りでなくても，自分が
乗るときには，「おはようございます」と挨拶をする。

◆取引先に出かけるとき，係長の所へ行って姿勢よく立ち，「○○へ
行ってまいります」と挨拶をすること。

＊出先から帰ってきたときは，「ただ今戻りました」と，係長に挨拶をす
ること。

◆外出する上司や先輩には，立ち上がって「行っていらっしゃい（ま
せ）」と挨拶をすること。

＊出先から帰ってきた上司や先輩には，立ち上がって「お疲れさまでした」
と言う。

◆退社するとき，残業している先輩に，大きな声で「お先に失礼いた
します」と挨拶する。

＊「お先に失礼します」は，まだ仕事をしている人への配慮，気遣いの挨
拶である。「先輩方が仕事をしていらっしゃるのに，私が先に帰るのは
気が引けますが，今日はここで終わらせていただきます」（『ご挨拶の法
則』）というわけである。そして，この気遣いのある心こそが大切。

＊上司や先輩が先に退社するときは，「失礼します。お疲れさまでした」
と挨拶。もちろん，立ち上がって。

◆残業して退社するときに会ったビルの警備員や清掃スタッフには，
「お疲れさまです」と元気よく挨拶する。

＊このような礼儀正しい態度・振る舞いに，人間としての品格を感じる。
そう語るのは，『女性の品格』（ＰＨＰ新書）の著者，坂東眞理子さんで
ある。そして，このような人は，特定の人だけでなく，どのような人に
も丁寧に挨拶することができる配慮ある心の持ち主であると。

②**お辞儀のマナー**

◆お辞儀をするときは，背筋を伸ばし，手は前で重ねるか両脇に付け
ておくこと。

＊かかとはきちんと付け，張りのある姿勢を保つ。また，指はきちんとそ
ろえる。これが丁寧であることの証し。

＊両足を開き，手を後ろ手に組んでお辞儀をしてはいけない。もちろん，
これをお辞儀とはいわない。敬意のひとかけらもないからである。

◆親しい間柄の人には軽く頭を下げる**会釈**でよいが，明るい表情です

るように心がけること。

　　　　＊会釈とは，体を15度ぐらい曲げてするお辞儀のこと。

　　　　＊社内の廊下などで上司と擦れ違うときなども，このお辞儀の仕方でよい。
　　　　　立ち止まって，会釈をするのがベストだが，もちろん歩きながら会釈し
　　　　　て通り過ぎても構わない。

　　　　＊廊下で前を歩いている先輩を追い越すときは，軽く頭を下げて「失礼し
　　　　　ます」と言う。

　　　　＊なお，社内では１日に同じ人に何度も会うことがあるが，このときでも
　　　　　会釈程度はすること。これが，互いに存在を認め合う態度の表れ。

　　　　＊他の人が来客応対をしているそばを通るときも会釈を。たとえ，客が見
　　　　　ていなくても，である。これが誠実な挨拶の仕方。

◆訪問客に自分を名乗り「よろしくお願いします」と言うときは，中
　礼程度のお辞儀がよい。

　　　　＊中礼（敬礼）とは，体を30度ぐらい曲げてするお辞儀のこと。なお，こ
　　　　　こでいう敬礼は，警察官や自衛官が右手を帽子のひさしの高さに挙げて
　　　　　行う「挙手の礼（敬礼）」とは違う。念のため。

◆顧客が帰るとき，「ありがとうございました」とお礼の気持ちを表
　すときは，最敬礼のお辞儀をするのがよい。

　　　　＊最敬礼とは，体を45度以上曲げてするお辞儀のこと。

　　　　＊ミスなどをして謝るときもこの深いお辞儀になる。

③取引先を訪問する際のマナー
電話での面会予約_{アポイントメント}の取り方

◆訪問の目的を，簡潔に伝えること。

　　　　＊電話をかけるときは，事前に話す内容をメモしておくこと。これだけで，
　　　　　落ち着いて丁寧に正確に話すことができる。その組み立て方(例)はこ
　　　　　うである。

アボを取るとき━━

挨拶	いつもお世話になっております。○○会社の高橋でございます。
電話をかけた理由	実は，新しく開発されたＫＦのご案内とご説明に参上いたしたいと存じまして，本日お電話をさせていただきました。
依頼事	ご都合のよろしいときに，１時間ほどお時間を頂戴いたしたいのですが，いかがでございましょうか。

◆日時は，相手の都合を優先させること。

　　＊こちらからの頼み事なので，相手の都合を尋ねてそれに合わせること。
　　これがビジネス実務マナー。そして，訪問予定日が決まったら，日時等
　　を再確認すること。「ありがとうございます。それでは，４月５日の午
　　後３時にお伺いいたします。よろしくお願いいたします」というわけで
　　ある。これで，日時等の聞き間違いも未然に防げる。ビジネスは，確認，
　　確認，また確認である。

　　＊なお，「先方が指定してきた日時が，あいにく都合が悪い場合は，『申し
　　訳ありませんが，別の日か，あるいは時間を変えていただけないでしょ
　　うか』と話して，日程を調整」してもらう。このとき，「相手にいくつ
　　かの案を出してもらい，その中から自分の都合がつく日時を考えて決め
　　る」（幸運社編『大人のマナー常識513』ＰＨＰ文庫）。常に相手中心に，
　　というわけである。

◆おおよその面会時間を伝えておくこと

　　＊必要な面会時間は，訪問の目的によって違う。従って，担当者はその目
　　的を達成するために必要な時間を予約すればよい。ただ，相手の都合も
　　あることだから，面会時間は，迷惑のかからない範囲で短めに。

◆同行者がいる場合は，そのことを言うこと。

　　＊「課長の田中と私（わたくし）高橋の二人で伺います」というわけである。

◆訪問の前に確認の電話を入れさせてもらうと言うこと。

　　＊「○○会社の高橋でございます。本日午後３時，先般お願いした新製品
　　の説明に課長の田中と共にお伺いいたしますので，よろしくお願いしま
　　す」などという確認である。

取引先を訪問するときの心得（一人で訪問する場合）

◆訪問先に到着したら，コートは玄関入り口を入ってすぐに脱ぐこと。

　　＊携帯電話がマナーモードの設定になっているかどうかも確認。

　　　†なお，訪問の約束時間に遅れそうなときは，その時間より前に，遅
　　　れることを連絡すること。

　　　†また，約束の時間より早く着いたときは，「お約束の時間より早い
　　　のですが，よろしいでしょうか」と尋ねるとよい。これが相手の都
　　　合を考えた心配り。もちろん，これは程度問題。例えば，電車の乗
　　　り継ぎがよく30分も前に着いてしまったら，それはもう仕方がな
　　　い。時間をつぶして約束の時間に訪問する。

◆受付があるときは，受付で名刺を渡して会社名と名前を名乗って担
　当者に取り次いでもらうこと。

＊このとき，担当者が受付まで出迎えに来る場合と，別の人が応接室まで案内してくれる場合とがある。

　　†受付担当の人に，「ありがとうございました」と取り次ぎのお礼を言うことを忘れないように。これだけでとても感じよくなる。

＊受付に電話だけが置いてある会社の場合は，この電話で訪問の旨を伝え相手の指示に従う。

＊直接，担当者の部署を訪ねたときは，近くにいる人に訪問の旨を伝え，取り次いでもらう。もちろん，ここでも取り次いでくれた人に一言お礼を。

＊なお，約束の時間に訪ねても，相手が外出してしまうなど，不在のときもある。このような場合は，①戻ったら電話をもらいたいと頼んで名刺を置いてくる②帰社予定時刻を尋ね，待てるようであれば待たせてもらう③帰社予定時刻を尋ね，そのころ改めて連絡すると伝えてもらう，などの方法を取る。もちろん，ここでも相手中心に。

◆応接室などでは，席を勧められてから「失礼します」と言って，その席に座ること。

　　＊上座の席を勧められたら，遠慮せずにその席に座って構わない。先方は，もてなす側の良識（配慮）として上座を勧めているからだ。訪問者は「お気遣いありがとうございます」と言って座ればよい（第Ⅰ章(2)－②良識）。なお，ただ座って待つように言われたときは，できるだけ下座の方に座るのがよい。

　　　　†応接室まで案内してくれた人が退室する際も，「どうもありがとうございました」と感謝の言葉を。これが好感度を高めるスキルとマインド。

　　　　†席次（図）については「⑤席次のマナー」で解説。

◆名刺は挨拶のときすぐ出せるように，名刺入れから出して，名刺入れと一緒に持っていること。

　　＊「ビジネス社会では、名刺は本人の分身として扱われる。あなたの社会的地位の証明でもある」（『一歩差がつくビジネスマナー』）。だからこそ，名刺はきちんと名刺入れに収めておくこと。そして名刺入れは，上着の内ポケットに。

◆面談の相手が入室してきたら，それまで座っていても立ち上がって挨拶すること。

　　＊このとき，相手が入ってきそうな気配を感じたら，すぐに立ち上がり姿勢を正して待つとよい。これが，感じのよさにつながる。

　　＊座ったままでの名刺交換はしないこと。応接テーブルなどを挟まず脇に

出て，相対して挨拶をすること。

＊この後の名刺交換では，前述したお辞儀の仕方（スキル）に従って，まず前傾の姿勢から「K株式会社営業部の白石でございます。よろしくお願いいたします」と挨拶をして名刺を差し出し，それから敬礼のお辞儀をする。名刺を受け取るときも同様。前傾の姿勢から，「ありがとうございます。頂戴いたします」と言って受け取り，そのままの形で最敬礼のお辞儀をする。これが，ありがたく名刺を頂いたという感謝の気持ちの表れ。

　†ところで，相手から名刺を受け取ったとき，「ありがとうございます」と言って，両手を脇に付けお辞儀をしている人を見たことがある。名刺はというと，片方の手の親指と人差し指との間に器用に挟んでいるのである。でも，これはいただけない。

＊受け取った名刺は，胸の高さより下ろさずに丁重に取り扱うこと。また，すぐに名刺入れにはしまわずに，名前などの確認もしておくこと。先述したように，名刺は「その人の分身」であり，「人格の一部」でもあるからだ。

＊挨拶を終え席に着いたら，「名刺は名刺入れの上に載せ，自分の左斜め前方に置く」（『完全ビジネスマナー』）。これが名刺を大事に扱っていることの証し。これで舞台は整った。いよいよ取引先との面談の開始である。

取引先を訪問するときの心得（上司に同行して訪問する場合）

◆取引先に持っていく資料などがあったら，上司には持たせず，自分が持つこと。

◆取引先の応接室に通されたとき，上司がソファーの奥に座ったら，自分は手前の隣に座ること。

　＊このとき，椅子を勧められても上司が座るまでは座らないこと。これが上下の人間関係をわきまえたビジネス実務マナー。

◆取引先の担当者が入室してきたら，立ち上がって挨拶（名刺の交換）をすること。そして，持参した手土産があるなら，それを手提げ袋から出して上司に渡し，上司から担当者に渡してもらうこと。

　＊名刺交換は，上司から行い，その後，上司が「担当の白石でございます」と紹介してくれたら，「いつもお世話になっております。営業部の白石と申します。よろしくお願いいたします」と挨拶をし，名刺を渡してお辞儀をする。

　　†では，面談のとき，担当者とその上司（課長と係長）も一緒に入室してきたらどうするか。まず自社の上司が，先方の課長，係長，そして担当者の順に挨拶をし名刺を渡す（上位者から渡していくのが

原則）。上司の挨拶が終わったら，白石も上司と同じ手順で挨拶するが，このとき，上司が「担当の白石でございます」と言ってから，挨拶すると，礼儀正しさがひときわ光る。

　　†挨拶を終え席に着いたら，「役職が上の方の名刺だけを名刺入れの上に置き，他の人の名刺はテーブルの上に直接」置く。そして，「顔と名前を一致させるため，相手と対応するように配置」（『完全ビジネスマナー』）する。

　＊手土産は，手提げ袋のまま渡さないこと。手提げ袋は，あくまでも手土産の入れ物で自分の持ち物であるという感覚で。そして，これが丁寧であるということ。

④来客応対のマナー

◆受付から「お客さまがお見えになりました」と連絡を受けたら，すぐに受付に出向いて挨拶をし，応接室に案内する。

　＊受付に「ちょっと今，手が離せないから少し待たせておいて」などと言わないこと。速やかに受付に出向いて挨拶と名刺交換をし，応接室に案内する。

　　†案内する人が別にいたら，自分も速やかに応接室に出向く。

◆直接，事務室に来客が訪ねてきたら，入り口付近にいる社員はすぐに立ち上がって，誰に用件かなどを尋ねて応対すること。

　＊訪問客が来たことを伝えるときは，決して，呼び立てずに担当者の席まで行くこと。

　　†他の人が来客応対をしているそばを通るときは，客が見ていなくても会釈程度のお辞儀をすること。このさりげないマナーが評価につながる。

　　†自分の担当でない客であっても，「いつもありがとうございます」などと丁寧に挨拶をすると，とても感じのよい応対になる。

　　†取引上こちらが客の立場になる相手でも，他の来客と区別せず丁寧な応対をすること。

　＊客が来たことを聞いた担当者は，速やかに訪問客の所へ行き，挨拶と名刺交換をして応接室に案内する（名刺交換は応接室で行う場合もある）。

◆案内するとき，廊下では方向を指し示しながら来客の斜め前数歩先を歩き，階段では「お先に失礼します」などと言って，先に上がる。

　＊「原則は『お客様が先，案内人が後』。これは、お客様のほうを常に高い位置に、という考え方からです。ただし、階段で後ろからついてこられるのを嫌う方もいらっしゃいます。また、お客様が先を歩くとき、勝手のわからない場所では戸惑いや不安もつきまといますね。／したがっ

て、『お先に失礼します。どうぞお足元にお気をつけください』とお断りのひと言を伝えてから案内人が先に上がっていくのが現場のビジネスマナー」(『完全ビジネスマナー』)。

＊階段を下りる場合も同様。来客を気遣いながら先に下りる。

◆エレベーターで案内するときは，先に乗って操作盤の前に立ち，「開」ボタンと行き先階を押して，来客を中に招き入れる。

＊先にエレベーターに乗るのは，来客の安全確認のためでもある。

＊エレベーターが開いたとき，すでに乗っている人がいたら，自分はドアを片手で押さえて，来客に先に乗ってもらう。

◆エレベーターを降りるときは，「開」のボタンを押して，来客に先に降りてもらう。

＊そして，「こちらでございます」と言って，応接室に案内する。

◆応接室の前に来たら，ドアをノックしてから入室すること。

＊ノックは使用しているかどうかの確認である。そして入室する際，内開きのドアの場合の手順は，①ドアを開け，担当者が先に入る②中から客を招き入れる③ドアを静かに閉める，また，外開きのドアの場合は，①ドアを開ける②客に「どうぞ」と言って入室してもらう③最後に自分が入ってドアを静かに閉める，である。

⑤**席次のマナー**

◆上座（上席）は，応接室では一番奥の席かソファー。和室では，床の間を背にする席。 祝賀会の会場などでは，ステージに最も近い席。タクシーでは運転者の後ろの席。列車や飛行機では進行方向に向かって窓際の席になる。

＊いずれの席も，静かで落ち着いた場所でくつろいでくださいとの配慮が根底にある。

◆下座（末席）は，応接室では出入り口に一番近い席（和室も同様）。タクシーでは，運転手の隣の席になる。

■列車「向かい合わせ」の席

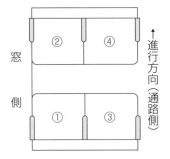

■列車「3人掛け」の席

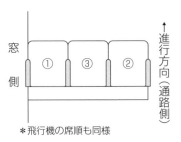

＊飛行機の席順も同様

■応接室の席

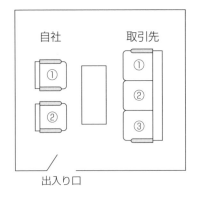

■タクシーの席

Column
マナーの 原 点
スターティングポイント

互いの心を通わす出発点，それが挨拶

こんなホームドラマでのワンシーン，見たことありますか。

朝，2階からリビングに下りてきた長兄のジョージ。

「ハーイ，ジョン，おはよう」。「スージーおはよう。今日はサーフィンかい。天気もいいし，最高だね」。「ハーイ，パパママ，おはよう。今日は二人の結婚記念日だね。おめでとう」。

でも，これって，アメリカのテレビドラマだからしょ。だって，こんな気恥ずかしいこと普通は言わないもの。どこか嘘っぽいし。

いえいえ，そうでもないようですよ。西出博子さんのイギリスはオックスフォードでの話を聞いてみましょう。**挨拶はコミュニケーションのスタートライン。**そして，**挨拶は互いに心を通わせるための基本的なマナー。**そんな事例です。

私は31歳で単身オックスフォードへ留学しました。

このとき、娘が二人いる家庭にホームステイの形でお世話になったのですが、家族は朝、「おはよう。今日も良い一日を過ごしてね」と言い合います。

そして同じ言葉を、初日からまったく自然に私にもかけてくれました。まるで家族の一人と同じような感じで、下宿人という雰囲気がまったくないのです。感激のあまり、これには涙が溢れ出たほどです。

そして学校へ出かけます。

バス停につくと長蛇の列。こっちも朝は満員なのか……と少し東京を思い出しながら列の最後尾に並んだ途端、前に並んでいるビジネスマンが声をかけてくれます。

「おはよう。今日もバスは満員になりそうだね」

え？　私に話しかけているの？　そうだよね。ん、でもこんな男性知らない。というより、私は初めてここに来たんですけど……。ぐるぐると何人もの私が頭の中で会話をはじめましたが、とっさに口からは次の言葉が出ていました。

「そうみたいですね」

バスに乗っても、誰一人として不快な表情はしていません。降りるときには一人ひとりが運転手さんへ「ありがとう」と言って降車していきます。運転手さんも「ありがとう、気をつけて」とみんなに応えます。

　見なれない乗客も、そこにいる以上は自分たちの社会の一部。満員のバスも、生活の一部。そうして自然に受け入れて、それと融合し、それぞれが職場へ軽快な足取りで向かっていくのです。

　「あぁ、これこそが、イギリスのビジネスマンなんだな！」

　そんなふうに私は確認しました。

（西出博子著『オックスフォード流
**　　　　　　一流になる人の ビジネスマナーの本』青春出版社）**

●

爽やかマナー

　さて舞台は，オックスフォード市から東京は江戸川区へ。マナーの心は洋の東西を問わない，そんな爽やかマナーの好例です。

　「彼は、この町のヒーローだった」と、東京都江戸川区の山口洋子さんが書いている。日焼けした笑顔で、町の子供たちに気さくに声をかけていく新聞配達の若者のことだ◆ある日、スーツ姿で現れ、「無事卒業できました。ありがとうございました」と一軒一軒あいさつして回った。商社マンになるとのこと。「新聞と一緒に、さわやかな風も配ってくれた」

**　　　　　　　　（『読売新聞』から「編集手帳」読売新聞社）**

●

優しさこそがマナー

　そして，この**「礼儀正しい青年」**こそ，企業社会が求めている人材です。ではここで，そんなビジネスパーソンが働いている**伊那食品工業株式会社**の事例を紹介しましょう。

　社員満足度の高い会社の社員は、外部の人に接する態度も、自然に親切でやさしいものになります。この会社は私が一人で行っても、また50人で行っても、完璧な対応をしてくれます。

　玄関に入ると、１階には総務や経理などの30人くらいのスタッフが座って仕事をしているのですが、ほとんど全員が立ち上がって、大きな声で「いらっ

しゃいませ」とか、「こんにちは」と言ってくれるのです。

　なかには電話を半分抱えながら立ち上がってくれる人もいて、とにかく「私たちは歓迎されている」ということがよくわかるのです。

　「ほかの社員が対応してくれるだろう」と思って自分は動かない、という人がたくさんいますが、この会社ではそんなことはありません。

　あるとき、私が伊那食品工業に数十人の方をお連れする際、バスをチャーターし、バスガイドさんもお願いしました。行きがけの車中、「この会社は顧客満足度も地域満足度も、また社員満足度も下請満足度も株主満足度も、みんな高い会社です……」という話をしました。

　もちろんガイドさんも、その話を聞いていたはずです。

ガイドさんは、私たちが社屋から30メートル離れたゲストルームで研修を受けている間、バスの中で待っていたそうですが、トイレに行きたくなってしまいました。会社の外にもトイレはありましたが、きっと私の話を確かめたかったのでしょう。何食わぬ顔をして社内に足を踏み入れました。するとやっぱり大きな声で、全員があいさつしてくれたそうです。

　トイレを使わせてほしいことを言うと、「そちらの廊下の右の奥です」と指示するのではなく、トイレまで案内してくれたといいます。それだけではなく帰りも、「遠いところにお帰りになるそうですが、お気をつけてお帰りください。ご苦労さまです……」と声をかけられ、涙が出てきたそうです。

　「私はバスガイドを何十年もやっていますが、いつもほとんど無視されます。道具のように見られているようです。そんなバスガイドに対して、これほどあたたかい心で接してくれた会社はこれまでほとんどありません。今日は感激・感動しました」

　帰りのバスのなかで、参加者に感想を述べてもらいました。

　全員の話が終わったあと、バスガイドさんが「私にもひと言、ぜひ言わせてください」とおずおずと手をあげてくれました。

　そのときにバスガイドさんが語った話が、このようなものだったのです。

（坂本光司著『日本でいちばん大切にしたい会社』あさ出版）

●

マナーとは優しき心と見つけたり

　いかがでしょうか。

　そしてここから，伊那食品工業の「**人を大切にしている**」優しい心を感

じます。家族や近隣の人たちを大切にしよう，顧客や仕事の仲間，取引業者を大切にしよう，そういう思いです。この思いが挨拶という形になって表れたとき，初めて心が伝わる挨拶になる。**「相手の存在をきちんと認めて、敬意を払って対応している人」**（林田正光著『ご挨拶の法則』あさ出版）として。そして，これが**ヒューマンなビジネス実務マナー**。

> ＊朝の挨拶である「おはよう」には，「お早い時間からご苦労さまです」「お早い時間から、ありがとうございます」などの意味がある。「これは、仕事が始まる前の早い時間から準備をしていることに対するお互いの敬意の表れであり、感謝の気持ちを表している」（『ご挨拶の法則』）のだ。また，この挨拶言葉は「相手を祝福し、励ます」意味もあるという。「お早くお起きになりまして、ご健康でおめでとう」というわけだ。ここから「これからも、健康でお過ごしになるように（これからもいいことがつづきますように）」（樋口清之著『日本の風俗の謎』大和書房）との相手を思いやる心，優しさが伝わってくる。さあ，あなたも「言葉の意味を意識して」挨拶をしてみませんか。
>
> > †挨拶の「挨」とは，心を込めて語り掛けること。挨拶の「拶」は，その語り掛けに対して，心から共感して応じること。かつてはこれを，「一挨一拶」（佐橋法龍著『禅語小辞典』春秋社）といっていたそうだ。
> >
> > そういえば，俵万智さんの短歌に，
> > 「寒いね」と話しかければ「寒いね」と答える人のいるあたたかさ
> > というものがあった。そして，これがお互いの心を通わす「挨拶」の仕方。ヒューマンスキルだ。
>
> ＊そして，このことは洋の東西を問わない。グッドモーニングには，「あなたにとってよい朝になりますように」（『ご挨拶の法則』）との意味が込められているからだ。だからこそジョージは，愛（祈り）を込めて挨拶をする。「ハーイ，ジョン，グッドモーニング」と。

2 ビジネス実務に携わる者としての服装について, 一応の知識がある

ビジネスマンとしての最適な服装。それは仕事に対して, **真摯に誠実に取り組んでいることが分かる服装**のことです。**対人関係を配慮し, 相手に敬意を表すことができる服装**です。

では, 対人関係を配慮し, 相手に敬意を表す服装とは, どのようなことでしょうか。次のスーツの事例から, 検討してみましょう。

事例研究② ビジネス実務に携わる者としての服装について, 一応の知識がある **case study**

新人の渡瀬圭介は, 会社のオリエンテーションで「上下がそろいのスーツをきちんと着こなしているビジネスマンは, マナーを十分に心得ている人でもある。ぜひ, その心を見習うように」と言われた。そこで渡瀬は, 上下がそろいのスーツを着ている人が, なぜマナーを心得ているのか次のように考えてみた。中から<u>不適当</u>と思われるものを一つ選びなさい。

(1) 上下がそろいのスーツは, 顧客への配慮と敬意を表すからではないか。

(2) 上下がそろいのスーツは, 顧客に対しマナーのよさを誇示するからではないか。

(3) 上下がそろいのスーツは, 折り目正しくきちんとした印象になるからではないか。

(4) 上下がそろいのスーツは, ビジネスの場にふさわしい整った服装だからではないか。

(5) 上下がそろいのスーツは, 商取引などの場にふさわしいきちんとした服装だからではないか。

事例解説 instructions

なぜ, 上下がそろいのスーツか。それは, **上下がそろって初めて統一された装いになる**からです。この装いが, 折り目正しくきちんとしている印象になり, また, これが顧客への配慮と敬意を表すことにもなるのです。そして, これが**ビジネス**という**整然とした**ことが求められる場に適した服装のマナーです。

この視点から考えてみると，**不適切な選択肢は(2)**になりますが，さてどうでしょうか。

確かに，きちんとした服装はマナーのよさを感じます。でもビジネススーツは，服装のマナーを誇らしげに示すために着るのではありません。**礼儀正しさのために着る**のです。

> ＊上下がそろいのスーツに比べて，ジャケットにスラックスは，カジュアルでスポーティーになる。どうしても，この服装には自由におしゃれを楽しんでいる雰囲気が出るからだ。
>
> ＊顧客と会うとき，カジュアルな格好では出かけまい。相手に礼を尽くすためにきちんとした身なりで出かけるはず。選択肢(1)にある顧客への配慮と敬意を表すとは，そういうこと。
>
> ＊商取引などが行われるビジネスの場で，いいかげんなことは許されない。常に真剣でなければならない。そんな場にふさわしいのがビジネススーツ。選択肢(4)(5)がそれに当たる。

要点整理　　　　　　　　　　　　　　　　　　　the main point

■ ビジネス実務に携わる者としての服装について，一応の知識がある

1 礼儀正しさを着る

ビジネスマンの第一印象は，服装などの外見によって判断されます。

さてこのとき，あなたが上下そろいのスーツを，きちんと着こなしていたらどうでしょうか。顧客は，その服装から**「礼儀正しいビジネスマンだ」**との好印象を瞬時に抱きます。この礼儀正しさは，**相手に対する敬意の表れそのもの**だからです。そして，この礼儀正しさが，信頼感につながり，対人関係を良好なものにしていきます。出題の意図もここにあります。

> ＊冠婚葬祭などの公の場では，それぞれにふさわしい装いをする。ビジネスの場でも同様。その場にふさわしい服装が求められる。それが上下そろいのスーツ（ビジネスマンの正装）というわけだ。

2 きちんとした服装は，真摯で誠実な態度の表れ

きちんとした服装は，「礼儀正しいビジネスマンだ」との評価を受けるだけではありません。**仕事に対して，真摯で誠実な態度，意気込み**を感じます。そして，これがその後の取引交渉などによい影響を及ぼします。顧客が好意をもって対応してくれるからです。

> ＊ビジネスマナー講師の西出さんのオフィスには，取材などで訪ねてくる

人も多いという。この人たち，「普段はスーツを着用しない」そうだが，「『マナーの先生に会いに行くのだから』と清潔なスーツ姿」で取材に来るそうだ。西出さんは「こんなときは，私に対して気を配ってくださっている気持ちが伝わってきて，とてもうれしく思います」（『オックスフォード流　一流になる人のビジネスマナーの本』青春出版社）と語る。

出題の視点

　検定問題では，事例研究②に見られるように，**服装とマナーの関係**を基本に置いて出題されています。次の事例から，その内容を確認しておいてください。

> ＊第Ⅰ章(1)－③身だしなみの心得を確認しておくこと。スーツを含めた身だしなみの基本を解説している。そして，ここでも身だしなみが問われることがある。服装は，身だしなみを整える意味で，大きな役割を果たすからだ。
> ＊服装は，人に対する誠実な心，配慮が反映されたもの。このことを忘れないように。

①服装と第一印象

◆スーツは，謙虚さの表れでもあるベーシックなデザインのものを選ぶとよい。

> ＊京都祇園の芸妓置屋「岩崎」の女将は，こうアドバイスする。「若いサラリーマンの方も，好ましい服装をしようと勉強するなら、まず濃紺のスーツかダークスーツを清潔に着こなしてみるといいと思います。高価なブランドでなくても量販店のスーツでいいのです。濃紺のスーツやダークスーツを上手に着こなせたら、大人の男性の資格を半分ぐらい得たことになるのではないでしょうか。／濃紺のスーツ、ダークスーツがびしっと決まると上品に見えます」。また、「ネクタイも若い方には地味なほうがよろしおす」（岩崎峰子著『祇園の教訓』幻冬舎）と。
> ＊ちなみに、島耕作さんの課長時代は「スーツ（色はグレーまたは紺のようだ）、白のワイシャツ、レジメンタル・タイ」（弘兼憲史＆モーニング編集部監修『島耕作クロニカル』講談社）だ。

◆ワイシャツの襟は，後ろから見たときに，上着の襟から少し出ているのがよい。また，袖口は真っすぐ立ったとき，上着の袖口から少し出ているのがよい。

> ＊きちんと着こなしている印象があるからだ。清潔感は，こんなところからも。そして，美的センスも。

◆ネクタイは，ワイシャツの一番上のボタンが見えないように，きちんと締めること。

> ＊ワイシャツの一番上のボタンもきちんと留めること。これが，礼儀正しさの第一歩。

◆上着は前ボタンをきちんと留めて着るが，一番下のボタンは外していても構わない。

> ＊一番下のボタンは，飾りで付いているもの。

②休日出勤での服装

◆休日といっても勤務なのだから，普段と同じようにスーツにネクタイ姿で出社する。

> ＊これが，仕事に対して，誠実に取り組んでいるということ。服装などの身なりをきちんと整え，凛とした態度で仕事に取り組む。これがビジネスパーソン。
>
> > †ジャケットなどのスポーティーな格好は避けた方がよい。もちろん，会社によってはラフな服装でも構わないとするところもある。が，それはそれぞれの会社の事情による。基本は，あくまでもスーツ。
>
> ＊不意に取引先から電話があり，「今から訪問したいのだが」と言われたときでも，スーツをきちんと着用していれば，礼を逸することなく会うことができる。

③新人研修での服装

◆講師に敬意を払い，上下がそろいのスーツで参加する。

> ＊講師から，ビジネス社会のことを学ぶのである。その学ぶ姿勢は，礼儀正しく謙虚にということ。リスペクトである。
>
> > †研修も重要な仕事の一つ。

Column
ビジネスマンであることの意思表示②

服装と誠実さ

「仕事におけるファッションでもっとも重要なのは、相手へのリスペクトを表しているかどうかだと思う」。そう語るのは，作家の村上龍さん。その重要な話を聞いてみましょう。

数年前京都でアラブとイスラム教の専門家である著名な大学院教授と対談したとき、わたしはスポーティな格好で臨んだ。ひょっとしたらその教授はモスレムの服装で現れるかも知れないとバカげたことを想像したからだ。だが教授は紺のスーツとカフリンクのシャツという一分の隙もない服装で、しかもモスレムについて厳密で貴重な情報と知識を持っていて、わたしは自分の格好を恥じた。礼を失したような気がしたのだ。仕事におけるファッションでもっとも重要なのは、相手へのリスペクトを表しているかどうかだと思う。リスペクトが表れていれば、ファッションだけが浮き上がることはない。

＊カフリンクとは，カフスボタンのこと。

（村上龍著『無趣味のすすめ』幻冬舎）

いかがでしょうか。

誠実なビジネスパーソンは，何より相手を尊重し，慎み深い態度を第一に考え行動しています。決して，礼を失した態度をとらないように。そう，前掲の教授のように。

この**誠実な心**が，服装や言葉遣い，態度・振る舞いなどの身だしなみに表れてきます。きちんとした服装，丁寧な言葉遣い，謙虚な態度・振る舞いとして。そして，これが**誠実なビジネスパーソンであることの証し**です。

＊他者への敬意は誠実な心から。そして，この誠実さこそが身だしなみの源。心の底に誠実さがなれば，礼儀も身だしなみもうわべ（見せかけ）だけのものになってしまうからだ。その意味で，身だしなみは資質に関わる重要な事柄だ。

③ 話し方

① 話の仕方と人間関係との結び付きが分かる。
② 基礎的な敬語を知っている。
③ 目的に応じた話し方について，一応，理解している。

1 話の仕方と人間関係との結び付きが分かる

　人間関係の要とは何か。相手の考えや価値観，立場などを尊重すること。この気遣う心が，良好なコミュニケーションをつくる第一歩。そう本章第1節の「人間関係」で述べました。そして，この**気遣う心が話の仕方や言葉遣いに表れたとき，初めて良好な人間関係を築く**ことができます。

　では，人と人との結び付き（つながり）が分かる**気遣いのある話の仕方**とはどういうものでしょうか。それを，次の応対事例から見てみましょう。良好な人間関係を築くための話の仕方です。

事例研究① 話の仕方と人間関係との結び付きが分かる　case study

　広報部の中野修は話し方研修の中で，「職場の人間関係の出発点は，相手に不快な思いをさせない話の仕方にある。このことを十分に配慮して話すように」と教えられた。次はそのとき，講師が挙げた職場での会話の事例である。中から適当と思われる対応を一つ選びなさい。

(1)　上司に，「今回の資料作成は大変だったろう。本当にご苦労さま」と言われたとき
　　「いえ，言われた通りに仕上げるのが，私たちの仕事ですから」
(2)　上司に，「会議での報告は，なかなか分かりやすくてよかったよ」と言われたとき
　　「でも，これも皆さんが話しやすい雰囲気をつくってくれたおかげです」
(3)　先輩から，「取引先相手に，そんな感情的な物の言い方をしてはいけないよ」と注意されたとき
　　「でも，先方は無理難題ばかり押し付けてくるんですよ。できない

ですよ，それは」

(4)　同僚が，「この間，先輩が話していたＡ社との契約は，その後どう
　　なったのだろうか」と言ったとき
　　　「それはそうと，Ａ社の課長って，少し厳しくない？　言い方もき
　　ついし」

(5)　先輩に，「売上金の訂正はもう済んだか。間違いはすぐ直しておかな
　　ければ取り返しのつかないことになるぞ」と言われたとき
　　　「任せておいてください，言われなくても分かってますから」

事例解説　　　　　　　　　　　　　　　　　　instructions

　適切な選択肢は(2)になりますが，どうでしょうか。

　上司が会議での報告の仕方がよかったと褒めています。そして，この対
応例として「でも，これも皆さんが話しやすい雰囲気をつくってくれたお
かげです」と**控えめな態度**で言っています。この謙遜した感じのよい言い
方が，上司との関係をよりよいものにします。褒められて鼻高々になるこ
となく，まずは，**全体への目配り**をしたことがそう言わせているのです。
ここから，会話のキャッチボールも始まるでしょう。これが，話の仕方と
人間関係との結び付きの一例です。

　　　　　＊ここから上司は，「そうか，それでも資料はよく整理されていたし，ポ
　　　　　　イントをつかんだ話し方はとてもよかったよ」と，具体的によかった点
　　　　　　を教えてくれるかもしれない。これが会話のキャッチボールであり，コ
　　　　　　ミュニケーションの始まり。

　でも，これが**選択肢(1)**のような言い方になるとどうでしょうか。上司
は部下の労をねぎらっています。ねぎらいとは，感謝の心でありいたわり
の心です。これを，「いえ，言われた通りに仕上げるのが，私たちの仕事
ですから」と言ってしまっては，その心を踏みにじることになるでしょう。
言っていることは，その通りでしょうが，これでは言い方がストレート過
ぎて，まるで，**上司との関係を拒んでいる**かのように映ります。もちろん
自分は，「そんなつもりで言ったのではない」と思っていたとしても。

　では，**選択肢(3)**はどうでしょうか。「感情的な言い方になった原因は，
取引先にある」とばかりに言い訳（自己弁護）をしています。確かに，そ
ういうこともあるかもしれません。が，原因は自分の側にもあるのです。

ただ一方的に自分は悪くないと言い張っていては，注意をした先輩の立場を無視することになります。先輩との関係は，**教え教えられる関係**にあります。そして，このことをわきまえた話の仕方が必要でしょう。**選択肢(5)**のケースも同様です。改めて検討してみてください。

　そして**選択肢(4)**は，世間によくある「話の腰を折る」代表例でしょう。同僚が問いかけたことと全く関係ないことを言っているからです。だから，場合によっては「今，そんなこと聞いてないでしょ」と，不快感をあらわにする人もいます。いずれにせよこのケースは，相手の話を聞かない，関心もない，**自己中心的な対応の例**でしょう。これでは同僚とのコミュニケーションは図れません。会話も成り立ちません。だからこそ，まずは話を真剣に聞く。この姿勢が大切でしょう。何せ，**会話はいつだって相手中心に進めていくもの**なのですから。もちろん，人間関係も。

*選択肢(1)が，「身も蓋もない」言い方のケース。身も蓋もないとは，言い方がストレート過ぎて，「ふくみも情緒もない」（『大辞林』）ということ。話の仕方に潤いがないといってもよい。この情緒，潤いをビジネス的ではないといって軽視してはいけない。「何だか入口でピシャリとドアを閉められたようなしっくりしない気持で不愉快」（高橋浩著『人づきあいを財産にする法』大和出版）になるからである。冷静な言い方はケースバイケースで。

　†このような場合は，「恐縮です。何とか期日に間に合ってほっとしています」などの言い方がベスト。

*選択肢(3)は，見苦しい自己保身の事例でもある。自分の言い方を正当化しようと躍起になっているからだ。よくあることだが，ここは，「逆上してしまい，申し訳ありませんでした」などと言うのがビジネスマンとしての話の仕方であろう。

*選択肢(4)では，その話を受けて「そうだね，本当にどうなったんだろう。今度，聞いてみようか」などの言い方が適当だろう。

*そして選択肢(5)は，「申し訳ありませんでした。すぐに取りかかります」などの言い方でどうだろうか。

　†「任せておいてください，言われなくても分かってますから」は，反抗的で感情むき出しの言い方だ。江戸しぐさでは，これを「刺し言葉（水かけ言葉）」といって禁句にしている。「人の感情を逆なでするようなとげとげしい言葉」だからだ。「嫌みな言葉」や「ミスをあげつらう」言葉も同様だ（越川禮子著『野暮な人イキな人』日本文芸社）。普通，先輩に対してこのような言い方はしないと思うかもしれない。が，このような言い方，意外に多いのである。だか

らこそ，江戸っ子は「刺し言葉厳禁」としたのだろう。

要点整理　

■ 話の仕方と人間関係との結び付きが分かる

1 話の仕方と人間関係

　「物も言いようで角が立つ」ということわざがあります。これは，ほんの些細なことでも，その話し方次第で，相手に不快な思いをさせてしまうというものです。「そんなつもりで言ったわけではないのに」と言っても後の祭りです。

　でも，ここに「人の感情にも細やかな配慮と気遣い，優しさ」があれば，相手のいわんとすることをきちんと理解し，**その心に添った話の仕方**ができます。そして，この気遣いある話の仕方が，人と人との関係を結び付けていくのです。すると，仲間との強い絆の下，効率よく仕事も進みます。チームワークです。出題の意図もここにあります。

> ＊「わたしたちは『ひとこと』がとほうもない結果をもたらす，ということをもっと真剣に考える必要があります」（『魅力的女性は話し上手』三笠書房）。そう語るのは，話力総合研究所所長の永崎一則さん。
> ＊フランスの詩人，ポール・ヴァレリーは言う。人間関係がぎくしゃくするのはすべて「人の感情」への配慮がないからである，と（『レオナルド・ダ・ヴィンチ論』菅野昭正ほか訳／筑摩叢書）。身も蓋もない言い方などせずに，人の心情を察知し対応していこうというわけだ。これがビジネスパーソンとしての知恵（インテリジェンス）であり，機知（ウイット）であり，思慮（良識）（センス）である。
> ＊その根底にあるのは思いやりの心，人を大切にする心。これがあれば，いつでも相手中心の話の仕方ができる。「対話の基本は，共感と同調」（石黒圭著『文章は接続詞で決まる』光文社新書）にあるからだ。
> ＊これが仲間とのつながり（絆）を大事にする心を育むことにもなる（チームワークで仕事をしていく上での基盤）。

2 言葉遣いは心遣い

　良識あるビジネスマンは，話の仕方によって人間関係がよくも悪くもなることを知っています。だからこそ，話の仕方の一つ一つに，言葉遣いの一つ一つに**細心の注意を払って誠実に対応**しています。これが，人と人とのつながり（関係）をつくる出発点だからです。

　ところが，ままならぬは浮世。人を不愉快にするいろいろな言い方が飛

127

び交っています。例えば,

「この店のトンカツ、超おいしい。衣がサクッとして、なかのお肉が
ジューシーで」

「でも、私、もっとおいしいトンカツ、食べたことあるよ」
（石黒圭著『文章は接続詞で決まる』光文社新書）
などがそうです。

確かにそうかもしれません。が,これで言葉のキャッチボール（交流）
はできないでしょう。そして,心の中でこう叫びたくもなるでしょう。

「だって でも たまには言えよ ごもっとも」
（『平成サラリーマン川柳傑作選』講談社）
と。

いずれにせよ,このようなことにならないためにも,言葉遣いの一つ一
つに細心の注意を払って,誠実に対応していく必要があるでしょう。

＊越川禮子さん（江戸しぐさ語りべの会主宰）は,「『でも』『だって』『しかし』
『そうは言っても』という言葉は、江戸しぐさでは『戸締め言葉』とい
います。戸を締めて中に入れない——つまり、人の話を聞かない。無視
するような言葉。相手の言葉を止めてしまうような戸締め言葉は、自分
中心の心の表れで、謙虚さに欠けるとして嫌われました。何を言っても、
人の話を止めてしまう、まったく野暮な言葉だったのです」（『野暮な人
イキな人』）と語っている。相手を立てる思いやりこそが大切というわ
けだ。

＊事例研究①の不適当な選択肢を再確認のこと。検定問題では不適当と判
断できたとしても,また,「私,そんな言い方なんて絶対にしないわ」
と思っていても,実際の場では,つい「それはそうと,Ａ社の課長って,
少し厳しくない？　言い方もきついし」などと応じてしまうこともある
からだ。そう,だからこその自己点検（セルフチェック）である。

＊ビジネス系の検定問題は,ペーパーだけでなく,心からの深い気付きを
重要視している。「感じて、気づいて、理解」（『幸福に通じる　心の品格』）
しなければ,実践もおぼつかないからだ。だからこそ,不適当な選択肢
（話の仕方）から,「自分も,このような言い方をしてはいないだろうか。
いや,したことがあるのではないか」などと,自己反省していく必要が
ある。『論語』（岩波文庫）にいう「吾れ日に三たび吾が身を省る」であ
る。これが深い気付きにつながる。もう一つの出題の意図もここにある。
そして,これは,全ての検定問題に共通する重要なコンセプト。

出題の視点

　検定問題では，事例研究①に見られるように，良好な人間関係を築くための話の仕方をメインテーマに出題されています。次の事例から，その内容を確認しておいてください。

　　　　＊第1節(1)－①の「人間関係への対処」を再確認のこと。「気遣う心」が，良好な人間関係を築く第一歩であることを解説している。

①人の話を聞くときの心がけ

◆相手が話をしやすいように，相づちを打つなどする。

　　　　＊江戸しぐさにおける話の聞き方。それを，越川禮子さんはこう語る。「相手はどんな人なのか、何を望んでいるのかを真剣に聞き、察しようとしました。『聞き上手』とは、話す人の目を見て身を乗り出し、ひたすら聞くしぐさの人。話す人への敬意やエールが感じられ、話し手も熱が入ります。さらに、ほほえんだりうなずいたりして共感を示すしぐさや相づちは、聞き手の優しい人柄を感じさせますね」（越川禮子著『暮らしうるおう江戸しぐさ』朝日新聞社）と。

◆相づちを打つときは，話している人の目を見ながらするようにする。

　　　　＊相手の話に感心して相づちを打つのはよいが，「へえー」のような言い方は感じが悪いのでしない方がよいだろう。「ふーん」も同じ。それはなぜか。場合によっては，疑っているかのようなニュアンスを話し手に与えてしまうこともあるからだ。「その話って本当ですか」と。どう受け取るかは相手次第。誤解されるような相づちは避けた方が無難。

　　　　＊「会話中に大げさな相づちを打つ」のもいけない。そう戒めているのは，藤田晋さん（サイバーエージェントの創業者）。その場しのぎにしか見えず，かえって相手に怪しまれるだけだからだ（『藤田晋の仕事学』日経BP社）。これで，取引先との信頼関係は築けない。

◆話をしている人から，目をそらさないようにして聞かないといけない。

◆相手の話は，途中で口を挟むようなことはせず，最後まで聞くようにする。

　　　　＊話に分からないところがあっても，最後まで聞くようにすることが大切。分からないところは，最後に質問をして確かめればよい。よく，「言っていることがよく分かりませんが」と言いながら，滔々（とうとう）と自説を披露する人もいるが，もちろん，これはいけない。

　　　　＊また，質問して答えてもらっているのに，答えている人の話の途中で「分

129

かりました」などと言ってもいけない。よくあるパターンだが，相手は質問に答えているのである。まずは，そのことに敬意を払う。これが大切。

②話をするときの基本的な心がけ

◆同僚や後輩と話すときなどでも，できるだけ丁寧な言葉遣いで話すようにすること。

＊丁寧な言葉遣いで話すと言うことは，相手の考えや立場などを尊重しているということ。そして，これは上司だろうが同僚，後輩だろうが関係ない。基本は，誰に対しても敬意をもって接するということだ（上司には丁寧な言葉遣いで接するが，同僚や後輩にはぞんざいな口の利き方で対応すると，周りから「何だ，上司に媚びへつらっているだけではないか」などと言われてしまう）。誰に対しても丁寧な言葉遣いができる。これが，本当の敬意ある話の仕方であり，良好な人間関係を築く大本。

＊なお，先輩から打ち解けた口調で話し掛けられても，同じ口調では話さないようにすること。また，先輩（山下）が周りから「ヤマさん」と愛称で呼ばれていても，自分はきちんと「山下さん」と呼ぶこと。これが敬意を表すということ。

◆よく知らないことを聞かれたときは，知ったかぶりをしないで，そのことはよく知らないとはっきり言うようにすること。

＊特に，取引先への商品説明などの場では要注意。取引先との信頼関係が危うくなることもあるからだ。

◆相手の話したことを言下に否定しないこと。

＊前出の「戸締め言葉」に近いかもしれない。相手の考えを「いゃあー，それはどうかと思うな」と，言下に否定してしまう言い方である。そして，この「いゃあー」を連発。自分肯定，他者否定を貫き通す。これが口癖になって「いゃあー，そうなんですよ」と言って，同調してみたりもする。一体，どっちなんだか。でも，その根っこにあるのは，ともに自分が優位に立ちたいという見栄（虚栄心）である。「いゃあー，わたしは，あなたよりずっと前からそう思っていたんですよ。先に言われてしまったけど」というわけである。やはり，わたしたちは日に三度，いや，何度でも反省しなければならないかもしれない。

Column

会話は言葉のキャッチボール

誠実で素直な心

「人間関係のトラブルが起こりやすくなっている」。そう語るのは，林田正光さん（元ザ・リッツ・カールトン大阪営業統括支配人）です。

よく言われることですが、会話はキャッチボールです。あるときはピッチャーになる、あるときはキャッチャーにもなることが大切です。

言葉のキャッチボールができるようになると、初対面でもその人と何年も前からつきあっているような感じがしてくるのです。こうしたことができるようになればコミュニケーションの達人と言えるでしょう。

もっとも、これは経験によるところが大きいと思います。年齢を重ねるにつれ聞き上手になり相手の話を引き出すことができるようになりたいものです。いずれにせよ、絶えず心くばりの精神を忘れないことが大切です。

私も18歳のときから接客業や営業を仕事としてきました。けれども、やはり最初はうまくいかないものです。若いときは理屈だけでセールスをしていました。一人でしゃべっていたこともありました。しかし、それではいけない、お客様の話をよく聞いて、それに対してどう対応するかが大事であるということが、ある時期になってからようやくわかってきたのです。

こんなことがありました。太閤園時代、お客様に向かって私だけが一方的にしゃべっていたときのことです。

そのお客様は、机をポンと叩いて、「もうわかった、ごくろうさん」と言って立たれてしまいました。そのとき私は「しまった、しゃべりすぎた」と、ハンマーで頭を叩かれたような強烈なショックを受けました。

自分の都合ばかりを優先するのではなく、人の話を聞かなければいけないということを実感したのです。

このときくらいからでしょうか、あくまでも相手の立場に立ってものを考える習慣をつけなければいけないという信条が芽生えたのです。

そうした信条をもち続けていると、自分のよい印象を相手に与え、相手の心を少しずつ開きながら会話をしていくことが自然に身につくようになってきました。そしてリッツ・カールトンに入社して心くばりの大切さを身にし

みて感じるようになってから、さらにコミュニケーションが上達していきました。

　いきなり上手なコミュニケーションができる人になってくださいと言っても、それはむずかしいかもしれません。

　最初は、素直な気持ちをもつことからスタートするとよいでしょう。素直な気持ちは紳士・淑女にとっていちばん大切なものです。

　あくまでも一般論ですが、現在、一方通行のコミュニケーションや、自分本位の考えによって、人間関係のトラブルが起こりやすくなっているように見受けられます。

　トラブルメーカーと言われる人は、素直さに欠け、反省をしません。自分を常に正当化しますから、いつまでたっても対立はとけません。

　自分の悪いところは悪いと認める素直さが必要です。

　お互いが素直な気持ちになれば問題は起きません。

　こちらが素直でありさえすれば相手の印象もよくなります。次第に人間関係はよくなっていくでしょう。少なくとも人間関係がそこで終わってしまうことはないのです。

> ＊太閤園（藤田観光）は「大阪の迎賓館」とも呼ばれている関西を代表する老舗のガーデンレストラン。
> ＊「紳士・淑女」とは，「教養があり、人への気くばり、心くばりができる、ファッション感覚にすぐれ、清潔感があり、人を思いやって会話ができる、笑顔で人づきあいができ、人の悪口は言わず、ほめ上手である」ということ。ビジネスパーソンも「紳士・淑女」のように、というわけだ。

（林田正光著『リッツ・カールトンで学んだ仕事でいちばん大事なこと』
あさ出版）

2 基礎的な敬語を知っている

　相手の立場を尊重する心。この心の働きが言葉遣いに表れたもの。それが**敬語**です。そして，ここで重要なこと。それは敬語には敬語としての使い方のルールがあるということです。

　では，敬語の使い方の基本的なルールとは何か。それを，次の事例からスタディーしてみましょう。

事例研究② 基礎的な敬語を知っている　　　case study

　営業部の新人大磯佳恵は話し方研修の中で，「いくら丁寧な言葉遣いで話しても，敬語の使い方が間違っているために，相手に不快な思いをさせるときがある。これは，基礎的な敬語を知らないために起こるケアレスミスである。十分注意するように」と言われた。次はそのとき，講師が挙げた職場での言い直しの事例である。中から適当と思われる言葉遣いを一つ選びなさい。

(1)　「部長はお帰りになりました」は，「部長はお帰りになられました」にした方がより丁寧な言い方になる。

(2)　「係長がおっしゃること」は，「係長が申されること」にした方がビジネス的で引き締まった言い方になる。

(3)　「係長，お客さまが応接室でお待ちしています」は，「係長，お客さまが応接室でお待ちです」にした方が感じのよい言い方になる。

(4)　「お客さま，その件は総合受付でお尋ねください」は，「お客さま，その件は総合受付でお伺いください」にした方が丁寧な言い方になる。

(5)　「部長は今，専務とお話しになっていらっしゃいます」は，「部長は今，専務とお話しになっております」にした方がスマートな言い方になる。

事例解説　　　instructions

　敬語には，尊敬語，謙譲語，丁寧語などがありますが，それぞれの言い表し方には違いがあります。その表現の違いを，相手に応じて的確に使い分けているのが，**選択肢(3)**になります。ここで話題になっているのは，応接室で待っているお客さまですから，**尊敬の意を表す「お」を付け，「お**

待ち」とします。これが**尊敬語**です。そして，文末の**「です」**は，聞き手である係長に**直接敬意を表した言い方**で，これを**丁寧語**といいます。

> ＊「お待ちです」を，より丁寧に言うならば，「お待ちになっておいでです」「お待ちになっていらっしゃいます」などになる。この基本形は，「お（ご）〜になる」であるが，「お（ご）〜なさる」とする形式もある。「式典には，会長が<u>ご</u>出席<u>なさる</u>予定でございます」などがその一例。いずれにせよ，その場にお客さまがいなくてもきちんとした尊敬語を使うのが「敬語の心」。

> ＊なお，「お待ちしています」は謙譲語の言い表し方で，例えば，「係長（上位者），では私（下位者），明朝９時に駅の改札口で<u>お</u>待ち<u>して</u>います」などのように使う。「お（ご）〜する（いたす）」がその基本形。「係長を上位」に，「私を下位」に置いて，自分が「待つ」という行為を「<u>お</u>待ち<u>する</u>」というへりくだった言い方で表しているというわけだ（「私から<u>ご</u>説明（<u>いた</u>）します」「私が<u>お</u>勧め<u>する</u>品はこちらにございます」などもそう）。これが謙譲語の基本的な表し方。従って，これをお客さまに使ってはいけない。お客さまを下に置いた失礼な言い方になるからだ。

では，以上のことを踏まえて，不適当な選択肢を検討してみましょう。

選択肢(1)は，**「お帰りになりました」**で十分。言い直す必要はありません。これが，**尊敬語にするための基本形の一つ**です。なお，「<u>お</u>帰りに<u>なられる</u>」は，「<u>お</u>帰りに<u>なる</u>」と「帰<u>られる</u>」とをまぜこぜにして言った結果でしょうが，いずれにせよ誤用（二重敬語）です。これで上位者である部長に対し敬意を表したことにはなりません。しっかりと基本形を押さえておいてください。

> ＊なお，「行く」「帰る」「来る」などに，尊敬の意味を持つ言葉「れる」「られる」を付けると尊敬語になる。「行<u>かれる</u>」「帰<u>られる</u>」「来<u>られる</u>」というわけである。実際，「部長は帰<u>られ</u>ました」などはよく使われている。

選択肢(2)の「係長が<u>言う</u>こと」を尊敬表現にすると，「係長が<u>おっしゃる</u>こと」になります。**「言う」の尊敬語は「おっしゃる」になる**からです。であれば，このケースも言い直す必要はないでしょう。**「係長がおっしゃること」は，正しい敬語の使い方**です。

では，「係長が<u>申された</u>こと」はどこがいけないのでしょうか。「申す」の使い方を例に挙げて検討してみましょう。まず「課長，特に私から<u>言う</u>ことはありません」を謙譲表現にすると，「課長，特に私から<u>申す</u>（申し

上げる）ことはありません」となります。自分の「言う」という行為をへりくだって言うときは，**謙譲語の「申す」**を使って言い表していかなければならないからです。これが謙譲語の使い方です。従ってこの場合，謙譲の「申す」に尊敬の意味を持つ「れる」を付けて「申される」にしても，尊敬語にはなりません。言うまでもなく，**上位者である係長の言う行為は，「申される」のではなく「おっしゃる」になる**のですから。これも敬語の基本的なルールです。

> ＊「申す」は，下位者（私）が上位者（係長）に対して何か物を言うときに使う言葉。これは，「課長，特に私から<u>お話しする</u>ことはございません」と言い換えてもよい。

> ＊尊敬語と謙譲語には，「おっしゃる」「申す」などのように，別の言葉に言い換えて表すことがある。なお，この言い換えの事例については，次の「要点整理」で紹介する。

　選択肢(4)も同様のケースです。「お尋ねください」で「お客さま，恐れ入りますがその件については，総合受付で**お尋ねください**ますようお願いいたします」の意味の**尊敬語**になります。**「お（ご）～ください」の形式**です。「お待ちください」「ご覧ください」などもその一例。そして，これも選択肢(2)と同じように，「お伺いください」に言い直す必要のない言葉遣いです。

　なお，**「伺う」は「聞く」の謙譲語**で，「お客さま（上），私（下）からお伺い（お尋ね）したいことがございますが」「お客さま（上），それでは私（下）明日午後3時に<u>伺います</u>ので，よろしく<u>お願いいたします</u>」などのように使います。これは，前述した「申す」の使い方と同じです。「私（下）」が，「お客さま（上）」に対して物を言っているのですから。

> ＊「お尋ねください」をより丁寧に言うなら，「お尋ねになってくださいませ」「お聞きになってくださいませ」などになる。

> ＊後段の事例では，お客さまを下に見て，総合受付（自社）を上に見立てた言い方になっている。これはいけないということ。

　さて，**選択肢(5)**の「お話しになっております」は，誤用のパターンとして多く見かける言葉遣いです。確かに，「お話しになっていらっしゃいます」よりは言いやすいかもしれませんが，いかんせん，誤用は誤用です。その箇所は「おり」です。これは，「明日，私は終日，社内におります」などと使う謙譲語で，(5)のケースの場合，それを部長（上司）に対して使っ

てはいけないということです。これが**「敬語は結びが肝要」**といわれるゆえんです。

　　　＊「お話しになって」と「いらっしゃる」は，別々の言葉なので，二重敬語にはならない。もちろん，「話していらっしゃいます」「話しておいでで（ございま）す」などという言い方でも構わない。「前のことばはふつうの形にして、あとのことばを尊敬語にする」（永崎一則著『正しい敬語の使い方』ＰＨＰ研究所）わけである。そして，これが今の一般的な傾向でもあるようだ。

要点整理　　　　　　　　　　　　　　　　　　　　　　the main point

■ **基礎的な敬語を知っている**

1 謙虚な心が言葉遣いに表れたもの。それが敬語

　企業社会におけるコミュニケーションの基本は敬語です。**気遣う心，謙虚な心が言葉遣いに表れたとき，初めて良好な人間関係や取引関係を築くことができる**からです。でも，人を敬い，謙虚な態度を表す言葉遣いが間違っていたとしたら，どうでしょう。心と形（言葉遣い）の不一致が起こります。だからこそ，まずはその心を表すための言葉遣い，基礎的な敬語を身に付ける必要があります。**ヒューマンスキル**です。出題の意図もここにあります。もちろん，その心とともに。

　　　＊敬語は，長い歴史の中で一定の型（ルール）が出来上がった言葉と心の伝統文化である。また，こうも言えるだろう。「気遣いのある言葉遣いを洗練された形で表現したもの。それが敬語である」と。そして，これが「品格」として表れる。

2 尊敬語の使い方

　尊敬語とは，相手の動作などを高めて言い表す敬語のこと。取引先の会社を**「御社」「貴社」**と言って敬う。**「お（ご）」**を付けて**「部長のお話」「課長のお荷物」「係長のご指示」**などと礼儀正しく言い表す。「言う」を**「おっしゃる」**，「見る」を**「ご覧（になる）」**，「行く」を**「いらっしゃる」**などと言い換えるのもそう。また，**「お（ご）〜になる」，「お（ご）〜なさる」**の形式，例えば**「部長がお話しになる」「会長がご出席なさる」**などにする。これが尊敬語にするための表現法（ルール）です。

　　　＊尊敬語にはもう一つ大切な役割がある。それは，話し手である自分が，

136

自分より上の人（上司や顧客）のことを話題にするときの言い方である。例えば，聞き手が部長（上）で，話題になっている人が課長（中）であっても，担当者である自分（下）は，課長に対して尊敬語を使う。「部長，課長はあと10分でおいでになるそうです」というように（事例研究②の選択肢(3)も同様のケース）。

　　　　†このとき，部長が「何だ，課長にばかり敬語を使って」などと，怒りにも似た独り言を言ったとしても気にすることはない。部長には，丁寧語の「です」で直接敬意を表しているからだ。

　　*もちろん，部長と何か話しているとき，例えば「部長の<u>おっしゃる</u>通りでございます」と，聞き手である部長に対して尊敬語を使うのは言うまでもない。そして，丁寧語の「ございます」で全体を丁寧に整える。

3 丁寧語の使い方

　丁寧語は，**聞き手に対して直接敬意を表す言い方**のことで，「です」「ます」「ございます」があります。

　　　　†ここで丁寧語の再確認。例えば，「あの方は、伊東五郎さんとおっしゃいます」と，目上の人に言った場合，「おっしゃる」までは伊東さんへの敬意を表す尊敬語になり，そして「ます」が聞き手に対する丁寧語になる（『正しい敬語の使い方』）。「ます」は，伊東さんへの敬意表現ではないというわけだ。

4 謙譲語の使い方

　謙譲語とは，自分（側）の動作などをへりくだる（謙遜する）ことによって，相手に敬意を示す言い方のこと。自分が勤めている会社のことを**「弊社」「小社」**とへりくだる。「する」を**「いたす」**に言い換えて，「課長，それは私が<u>いたし</u>ます」とする。「言う」を**「申す」**，「見る」を**「拝見」**，「行く」を**「伺う」**などもそう。また，**「お（ご）～する」**の形式を使って**「お客さま，私が展示場まで<u>ご案内いたし</u>ます」**にする。これが謙譲語にするための言葉遣いのルールです。

　　*この言い方によって，上下の関係（自社と取引先，上司と部下，売る側と買う側など）を表す。これが謙譲語の役割。

5 敬語の一覧

　では，ここで尊敬語と謙譲語の言い換えの例を整理しておきましょう。

	尊敬語	謙譲語
言う	おっしゃる	申す　申し上げる
見る	ご覧になる	拝見する
聞く	お聞きになる	伺う　承る　拝聴する
行く	いらっしゃる　おいでになる	伺う　まいる　お邪魔する 参上する
来る	いらっしゃる　おいでになる お越しになる　来られる	まいる
する	なさる　される	いたす
いる	いらっしゃる　おいでになる	おる
食べる	召し上がる	いただく　頂戴する
会う	お会いになる　会われる	お目にかかる
見せる	お見せになる	ご覧に入れる　お目にかける
知る	ご存じ	存じ上げる

＊なお，この他にも敬称としての「あの方（皆様方）」などの尊敬語（「私ども」は謙譲語）がある。

＊尊敬語は「お（ご）〜になる」「お（ご）〜なさる」「〜なさる」「〜される」の形式を使う。

＊謙譲語は「お（ご）〜する」「お（ご）〜いたす」の形式を使う。

■ 出題の視点

　検定問題では，事例研究②に見られるように，基礎的な敬語の知識を問うています。特に，尊敬語と謙譲語の適切な使い分けに視点を置いての出題が多いようです。次の事例から，その言葉遣いを確認しておいてください。

＊尊敬語と謙譲語を混同して使っているケースが多々ある。検定問題でもこれを問うことが多い。

＊以下に示してある語例を，何度でも音読して確実に身に付けておくこと。これで敬語のリズム（調子）が体感でき，記述問題にも十分対応できる。なお記述問題は，例えば「分かった。2時にそっちへ行く」の下線部分を丁寧な言葉に直せ，などという形式で出題されている。

敬語の基本的な使い方（語例）

営業訪問の場面で

▼販売課の田中課長はいますかということを

販売課の田中課長（様）はおいででしょうか

＊「田中課長は，いらっしゃいますか（ご在席でしょうか）」などという
言い方でもよい。

▼返事はいつまでにすればよいかということを

ご返事はいつまでに差し上げればよろしいでしょうか

＊「与える（渡す）」「やる」の謙譲語が「差し上げる」。「後日，お手紙を
差し上げます」などと使う。

▼ちょっと時間をもらえないかということを

少々お時間を頂戴できませんでしょうか

＊「少々」は敬語そのものではない。が，ここでは「お時間」や「頂戴で
きませんでしょうか」などの言葉と調和させるために，俗な言い方であ
る「ちょっと」を，「少々」と改まった言い方にしている。これで，全
体が調和の取れた礼儀正しい話し方になる。細かいところまで注意が行
き届く。これがビジネスパーソンとしての丁寧な言葉遣い。次はその言
い換えの一例

普段の言い方	改まった言い方	普段の言い方	改まった言い方
きのう	昨日（さくじつ）	こんど（今度）	このたび
きょう	本日	これからも	今後とも
後で（あと）	後ほど（のち）	こっち	こちら
今	ただ今	あっち	あちら
何でも	何なりと	ちょっと	少々
どんな（何の）	どのような	どう	いかが

▼手数をかけるが，よろしく頼むということを

お手数をおかけしますが，よろしくお願いいたします

＊「おかけいたしますが」でもよい。が，それでは後半にも「お願いいた
します」が出てくる。そこで，前半の「いたす」は省略し，後半に「い
たす」を入れて，全体をすっきりさせる。この方が話し言葉としてのリ
ズムも安定するからだ。もちろん，ともに謙譲表現であることは言うま
でもない。

▼うちのカタログを見てもらえたかということを

当社のカタログをご覧いただけましたでしょうか

　　＊「ご覧くださいましたでしょうか」でもよい。が，「ご覧になられまし
　　　たでしょうか」は不可。「ご覧になりましたでしょうか」で十分。

▼分からない点があったら，何でも聞いてくれということを

ご不明な点がおありでしたら，何なりとお尋ね（お聞き）ください

　　＊「何なりとお伺いください」は誤用。だが，この言い方を正しいと判断
　　　してしまうケースが多く見受けられる。これが尊敬語と謙譲語を混同し
　　　ている代表例。もちろん，「少々，お伺い（お尋ね，お聞き）したいこ
　　　とがございますが」と言えば正しい使い方になる。「明日そちらに伺い
　　　たいのですが，よろしいでしょうか」もそう。ともに，自分側の行為で
　　　あるからだ。
　　　　†「ご不明」と「おあり」は尊敬語。なお，「ご不明」は「お分かり
　　　　になりにくい」としてもよい。

電話応対の場面で

▼何の（どんな）用かということを

どのようなご用件でいらっしゃいますか

▼自社までの道順は知っているかということを

当社までの道順は，ご存じでいらっしゃいますか

　　＊「存じ上げていらっしゃいますか」とするのは誤用。「存じ上げる」は
　　　謙譲語で，これを正しく使うならば，「御社までの道順は，よく存じ上
　　　げております」などになる。「ご存じ（尊敬語）ですか」と聞かれたら，
　　　あなたは「はい，よく存じ上げております（謙譲語）」と応じていくわけ
　　　だ。そして，これが互いの立場を尊重した「敬語の作法」。
　　　　†もちろん，「存じております」という言い方でもよい。

▼分かった。また後で電話するということを

承知しました。後ほどお電話いたします

　　＊「承知」は，依頼を確かに聞き入れたということ。ビジネスの場では，
　　　「分かった」の改まった言い方としてよく使われている。謙譲語の「承る」
　　　と意味が近い。
　　　　†「承知しました」は「かしこまりました」でもよい。「かしこまり
　　　　ました。2時にそちらへ伺い（まいり）ます」などと使う。

▼浅野係長（自社の上司）にそう言っておくということを

浅野にそのように申し伝えます

　　＊取引先など外部の人に対しては，「浅野さん」などと言わずに「浅野」

と呼び捨てにするのが一般的な言い方。これによって，敬意の対象である外部の人との関係をはっきりさせているわけだ。「大石様，誠に申し訳ございません。ただ今，浅野は外出しておりますが」というように。これも「敬語の作法」。

＊身内の者に伝えるのだから「伝える」でよい。「申し伝える」は慣用的によく使われている言い回し。そして，電話の相手に対する敬意は「ます」によって表される。

＊「係長の浅野」という言い方でもよいが，「浅野係長」は不可。

▼戻ったら，よろしく伝えてくれということを

お戻りになりましたら，よろしくお伝えください

＊「お戻りになる」で尊敬語になる。これを「お戻りになられる」などとしないこと。

▼用件を確かに引き受けたということを

ご用件，確かに承りました

▼明日ぜひ来てもらいたいのだがということを

明日ぜひお越し（おいで）いただきたいのですが

＊「明日ぜひ参上していただきたいのですが」と言う人がいるが，これは間違い。「参上」は，目上の人や顧客などの所へ行くことをへりくだって言う場合の言葉（謙譲語）だからである。これも尊敬語と謙譲語とを混同しているケース。

†もちろん，「ご参上」としてもいけない。「参上」は自分が出向くこと。これに「ご」を付けてはいけない。（「ご拝見」も同様。「拝見」とは，自分が見ること。「拝見いたします」などと使う）。

来客応対の場面で

▼詳しく分かる人を呼んでくるので待ってもらえるかということを

詳しく分かる者を呼んできますので，お待ちくださいますか

＊「担当の者」と同じようなケースで，「販売課の誰」などの言い方もある。ともに，自社側の人間を下に置いた言い方である。

†なお，取引先の担当者に対しては，「A商品ご担当の方は，どなた様でいらっしゃいますでしょうか」などの言い方になる（尊敬語）。

▼詳しいことは柏原係長が説明するということを

詳しいことは係長の柏原がご説明いたします

＊また，「ご説明申し上げます」でもよい。ともに謙譲語としての言い方。

▼納品日はきのう言った通り，あさっての午後になるということを

納品日は昨日(さくじつ)申し上げた通り，明後日(みょうごにち)の午後になります

  ＊「品物は，明日お届けいたします（お届けに上がります）」などの言い
  方もある（ともに謙譲語）。

▼どうするかということを

いかがなさいますか

  ＊また，「どうしたか」は「いかがなさいましたか」（尊敬語）となる。こ
  れを，「いかがいたしましたか」としてはいけない。「いたす」は謙譲表
  現で，自分の行為に使う言葉だからである。もちろん，「いかがいたし
  ましょうか」は構わない。「わたしはどのようにしたらいいでしょうか」
  と言っているからだ。いずれにせよ，「なさる」は相手の動作・行為な
  どに対して使う尊敬語。

▼都合のいいときに，また会いたいのだがということを

ご都合のよろしいときに，改めてお目にかかりたいのですが

  ＊「ぜひ一度お目にかかれる機会をつくっていただけますか」「お目にかか
  ることができて，うれしゅうございます」などの言い方もある（謙譲語）。

Column

敬う心は，言葉の全てに表れる

日本語は敬語

　日本語は「人を敬う言葉です」。そう語ったのはドイツのオペラ歌手エリカ・ケートさん。そして，ケートさんからこれを聞いた浅利慶太さん（劇団四季代表）は，「かの女は我々の伝統に『敬語』というものがあるのを知らない。しかしドイツ語から『詩』を、フランス語から『愛』を、スペイン語から『祈り』を感じとる感性が、我々の言葉から『尊敬』を感じてくれたのだ」（浅利慶太著『時の光の中で』文春文庫）と語っています。

　　　　　＊この話は，日生劇場の柿落としに，ベルリン・ドイツ・オペラ＝ドイッチェ・オパー・ベルリン（Ｄ・Ｏ・Ｂ）が来日した時のこと。カール・ベーム指揮で，「フィガロの結婚」などが上演された。そのときのソプラノ歌手がエリカ・ケート。
　　　　　＊その日本公演の合間を縫って歓談していたとき，ケートさんは浅利さんに「イタリア語は歌に向く言葉、／フランス語は愛を語る言葉、／スペイン語は祈りを捧げる言葉、／そして日本語は／人を敬う言葉です。」と話したそうだ。二人で大好きな冷酒を酌み交わしながら。

　ケートさんは，歌手ならではの研ぎ澄まされた感覚で，言葉と言葉が快く響き合う音を，そしてここから，「人を敬う」言葉の心を聞いたのでしょうか。

そういえば，敬いの言葉で丁寧に書き表している短編小説があります。**芥川龍之介**の『**蜘蛛の糸**』です。

　ある日の事でございます。御釈迦様は極楽の蓮池のふちを、独りでぶらぶら御歩きになっていらっしゃいました。池の中に咲いている蓮の花は、みんな玉のようにまっ白で、そのまん中にある金色の蕊からは、何とも云えない好い匂が、絶間なくあたりへ溢れて居ります。極楽は丁度朝なのでございましょう。

　やがて御釈迦様はその池のふちに御佇みになって、水の面を蔽っている蓮の葉の間から、ふと下の容子を御覧になりました。この極楽の蓮池の下は、

丁度地獄の底に当って居りますから、水晶のような水を透き徹して、三途の河や針の山の景色が、丁度覗き眼鏡を見るように、はっきりと見えるのでございます。

（『芥川龍之介全集２』所収「蜘蛛の糸」ちくま文庫）

　いかがでしょうか。ここで芥川は，「お歩きになっていらっしゃいました」「ご覧になりました」と，**正式な形**で書き表しています。これが，**「細かいところまで注意が行き届き，落ち度がない（丁寧である）」**言い表し方の一例です。まずは，この伝統的な言い方をしっかり押さえておくことが大切でしょう。丁寧であるとは，人を敬う言葉とは，どういうことなのかを知るためにも。

　なお，芥川はこの作品の中で，「見ていらっしゃいました」という書き表し方もしています。「ご覧になりました」の別バージョンです。そして，これも「人を敬う」言葉遣いです。

　　　　＊浅利さんは「我々の伝統に『敬語』というものがある」と言っている。では，伝統とは何か。「前代までの当事者がして来た事を後継者が自覚と誇りとをもって受け継ぐ所のもの」（山田忠雄他『新明解国語辞典 第六版』三省堂）である。そして，言うまでもなくその後継者とは，「人を敬う」ことができる誠実なビジネスパーソンだ。

3 目的に応じた話し方について，一応，理解している

会議などでの報告は分かりやすく。新人歓迎会などでの挨拶は謙虚に。そして，頼み事をするときには誠実に。これが**目的（や場）に応じた話し方の基本ルール**です。

では，ここで歓迎会の事例から「目的（場）に応じた話の仕方」を検討してみましょう。

事例研究③ 目的に応じた話し方について，一応，理解している　case study

大学でマーケティングを専攻した高倉健吾は，入社時の希望がかない広告宣伝部に配属された。次は，高倉が配属先の新人歓迎会で「本日は私どものために歓迎会を催してくださいましてありがとうございます」と挨拶をした後，順に話したことである。中から適当と思われるものを一つ選びなさい。

(1) サークル活動は，下手の横好きで落研（落語研究会）に４年間在籍していました。
(2) ゼミでは「インターネット広告」を研究し，教授からも高く評価されました。
(3) そのゼミの教授は，マーケティング理論の第一人者です。
(4) ゼミで学んだ新しいマーケティング理論を，ぜひ皆さんにも紹介したいと思います。
(5) そのためにも，広告の企画会議にはぜひ参加したいのでよろしくお願いいたします。

事例解説　instructions

新人歓迎会での挨拶の一例。

本日は私どものために歓迎会を催してくださいましてありがとうございます。部長をはじめ，皆様には，何かとご迷惑をおかけすることになるかと思いますが，社会人となった自覚を持ち，精一杯努力してまいりたいと存じます。

明るいだけが取りえの私でございます。どうかご指導のほど，よろしく

お願いいたします。

　いかがでしょうか。これが新人歓迎会の場での**一般的な挨拶の仕方**です。

　そして，この挨拶に沿って事例研究③を検討してみると，**適当な選択肢は(1)になるでしょう。**他の選択肢に比べ，**「下手の横好きで落研(おちけん)にいた」**と，ユーモアを誘うような言い方でごく自然に自己紹介をしているからです。

　　　＊歓迎会の目的は，新人と広告宣伝部のメンバーとの 交 流 (コミュニケーション)にある。そして交流ではそれなりのマナーが大切になる。その目的とマナーにかなった挨拶が前掲のもの。「何も分からない新参者ではありますが，皆さんのご指導を仰ぎながら，一生懸命頑張りますのでどうかよろしくお願いします」というわけだ。これが，会食の準備をし新人を心から受け入れようとしている広告宣伝部への返礼の挨拶。

　　　＊もちろん，自己紹介は出身地や趣味など，ごく一般的な話題でも構わない。
　　　　　†宴もたけなわの頃「高倉君，一つ小嚙(こばなし)でも聞かせてくれよ」と，先輩からリクエストが出るかもしれない。これによって，和やかな雰囲気（交流）をつくることもできる。

　　　＊「下手の横好き」は「明るいだけが取りえ」と対応するだろう。ともに，一歩引いた言い方になるからだ。

　では，他の選択肢はどこに問題点があるのでしょうか。高慢な態度です。では，なぜ高慢か。**(2)**「わたしは優秀である」。**(4)**「わたしは何でも知っている」。**(5)**「わたしのマーケティング理論は，広告の企画に必ず役に立つ」と，自信満々に自慢話をしているからです。そして，**(3)**「私を評価してくれた教授はその道の第一人者である」と言って，殊更自分を誇示しています。これでは，誰も快く思わないでしょうし，それこそ心からの交流もできないでしょう。

　広告宣伝部は専門的な部署です。当然，スペシャリストもいます。ここは，**上司や先輩への尊敬の念をもって，謙虚に対処すべき**でしょう。仕事のことはまだ何も分からないわけですから，なおさらです。

　　　＊専門的な部署であればあるほど，その部署独自の専門性がある。確かに，高倉は一般的な意味での専門的な勉強をしたかもしれないが，それはあくまでも一般論で，配属された広告宣伝部の専門性に合うかどうかは分からない。専門部署であるだけに，専門性に対しては謙虚でないといけないだろう。

　　　＊いずれにせよ，歓迎会の席上で言うことではない。もちろん自慢話も。そしてこれが，場（目的）にそぐわない話し方の一例。

目的に応じた話し方について，一応，理解している

1 目的や場に応じた話し方

　ビジネスパーソンは，報告や説明，依頼，苦情対応など，その目的に応じた話し方をしています。例えば，仕事に必要な情報を伝えるための報告は簡潔に，というわけです。そして，何よりも大切なこと。それが本節第①項で述べた「話の仕方と人間関係」です。なぜならその最大の目的は，相手から**共感**を得，これによって，**良好なコミュニケーションを図り，ベストな人間関係をつくり上げることにある**からです。出題の意図もここにあります。

> ＊人間関係を意識した話の仕方をするということ。これが根底にあれば，誰からも理解と共感とを得ることができる。その意味で，ここで問われるのは心そのものでもある。

2 報告の仕方

　知らせることを目的とした話し方，それが報告です。そして報告には，営業報告や事務的な連絡事項，営業情報など幾つかありますが，その基本は**ありのままの事実を，簡潔に正確に伝えること**でしょう。では，ありのままの事実を，簡潔に正確に伝えるには，どのような話の仕方がベストでしょうか。

　例えば売掛金回収の報告。

　「係長，ただ今戻りました。本日，A社の売掛金の回収に出向き，回収予定の250万円のうち，8割に当たる200万円を回収してまいりました。残額の50万円は来月必ず返済してくださるとのお約束でした」。

　これがベストな報告でしょう。ところが，

　「係長，ただ今戻りました。今日はA社の売掛金の回収に出向いたのですが，何といっても金額が250万円ですから，かなり緊張しました。応接室でもかなり待たされまして，やっと経理担当の方にお目にかかれたんです。ところが，先方もなかなか苦しいらしくて，『もう少し待ってくれないか』と言われましてね。そこを何とかお願いしますと言って，やっとのことで残額の50万円は来月必ず返済するという約束で，200万円回収してきました。これは回収額の8割に当たる金額です」。

さて，これはどうでしょうか。最後まで話を聞かないと結論が分かりませんね。そう，「報告は結論から」。これがビジネス実務マナーです。

時間の無駄を省き，係長にも要らぬ負担をかけない。これが**配慮あるビジネスパーソンの報告**です。

> ＊このように，結論から報告していくのが基本的な話の仕方。よく見かけるケースに，「大変でした」「とても苦労しました」などがあるが，これは自慢話，手柄話（自己主張）のたぐいでしかない。ここは，ビジネスパーソンらしくスマートに。
>
> ＊「残額の50万円は来月返済してくれると思います」という曖昧な言い方は避ける。約束したのだから，「お約束でした」と，事実をきちんと伝えること。
>
> > †報告は，迅速さも求められる。「部長，コンピューターの誤作動によりトラブルが発生しました。現在，お客さまに迷惑をおかけしないよう，現場で対策を検討中です」などのように。

3 説明の仕方

分かってもらうことを目的とした話の仕方，それが説明です。

新製品の特長を顧客に説明する。自分の考えをミーティングの場で説明する。仕事の手順をアルバイト等に説明する。取引先の現状を後任者に説明する（引き継ぎ）。

このように，ビジネスマンにとって説明の場は多様です。そしてここで大切なこと。それは，**分かりやすい言葉を使って，具体的に話す**ことでしょう。これが**思いやりのある説明**の仕方です。独り善がりにならずに，押し付けがましくもならずに，ということです。

> ＊思い付くまま，のべつまくなしに説明するのではなく，聞き手が理解しやすい「順序・配列を考えて話すような親切さが必要」（永崎一則著『確かな説明力をつける本』ＰＨＰ研究所）だということ。これもビジネスマナー。
>
> ＊その代表的な例として「時間の経過をたどった配列」がある。「これは地味で平凡のようですが，とてもわかりやすいやり方です」（『魅力的女性は話し上手』）。シンプルイズベストというわけだ。トラブルの経過説明（原因から結果へ）や仕事の仕方（手順）の説明など，その応用範囲は広い。
>
> > †トラブルなどの経過説明は報告でもある。まずは事故が起きたことを迅速に報告し，その後トラブルが起きた経過説明をする。いずれにせよ，上司は「なぜそのようなことが起きたのか」，その説明を

148

求めてくるからだ。

＊説明の内容は十分に理解しておくこと。これが分かりやすく話していくための基本。理解が曖昧だと説明もあやふやになり，それこそお話（説明）にならない。

＊会議の席上，新製品の企画を説明するときは「コンパクトサイズの新製品K」などとは言わずに，「新製品KはＡ６判のコンパクトなサイズで，手のひらにも乗る」と，分かりやすい言葉を使って，具体的に話すこと。
　†これによって，「コンパクト」の意味が誰にでもすぐイメージできる。「コンパクト」の意味（イメージ）は，人によってそれぞれ違うからだ。

4 依頼の仕方

　チームのメンバーは，それぞれ担当業務（ルーチンワーク）を抱えています。でも，どうしても協力を仰がなければならないとき，あなたなら，どのような依頼の仕方をするでしょうか。

　まずは相手の仕事の状況を聞きます。そして，その状況に理解を示します。自分一人が仕事をしているわけではないのですから，なおさらでしょう。その上で，依頼する仕事の内容などを説明し，協力してもらえるかどうかを確認していきます。**相手の事情を十分に聞き，誠実に対応していく**というわけです。これが，**頼み事を気持ちよく受け入れてもらえることを目的とした話し方**の基本になるでしょう。

＊依頼は誠心誠意お願いすることが大前提。口先だけの世辞で相手を操作（コントロール）しようとは思わないこと。心にもない言葉はすぐに見抜かれるからだ。

＊「これもチームとしての仕事の一つだから協力してよ」と，それがさも当然であるかのような依頼の仕方はしない。これを，押し付けがましい言い方という。事務的な言い方も避ける。相手に負担を掛けることになるのだから，なおさらである。そしてこれが，相手の「感情」を考慮に入れた配慮ある依頼の仕方。

5 苦情への対応

　顧客からの苦情（クレーム）は，**心から謙虚に受け止める**ことに尽きるでしょう。そうして，**顧客の不信感を払拭し，自社の信頼を回復させる。これが苦情対応の目的**だからです。

　ところが私たちは，つい「そんなことはない」と言い訳したり，顧客の勘違いのせいにしたりしてしまうことがあります。でもこれはいけません。ここは，「申し訳ございませんでした」と素直に謝り，指摘をしてくれた

149

ことへの感謝の言葉を心から伝えるべきでしょう。これが，自社の信頼回復を目的とした話の仕方，苦情対応です。

> ＊苦情は顧客だけからとは限らない。社内で，上司や同僚からも苦情や忠告を受けることがある。そして，この場合の対応も顧客のケースと全く同じ。素直に謙虚に，である。もちろん，後輩から言われても。
>
> ＊「『すみませんでした』『申しわけありません』『気がつきませんでした』／こうあやまれば、ことは簡単に解決するのに、やたらと自分を守るから、罪の上塗りをしてしまいます。その結果、ますます問題の解決を複雑にしてしまうのです」（『魅力的女性は話し上手』）。
>
> ＊また顧客の勘違いであったとしても、「むしろおだやかに『そう受けとられたのは、わたくしのやり方がまずかったからだと思います。すみませんでした』と、誤解させた、迷惑をおかけしたことをわびてみたらどうですか。このことから相手は、かえってその人を信頼するようになるものです」（『魅力的女性は話し上手』）。

出題の視点

検定問題では，事例研究③に見られるように，**「目的に応じた話し方の基本」**を中心に出題されています。改めて，事例研究③と「要点整理」で取り上げた事例を確認しておいてください。そしてこの内容を押さえておけば，検定問題には十分対応できるでしょう。

もちろん，ここでの重要なポイントは，聞き手への**配慮**です。これが共感を呼び，良好なコミュニケーションへとつながっていきます。

> ＊本節「話し方」の総合問題として、「①話の仕方と人間関係」「②基礎的な敬語」「③目的に応じた話し方」を絡めての出題もある。併せて確認のこと。

Column

優れた説明のモデル

御社へ伺いたいのだが，どう行けばよいか

　では，ここで優れた説明のモデルの一つを紹介しましょう。電話でのケースです。

　みなさんは客から電話があって、「そちらへうかがいたいのですが、どう行ったらよろしいでしょうか」と、いきなり尋ねられたらどう答えますか。話になれている人ならほとんどの人が最初に、「お客様はどちらからいらっしゃいますか」と、相手のスタートする基点を尋ねるはずです。

　「町田からでしたら、小田急線で新宿駅までいらっしゃってください。新宿で地下鉄丸ノ内線の池袋行きに乗り換えて、13番目の本郷三丁目までいらっしゃってください。 町田から新宿まで約30分、新宿から本郷三丁目まで30分、乗り換えの時間を含めて合計で最低1時間20分くらいかかると思います。ここまではよろしいでしょうか。本郷三丁目の駅は改札口が1か所です。改札口を出られましたら右へいらっしゃってください。五、六十歩で本郷の大通りに出ます」などと、相手が知っていること、わかっていることを徐々に広げていくやり方をしているはずです。

　このように、私たちがあることを理解する過程は、わかっていることを基礎にして、理解の領域を徐々に広げていく方法をとっていることが多いものです。

　この既知のことから未知のことへ広げる、わからせ方は、多くの場合に必要なことで、すぐれた説明のモデルの一つと言ってよいでしょう。

（永崎一則著『確かな説明力をつける本』PHP研究所）

④ 交際

① 慶事，弔事に関する作法と服装について，一般的な知識を持っている。
② 一般的な交際業務について，初歩的な知識がある。

1 慶事，弔事に関する作法と服装について，一般的な知識を持っている

結婚や長寿などの祝い事（慶事）。そして，葬式などの悔やみ事（弔事）は，**伝統的な作法と形式に従って執り行われる**，いわば**社交上の儀礼**です。

では，その形式や作法にはどのようなものがあるでしょうか。その一般的な知識を問うているのが，次の事例です。検討してみましょう。

事例研究① 慶事，弔辞に関する作法と服装について，一般的な知識を持っている **case study**

高石香奈子は課長から，「不祝儀の袋を一つ用意してもらいたい」と言われた。このような場合高石は，どのような袋を用意すればよいか。次の中から適当と思われるものを一つ選びなさい。

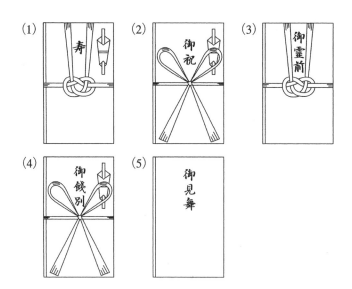

(1) 寿　(2) 御祝　(3) 御霊前

(4) 御餞別　(5) 御見舞

「不祝儀」とは祝儀（祝い事）ではないという意味で，一般的には葬式のことをいいます。そして，その袋は「御霊前」「御仏前」などと上書きされたものになるので，この選択肢の中では**(3)の「御霊前」が適当**ということになるでしょう。

では，他の選択肢はどのようなケースで使われるのでしょうか。**選択肢(1)「寿」は結婚祝いに，選択肢(2)「御祝」は出産や長寿の祝い**などのときに使います。また，「御祝」は，その他の一般的な祝い事に広く使います。**選択肢(4)「御餞別」は転居や転任，退職などに。そして，(5)「御見舞」は，病気見舞い**などのときに使います。

＊仏式の場合，「御霊前」は四十九日の前までで，その後の法要（四十九日忌，一回忌など）では「御仏前」と上書きされたものを用いるのが一般的（四十九日になるまでは，「霊」として「仏」になるための修行を積んでいるという）。ただし，宗派により違いがある。

＊祝儀や不祝儀などのとき，現金だけをそのまま渡すことはない。祝いや弔う気持ちを現金に託して袋に入れて渡すという考え方。そして，その表れが「御祝」や「御霊前」などの上書きになる。

＊「御霊前」とは，故人を敬って言う言葉。この心を忘れないこと。

＊ところで，(1)「寿」と(3)「御霊前」の水引は，同じ形をしている。なぜか。これはともに，二度と再びこのようなことのないようにとの願いを込めた思いがこの結び方にあるからだ。「結び切り」という。

　†一般的に祝い事は何度あってもよいもの。でも，(1)結婚は一度だけで十分との考えで，結び切りにしている。偕老同穴，いつまでも夫婦仲睦まじく固い絆で結ばれるようにと，水引も二度とほどけない結び方（結び切り）にしているというわけだ（水引は紅白）。なお，寿とは「いつまでもお幸せに」と，喜びや祝いの言葉を言うこと。「ことほぐ」ともいう。

　†「御霊前」の水引は言うまでもなく，不幸は二度とあってほしくないとの思いからである。黒白の水引が一般的。

＊一方，出産などの祝い事は何度あってもよいとの考えから，水引はほどけても構わない「ちょう結び」にしている。もちろん，「いいことは何度でも」との思いからである。

　†選択肢(1)(2)(4)の図の右上にあるのが「熨斗（熨斗鮑）」。縁起物の象徴である。

＊選択肢(4)「御餞別」は，旅立ちや門出を祝って金品などを贈るときの上

書き。水引は紅白のもの。

＊「御見舞」は白い封筒を用いる。「祈御全快」という，より気持ちの伝わる書き方もある。

  †病気見舞いでは白い封筒を使うのが一般的。あまり仰々しく飾り立てずに控えめにというわけだ。「災害御見舞（祈御復興）」なども同様。

  †その他「御見舞」には，労をねぎらって贈る「陣中御見舞」などがある（この場合はちょう結びの熨斗袋を使う）。

■ 慶事，弔事に関する作法と服装について，一般的な知識を持っている

1 慶事，弔事に関する作法

　慶事には心からの祝福を。弔事には心から哀悼の意を表す。これが**慶弔事における作法の心**です。そして，その心が形に表れたもの，それが上書きであり水引の結び方です。

　例えば「御霊前」。これは故人を敬って使う言葉です。そして，その「水引」。これは，遺族の深い悲しみを慮り，「もう二度とこのようなことが起こりませんように」と，願いを込めての結び切りにします。

　そして，この慶弔時の作法（心）を理解することは重要です。これが，しきたりにかなった服装や態度，言葉遣いに表れてくるからです。出題の意図もここにあります。

　　＊祝い事も同様。相手の前途を祝福するという温かい気持ち，思いやりがその根っこにあるからである。

　　＊結婚式に出席できないときは，祝い状を同封して，現金書留でご祝儀（現金）を祝儀袋に入れて送る。葬儀でも同じ。参列できない事情を書いた悔やみ状を同封して，現金書留で香典（現金）を不祝儀袋に入れて送る。

2 慶事，弔事に関する服装

　結婚式に出席する際の女性の服装は，「ドレッシーなワンピースやスーツをアクセサリーやスカーフ，コサージュなどで飾る」（青木テル著『ビジネスマナー』早稲田教育出版）とよいでしょう。これで祝いの場も，明るく華やいだものになります。もちろん，新婦より目立つ服装はご法度です。あくまでも主役は，新郎新婦なのですから。

　男性の場合は，ブラックスーツ（略礼服）が基本です。ネクタイは光沢のある白色にし，ポケットチーフも同色のものにします。ワイシャツは白，

靴は黒が基本です。

> ＊女性の場合，フォーマルな装いはワンピースで。
>
> ＊ダークスーツ（濃紺やダークグレーなど）でもよい。
>
> ＊ネクタイは，白黒のストライプやシルバーなどでもよい。ネクタイピン
> とカフスはそろいの物を使う。

葬儀に参列する際の女性の服装は，フォーマルな装いとされる黒色のワンピースかスーツにし，ストッキングも靴と合わせて黒にします。このとき，イヤリングなどのアクセサリーは避けます。言うまでもなく，ファッション性を求められる場ではないからです。

男性はブラックスーツで。ワイシャツは白，ネクタイは黒が基本で，ネクタイピンは真珠１個の飾りの物を使います（飾りのない物ならそれでも構わない）。

いずれにせよ，厳粛な場の雰囲気を壊さない配慮ある服装が男女ともに求められるというわけです。

> ＊アクセサリーでも，一連の真珠のネックレスならよい。真珠は，その形
> から会葬者の「涙」を象徴しているとされるからである。
>
> ＊真珠のネクタイピンは，「涙の滴」に形容される。

出題の視点

検定問題では，事例研究①の**上書き**のほか，要点整理で述べた**慶弔時の服装**やそれに伴う作法一般が出題されています。次の事例からその内容を確認しておいてください。

> ＊その他，祝い事の上書きには，「御新築祝」「御落成祝」（社屋などの場合）
> 「御上棟祝」（建前の祝い）「御開店祝（祈御繁盛）」「御昇進祝」（職場
> で地位が今より上がったときに，同僚などがする祝い）「御栄転祝」（転
> 任などで，今までより高い地位・役職に就いたときにする祝い）「快気
> 祝」（病気が全快したとき，お見舞いをしてくれた人などにお礼をする
> こと）などがある。

①自社の祝賀パーティーでの受付の服装

◆スーツはダーク調の落ち着いたものにし，靴は黒色にする。

> ＊靴下の色もスーツに合わせる。
>
> ＊女性の場合も，落ち着いた色調のスーツで。招待客より控えめに，とい
> うわけである。

◆ネクタイの色は，明るめの物にする。

◆ワイシャツは，白無地でなくてもよいが，カジュアルな色や柄は避
ける。

　　＊例えば，ボタンダウンのシャツなど。

　なお，結婚披露宴での受付の服装は，招待客の服装と同じでよい。

②「通夜（つや）」と「告別式」参列のマナー

◆お悔やみの言葉を述べるときは，なるべく小声で言うこと。

　　＊「ご愁傷さまでございます」などの言い方がある。

◆焼香を済ませたら，途中で退席してもよい。

◆退席するときは，遺族に挨拶はしないで帰ってよい。

◆通夜の服装は普段のスーツ（平服）でもよいが，派手な物は避けた
方がよい。

◆知人に会っても，目礼程度の挨拶だけにした方がよい。

　　＊取引先に出会っても同じこと。場をわきまえること。日頃お世話になっ
　　ている礼など，もっての外。

③「通夜振（つやぶ）る舞（ま）い」のマナー

◆通夜振る舞いは，できるだけ受けるようにするが，長居はしないこ
と。

　　＊弔問へのお礼とお清めのために酒食（しゅしょく）を振る舞うのが「通夜振る舞い」。
　　でも，退席する際「ごちそうさまでした」などと言わないこと。ここは
　　故人を供養するための場であるからだ。

④「告別式」に営業所長の代理で参列するときのマナー

◆受付の記帳は，営業所長の名前を書くこと。

　　＊参列は所長の代理だから，形の上では所長が参列したことと同じになる。
　　従って，受付の記帳は所長名ですることになる。ただし，このような場
　　合は，代理の参列であることが分かるように，所長名の下に（代）など
　　と書いておくのが一般的である。通夜に代理で参列した場合でも同じ。
　　　†受付では，「ご愁傷さまでございます。御霊前にお供えくださいませ」
　　　と言って，所長から預かってきた香典（「御霊前」）を渡す。このとき，
　　　自分の名刺と一緒に出すとよい（香典袋の記名は，Ａ社　Ｂ営業所長
　　　山口一郎などとなる）。

◆焼香が終われば，告別式の途中であっても帰ってよい。

　　＊もちろん，「出棺に際してはできるだけ見送る」気持ちは大切。「合掌し
　　て故人の冥福を祈る」（『一歩差がつくビジネスマナー』）。これが参列者
　　の作法だからである。

◆会葬御礼は，会社に持ち帰り上司に渡すこと。

 ＊なお，会葬御礼を受け取ったとき，「ありがとうございます」とは言わ
 ないこと。ここは，その場の雰囲気を慮り，「恐れ入ります」などと言っ
 た方がよいだろう。

お祝い事

長寿の祝いは敬老の精神から

　日本文化の伝統に根差した祝い事には幾つかありますが，ここではその一つ，**「長寿の祝い」の意味**，その**心**について考えてみましょう。

　まず，**数え年61歳の還暦（かんれき）**です。この言葉の由来は，干支（えと）が一巡して生まれた年の干支に戻ることから，そういわれています。生まれた年の**暦**に**還る**というわけです。

　次は70歳の**古希（こき）の祝い**。これは中国（唐）の詩人，杜甫（とほ）の「人生七十古来稀（まれ）なり」がその由縁です。

　そして，この長寿の祝いは77歳の**喜寿（きじゅ）の祝い**，80歳の**傘寿（さんじゅ）の祝い**，88歳の**米寿（べいじゅ）の祝い**，90歳の**卒寿（そつじゅ）の祝い**，99歳の**白寿（はくじゅ）の祝い**と続きます。

　でも，この祝いの心は，どうして生まれたのでしょうか。それを，歴史学者の**樋口清之さん**は，**「その根本に日本に古くからある敬老精神」**と**「生命への畏怖」**の念にあると語っています。**敬いの心，リスペクト**です。

　　　　＊引用箇所は，樋口清之著『日本の風俗の謎』（大和書房）による。

　　　　＊もともと「長寿の祝い」は数え年で行っていたが，今は満年齢で祝うのが一般的。還暦なら満60歳というように。では，古希はどうか，数え年70歳で祝う場合と満70歳の誕生日を迎えたとき祝う場合とがあるようだ。喜寿以降も同じ。

　　　　　†数え年とは，生まれた日を1歳として数える数え方。その後，元日を迎えるごとに一つ年を取ることになる。

　　　　＊喜寿は「喜」の略字が七十七と読め，傘寿の「傘」の略字「仐」は八十に読める。米寿は「米」の字を分解すると八十八となり，卒寿の「卒」の略字「卆」は九十と読める。では「白寿」はどうか。「百」の字から「一」を引くと「白」になることから。

2 一般的な交際業務について，初歩的な知識がある

　ビジネスパーソンの交際業務には，慶事，弔事に関するものから年末年始の挨拶，取引先の接待（酒食のもてなし），中元や歳暮，入院した人への見舞い，世話をしてくれた人へのお礼などがあり，そのケースも多岐にわたります。そして，ここで求められるのは相手に対する**配慮**です。

　ではその一つ，業界主催の懇親会に参加したときのマナーを，次の事例から検討してみましょう。同席者への配慮，気遣いを問うています。

事例研究② 一般的な交際業務について，初歩的な知識がある　case study

　次は，営業部の北川幸司が業界主催の洋食パーティーの席で行ったことである。中から**不適当**と思われるものを一つ選びなさい。

(1)　パンは一口分ずつ，手でちぎって食べた。
(2)　たばこは，運ばれてくる料理と料理の間に吸った。
(3)　こしょうに手が届かなかったので，隣の人に頼んで取ってもらった。
(4)　臨席の人からワインを勧められたので，グラスは置いたままで注いでもらった。
(5)　ナイフを落としたので，ウエーターを呼んで替わりの物を持ってきてもらった。

事例解説　instructions

　皆で食事をしながら楽しいひとときを過ごす。これが懇親パーティーです。そして，ここにコミュニケーションが生まれ，交際が始まります。そしてここで大切なこと。それは，互いにテーブルマナーを守り，気遣いのある行動を取るということです。そう，ルールを守らないと品位を疑われ，その貴重な時間も交際も台無しになってしまうからです。

　さて，この視点から考えてみると，**不適当な選択肢は(2)**になりますが，いかがでしょうか。**今や，No Smoking が当たり前の時代**です。では，席上に灰皿が置いてあったらどうでしょう。隣席の人に「たばこを吸ってもよろしいでしょうか」などと尋ねますか。いえいえ，それもなりません。紫煙をくゆらすとそのにおいは室内に残ります。料理やワインも台無しに

なる。そうです。ここはいくら灰皿が置いてあったとしても，食事の席での喫煙は避けるべきでしょう。**全体への心配り**。これが**ビジネスパーソンの配慮**。**本物のビジネスマナー**です。

> ＊出されたパンをそのまま手に持ち，かぶりつかないように。そして，口いっぱいに頬張らないように。なお，「テーブルクロスに落ちたパンくずを片付けるのはサービス係りの役目ですので，そのままにして大丈夫」（西出博子著『男の食事完全マナー』河出書房新社）とのこと。でも，少しは気を使った方がよいかも。そう，例えば「膝に砂糖をこぼさぬように注意してドーナツ」（村上春樹『風の歌を聴け』講談社文庫）を食べるように。
>
> > †ローストチキンを食べるとき，骨の部分に巻いてある銀紙のところを手で持ち，そのままかぶりつかないこと。この方がおいしいかもしれないが，ここは「ナイフとフォークを使って召し上がれ」。
>
> ＊選択肢(3)は，食事中に立ち歩く方が不作法と心得ること。何より，周囲の人も落ち着いて食事ができない。
>
> ＊選択肢(4)では，ついグラスを持ってしまいがちになるが，ワインの場合はその気遣い無用。そういえば，「ワイン飲む 手つきやっぱり コップ酒」（『平成サラリーマン川柳傑作選』）という川柳があった。そう，飲むときはグラスの脚を持って上品に。
>
> ＊選択肢(5)のケースは，「食事中は，下に落として汚れてしまった物には触らない」という衛生上の理由。

要点整理 the main point

■ 一般的な交際業務について，初歩的な知識がある

交際業務

　交際業務とは，**ビジネス上の付き合い**のことです。従ってここには，会社の代表者としての**品位ある振る舞い（ビジネスマナー）**が求められます。慶事，弔事での**慎み深さ**，年末年始での**礼儀正しい挨拶**，接待での**もてなしの心（歓待）**，中元や歳暮での**感謝の気持ち**，病気見舞での**いたわりの言葉**，などがそうでしょう。そしてその心の背景にあるのは，**思いやりと謙虚な心**です。出題の意図もここにあります。

■ 出題の視点

　検定問題では，事例研究②のテーブルマナーのほか，病気見舞いや年末

年始の挨拶，取引先の接待などが出題されています。次の事例からその内容を確認しておいてください。

　　　＊前項の「慶事，弔事に関する作法」を含めての出題もある。

①取引先担当者の入院見舞い

◆見舞いの品は，鉢植えの花などふさわしくない品もあるので注意すること。

　　　＊根が付いている鉢植えの花は「寝（根）付く」といって嫌われる（長期入院）。シクラメンもそう。「死苦」につながるからである。

　　　＊その他，儀礼的な感じにはなるが，図書券やギフト券などはよい。また，プレーヤーを持ち込んでいれば，希望を尋ねてＣＤでもよいかもしれない。

　　　　　†現金や図書券，ギフトカードなどは，「御見舞」と上書きされた白い封筒に入れて渡す（前項の「事例研究①」を参照）。

◆面会は相手も気を使うし疲れることなので，短時間で切り上げるようにすること。

◆病院によって面会時間が決まっているので，事前に調べてその時間内に行くこと。

◆相部屋で他の患者がいるときは，迷惑をかけないようになるべく静かに話すこと。

　　　＊仕事の話はできるだけしない。

②日頃の感謝の気持ちとして，上司や先輩に品を贈るときの上書き

◆「御礼」や「粗品」などになるが，熨斗紙（のしがみ）に何も書かないで贈ってもよい。

　　　＊上司や先輩には，仕事上で世話になったり，食事をごちそうになったりすることが多い。その日頃の感謝の気持ちを込めて，ということである。決して，「お歳暮は まごころよりも 下心」（『平成サラリーマン川柳傑作選』）ではないということ。

　　　＊何も書かないで贈る意味は，「贈り物ではありますが，特に形式めいたものではありません。ほんの気持ちです。どうぞ，お納めください」ということである。

　　　　　†なお，時季が夏なら「御中元」，冬なら「御歳暮」にしてもよい。
　　　　　†「寸志」（すんし）という上書きがあるが，これは目上の人から目下の人へ贈る場合の表書きになる。

161

③年始の挨拶

◆「昨年中は大変お世話になりました。本年もよろしくお願いいたします」と丁寧に挨拶をすること。

＊年末の挨拶は「本年は大変お世話になりました。明年（来年）もどうぞよろしくお願いいたします。どうぞよいお年をお迎えください」などとなる。

＊言うまでもなく，服装はネクタイを締めて改まったものにする。

◆遅くとも１月の半ばぐらいまでには済ませること。

＊年末の挨拶は，仕事納めの数日前までに。

◆担当者が不在のときは，年賀の品に名刺を添えて置いてくること。

＊年賀の品の上書きは「御年賀」となる。

④取引先の接待（和室）

◆目の前のグラスにビールがつがれても，乾杯が済むまでは口を付けないこと。

◆酒をつぐときは，「どうぞ」などと声をかけ，正座の姿勢で相手の正面からつぐようにすること。

＊「いつもお世話になっております」などと挨拶をしてつぐのもよい。

＊酒をつぐときは両手で。そして受けるときも両手で。これが丁寧ということ。

＊お酌をするときは取引先の人を先にすること。自社側の上司や先輩は最後でよい。

◆取引先の人が酒を楽しんでいるかに気を使い，酒が進まない人には別の飲み物にするかと尋ねること。

◆刺身の盛り合わせが出たとき，自分は箸を付けずに取引先に「どうぞ」などと言って勧めること。

＊刺身を取るときは，皿の奥の方から取らずに手前にあるものから一つずつ。なお，ふぐ刺しが出たとき，まとめて箸ですくって取らないこと。接待が台無しになる。一切れずつ味わって。

◆食事のとき，お椀のふたは取って内側を上にして置き，食べ終わったときふたは元に戻すこと。

⑤業界主催の立食パーティー

◆手荷物があったら会場に入る前にクロークに預けること。

＊立食パーティーは交流の場。何かと邪魔になるからである。

◆初対面の人にも積極的に声をかけて話をすること。

＊これが交際のスタートになる。

◆料理は自分で皿に取るものだが，一度にたくさん取らないこと。

◆名刺は普段より多めに持っていき，多くの人と名刺交換すること。

⑥**学生時代の先輩から客を紹介され，契約を取ることができたときのお礼の仕方**

◆礼状を出すことにし，先輩のおかげで契約が取れたと感謝の気持ちを述べる。

◆お礼の品を送り，おかげさまで契約が取れたと電話で礼を述べる。

◆取りあえず電話で契約が取れたことを報告しておき，時季に歳暮（中元）を贈って礼にする。

◆おかげで契約を取ることができたと電話で報告し，お礼に近々食事をごちそうさせてもらいたいと言う。

＊いずれにせよ，義理を欠いてはいけない。これが交際の要。

洋食のマナー

「ひらりひらり」と，スプーンを扱うお母さま

　さて，あなた。あなたはスープを飲むとき，そして，ステーキを食べる
とき，どのようにしていますか。『**斜陽**』のヒロイン，かず子さんのお母
さまはこうしていらっしゃいます。

　スウプのいただきかたにしても、私たちなら、お皿の上にすこしうつむ
き、そうしてスプウンを横に持ってスウプを掬（すく）い、スプウンを横にしたま
ま口元に運んでいただくのだけれども、お母さまは左手のお指を軽くテー
ブルの縁（ふち）にかけて、上体をかがめる事も無く、お顔をしゃんと挙げて、お
皿をろくに見もせずスプウンを横にしてさっと掬って、それから、燕（つばめ）のよ
うに、とでも形容したいくらいに軽く鮮やかにスプウンをお口と直角にな
るように持ち運んで、スプウンの尖端（せんたん）から、スウプをお唇のあいだに流し
込むのである。そうして、無心そうにあちこち傍見（わきみ）などなさりながら、ひ
らりひらりと、まるで小さな翼のようにスプウンをあつかい、スウプを一
滴もおこぼしになる事も無いし、吸う音もお皿の音も、ちっともお立てに
ならぬのだ。それは所謂（いわゆる）正式礼法にかなったいただき方では無いかも知れ
ないけれども、私の目には、とても可愛らしく、それこそほんものみたい
に見える。また、事実、お飲物は、うつむいてスプウンの横から吸うより
は、ゆったり上半身を起して、スプウンの尖端からお口に流し込むように
していただいたほうが、不思議なくらいおいしいものだ。（中略）
　スウプに限らず、お母さまのお食事のいただき方は、頗（すこぶ）る礼法にはずれ
ている。お肉が出ると、ナイフとフオクで、さっさと全部小さく切りわけ
てしまって、それからナイフを捨て、フオクを右手に持ちかえ、その一き
れ一きれをフオクに刺してゆっくり楽しそうに召し上がっていらっしゃ
る。また、骨つきのチキンなど、私たちがお皿を鳴らさずに骨から肉を切
りはなすのに苦心している時、お母さまは、平気でひょいと指先で骨のと
ころをつまんで持ち上げ、お口で骨と肉をはなして澄ましていらっしゃる。
そんな野蛮な仕草も、お母さまがなさると、可愛らしいばかりか、へんに
エロチックにさえ見えるのだから、さすがにほんものは違ったものである。

骨つきのチキンの場合だけでなく、お母さまは、ランチのお菜のハムやソセージなども、ひょいと指先でつまんで召し上がる事さえ時たまある。

> ＊没落していく上流階級の家族を描いた作品。この中で、「ほんものの貴族は、まあ、ママくらいのものだろう。あれは、ほんものだよ。かなわねえところがある。」という，かず子の弟直治のせりふがある。

（『太宰治全集９』所収「斜陽」ちくま文庫）

かず子さんは，「婦人雑誌などに出ているお食事のいただき方などとは、てんでまるで、違っていらっしゃる」，と言う。

では，このお母さまの食事の召し上がり方は，実際問題どうなのでしょうか。ちょっと調べてみました。それを，次に紹介しましょう。西出博子さんの『男の食事完全マナー』からのものです。

●

スープを飲むときのスプーンの使い方

英国式とフランス式ではフォークやスプーンの使い方に違いがあります。

たとえば英国式では、スープはスプーンを手前から奥へと動かし、スプーンの横側から飲むとされています。日本ではこの英国式のマナーが公式とされています。

一方、フランス式では、スープはスプーンを奥から手前に動かしてすくい、スプーンの先から飲むとされています。

もちろん、国や地域毎の作法の違いに固執し過ぎることはありません。レストランのマナーで一番大切なのは、周囲を気遣いながら愉しく食事を進めることにあるからです。

> ＊スプーンを右手に持って飲むとき，左手はテーブルの下（膝の上）に置くのが英国式。テーブルの上に置くのがフランス式だそうだ。

ステーキを食べるときのナイフとフォークの使い方

ナイフとフォークを両手で持って食べるのは、19世紀に英国で完成したスタイルです。英国式のマナーに固執する場合は、たとえば、肉は左端から一口大に切って、切った分だけ左でのフォークで口に運ぶのが正しい食べ方となります。

しかし、左端から肉を二、三切れ切ったところで、ナイフを置き、フォークを持ち替えて右手で食べても問題はありません。これを『ジグザグ・イーティング』といいますが、この方法は国際的にも認められている作法です。しかし、肉を切ってしまうとその分、温かい料理が冷める、という点から、一口ずつ切って口に運ぶことを良しとする傾向があります。

　したがって、肉を切ってからフォークを持ち替える場合は、最初にすべての肉を切ってしまわずに、二、三切れ切ってからなら問題はないでしょう。

> ＊「一般的に、フォークは左。ナイフは右にセッティングされています。外国では、幼少の頃から、ナイフとフォークを使うときは、利き手に関係なく、形として左手にフォーク、右手にナイフと教えられ、左利きでもこのように使う人が多いようです。しかし、日本人でこれに慣れていない人は、左手にナイフ、右手にフォークを持って構いません。そうしないと、左手に力が入らず、お肉などが切れない場合があるからです」。

骨付き肉の食べ方

　骨付き肉の場合は、最初は普通のステーキと同様に、左端から食べます（フォークを右に持つ人は右端から）。骨の近くまで達したら、フォークで肉を押さえ、骨に沿ってナイフを入れて肉と骨を切り分けます。切り分ける際は、ナイフを入れやすいように、皿の上で肉を回してもかまいません。

　骨と骨の間の肉を取る場合は、骨の端を手で持ち、フォークを使って骨の間から肉をかき出します。

　カジュアルな席では、フォークでとりきれない肉は、骨を手で持って口に運んでもマナー違反にはなりませんが、その際はうつ向き加減で食べましょう。

（西出博子著『男の食事完全マナー』河出書房新社）

●

　いかがでしたか。

　かず子さんが学んだ作法（テーブルマナー）はともにイギリス式。お母さまのスープの飲み方はフランス式。そしてステーキの食べ方はというと，どうやらアメリカンスタイルのようです。いずれにせよ，国際色豊かな食事の光景（シーン）です。

　そうして，お母さまは「ゆっくり楽しそうに召し上がっていらっ

しゃる」。この心こそが，テーブルマナーの原点でしょう。

　ところで，世の中には何をしても「さま」になる奇特な人がいます。とても不思議なことですが，だからといって，わたしたちが**「下手に真似<ruby>真似<rt>まね</rt></ruby>してそれをやったら」**ただの野暮。とんでもないことになります。

　ローストチキンの食べ方もそう。**「本当に、手でたべたら、おいしいだろうな」**，と思っても，これはお母さまだからできること。そして，このような人には何をしてもかなわないのです。であれば，一般人は苦労しながらでもナイフとフォークを使って食べた方が無難でしょう。ここは我慢のしどころというわけです。かず子さんも，そうおっしゃっておいでです。

「Ⅲ対人関係」と「Ⅴ技能」では，記述形式での問題が出題されています。ここでは，その事例を検討してみましょう。選択問題をどの程度理解しているかを見る，いわば**総合実践問題**です。

＊選択問題の一つ一つを確実に理解していれば，十分に対応できる。

事例研究① 対人関係と第一印象　　　　　　　　　　case study

営業課の新人浅田薫は研修で，「営業担当者は第一印象が大事」と教えられた。この「第一印象」とは，①どういうことを言うのか，②なぜ大事なのか，をそれぞれ簡単に答えなさい。

解答例　　　　　　　　　　　　　　　　　　　an answer example

①第一印象とは何か

人に接したとき，その人から最初に受ける感じのこと。

②なぜ第一印象が大事なのか

第一印象がよくないと，相手が不安を感じ，その後の仕事や商談を円滑に進めることができなくなる恐れがあるから。

いかがでしょうか。これが第一印象に対する基本的な考え方（答え）になるでしょう。

そして，第一印象をよくするために心がけておかなければならない第一義が，身だしなみであり，服装ということになります。

＊「Ⅰ－(1)－③身だしなみ」と「Ⅲ－(2)－②ビジネス実務に携わる者としての服装」を確認のこと。その重要性を解説している。

＊きちんとした服装は，『礼儀正しいビジネスマンだ』との評価を受けるだけではない。仕事に対して，真摯で誠実な態度，意気込みなどを感じる。そして，これがその後の商談などによい影響を及ぼす。顧客が好意をもって対応してくれるからである。

事例研究②-1 対人関係と話し方　　　　　　　　　case study

次の「　　」内を，得意先の人に言う丁寧な言葉に直しなさい。

「あさっての10時にそっちに行くが，都合はどうか」

解答例　　　　　　　　　an answer example

「明後日の10時にそちらに伺いますが，ご都合はいかがでしょうか」

　　＊Ⅲ－(3)－②「基礎的な敬語」で挙げた事例の応用編。「要点整理」を確認しておくこと。

事例研究②-2 対人関係と話し方　　　　　　　　　case study

　花園雄太は取引先に電話で，「明日お暇でしたら伺いたいのですが，よろしいでしょうか」と尋ね，訪問の約束をしたところ，それを聞いていた先輩から，今の言葉遣いは失礼だと注意された。花園の言葉遣いは，①どこがいけなかったのか，②どのように言えばよかったのかを，それぞれ簡単に答えなさい。

解答例　　　　　　　　　an answer example

①「お暇でしたら」と言ったこと。

②「ご都合がよろしければ」／「お手すきでしたら」／「お時間がおありでしたら」

　　＊この設問では，何カ所間違いがあるかとは指定していないが，「間違っているところ2カ所に下線を引き，それぞれ正しい言い方を書きなさい」と指定する場合もある。

　　＊「暇」とは，仕事もなく何もしていない状態のこと。これを相手に対して言ってはいけない。「失礼である」と先輩が注意したゆえんである。ビジネスマンは忙しい。このことを前提に考えれば，相手の都合を尋ねる言葉遣いになる。確かに「お暇」は尊敬語だが，この場合，言葉の使い方が間違っているということ。

次は新人星野里子が係長に話しかけたときの言葉である。下線部分を，適当な言葉遣いに直しなさい。

「係長 <u>忙しいときに</u> <u>すみませんが</u> 少し お時間を <u>もらえませんか</u>」
　　　　　　a　　　　　　　b　　　　　　　　　　　　　　c

解 答 例　　　　　　　　　　　　　　　　　an answer example

a　お忙しいところ（お忙しいときに）
b　申し訳ありませんが（申し訳ございませんが）
c　いただけませんでしょうか（いただけないでしょうか）

事例研究③ 対人関係とマナー case study

　Y社営業課の山田健太郎は，商品説明のため取引先の担当者を初めて訪問した。次は，山田が取引先の担当者に挨拶しながら名刺を出している絵である。この絵を見て，①山田の名刺の出し方が適切と思ったら答案用紙の名刺の「出し方」の欄に○，不適切と思ったら×を書きなさい。②×の場合は「理由」の欄に理由を書きなさい。

Y社営業課の
山田と申します。
どうぞよろしく
お願いいたします。

① 出し方　×

② 理由

　　差し出した名刺の向きが上下逆である。

　　　＊名刺は，相手が名前を読めるようにして渡すのが基本。

　　　＊相手に名刺を渡すときの挨拶は，「（初めてお目にかかります。）Ｙ社営
　　　　業課の山田と申します。どうぞよろしくお願いいたします」である。こ
　　　　の言い方も覚えておくこと。敬語の使い方で出題される場合もある。

　　　＊この絵解き問題では，他に応接室でのマナー（席順）やエレベーターの
　　　　案内の仕方，上司に報告をするときの姿勢（足は，かかとをそろえて立ち，
　　　　手は横に付けるか前で重ねるかにし，謙虚な姿勢を取る）などが出題さ
　　　　れている。

　　　　　†謙虚な姿勢とは，体に張りを持たせたまま少し前に傾くこと（前傾
　　　　　姿勢）。これが上司を立てた接し方。もちろん，顧客に対しても。

IV

電 話 実 務

①
会話力
②
応対力

kizukai

この章では，ビジネス社会で必要な電話実務について学びます。
　ビジネスの場では，一日が電話に始まり電話で終わると言っても過言ではないほど業務で電話を使用します。ですから，相手に好印象を与える電話応対ができれば，その人のイメージがよくなるだけでなく，会社の印象までよくなると言われるほど電話応対の感じのよさは大切な技能になります。それにはまず電話の特性を理解する必要があります。

▶ 電話の特性

(1)一方的になる性質がある

　電話は相手が見えませんから，相手の様子が分かりません。今話をしてもよい時間なのか，立て込んでいるのか状況が読めないわけですから，かける方は相手に配慮する必要があります。「ただ今お時間よろしいでしょうか」の一言を忘れないようにしましょう。

(2)その場にいない相手でもすぐ話ができる

　電話は，遠方の人であっても目の前にいる人と同じように会話ができますので，緊急時の連絡，また訪問の約束などスケジュールを決める際にもとても便利なツールです。文書でやりとりせずに済む用件であれば，時間短縮には大きなメリットといえるでしょう。

(3)声だけが頼りである

　相手に伝わるのは声だけです。話の仕方と声の調子がその人の印象に大きく影響しますので，明るい話し方や声のトーン，聞き取りやすい口調などを意識して話しましょう。それには表情にも気を付けることです。

(4)記録が残らない

　(録音機能が付いているものは別ですが)，電話の声は記録に残りません。電話を受けたときは必ずメモを取りましょう。覚えているつもりがうっかり忘れてしまうこともあるのです。仕事を確実に処理するためには，要点

をメモすることと，話の内容を復唱する習慣を付けましょう。

▶ 電話のマナーと応対の基本

明るく	電話が鳴ったら明瞭な発音で， 「はい，B物産（営業部）でございます」 「おはようございます　B物産(営業部)でございます」 などと応じる。この明るく爽やかな応対が会社の印象をよくする。
迅速に	1回の呼び出し音(1コール)で出ること。 3回以上のコールで出るときは 「(大変)お待たせいたしました」とあいさつをして出る。
丁寧に	応対のときの基本的な言葉 「いつもお世話になっております」 「かしこまりました／承知いたしました」 「少々お待ちください(ませ)」 「恐れ入ります　ただ今お時間よろしいでしょうか」 「○○はただ今席を外しております　いかがいたしましょうか」 「確認しまして　折り返しお電話をさせていただきます」 「お待たせいたしました」「申し訳ございません」「ありがとうございます」 「お電話ありがとうございました」 「失礼いたします」「よろしくお願いいたします」
正確に	間違いを防ぐため復唱する 「Aビジネスサービスの山田様でいらっしゃいますね」 「5時までにお電話を差し上げるよう，確かに鈴木に申し伝えます」

以上は，電話応対の基本的な言葉です。これらの言葉を，相手に感じよく言えることが電話応対には重要なことです。

　それでは「電話実務」を具体的に学習していきましょう。

① 会話力

① 感じのよい話し方について，一応，理解している。
② 整った分かりやすい話し方について，一応の知識がある。

1 感じのよい話し方について，一応，理解している

　電話の相手に感じがよいと思われる話し方とは，明るい調子はもちろんのこと，マナーをわきまえた話し方ができているということです。それには正しい敬語が話せること，相手を敬った丁寧な態度ではきはきと話すことが必要です。

事例研究① 感じのよい話し方について，一応，理解している　case study

　販売課の金子久美は，外出中の係長に至急伝えたいことがあり，係長の携帯電話に電話をかけることにした。このような場合金子は，電話に出た係長に，最初にどのように言うのがよいか。次の中から適当と思われるものを一つ選びなさい。

（1）「金子です。お世話さまでございます」
（2）「金子です。お疲れさまでございます」
（3）「金子です。ご苦労さまでございます」
（4）「金子です。お世話になっております」
（5）「金子です。急ぎのご連絡でございます」

事例解説　instructions

　ビジネスの場面では，電話をかけたらまず名乗り，その後に必ずあいさつをします。この問題はそのあいさつの部分を考える問題です。金子が電話をする相手は外出中の係長ですから社外の人ではありません。この場合，社交辞令のようなあいさつは必要ないということになりますから，**選択肢(1)と(4)**は不適当ということになります。**選択肢(3)**の「ご苦労さま」はいかがでしょうか。この言葉は，一般的には上位者が部下をねぎらうとき

に言う言い方です。金子の電話の相手は係長ですから不適当です。**選択肢(5)**は係長へのあいさつがなく，いきなり用件に入った言い方になっています。従って，**正解は選択肢(2)**ということです。

2 整った分かりやすい話し方について，一応の知識がある

忙しいビジネス社会で，相手に効率よく正確に用件を伝えたり，相手から確実に内容を聞き取るには，かける方も受ける方もそれぞれ意識したり準備したりすることがあります。

事例研究② 整った分かりやすい話し方について，一応の知識がある　case study

次は庶務課の遠藤正也が，効率よく電話をするために工夫している話し方である。中から<u>不適当</u>と思われるものを一つ選びなさい。

（1）　用件が幾つかあるときは，数を示してから話している。
（2）　何の用でかけたのかを，初めに述べてから話している。
（3）　短時間で済むように，文を区切らず続けて一気に話している。
（4）　要点や結論をまず話し，場合により詳細はメールで後で伝えている。
（5）　複雑な用件のときは，事前に要点をメモしておき，それを見ながら話している。

事例解説　instructions

いかがでしょうか。効率よく電話をするとは，相手に用件を簡潔にかつ正確に伝えられ，結果として電話のやりとりが短時間で済むということです。そこから考えますと，**選択肢(5)**の「事前にメモをして見ながら話す」は，用件を漏れることなく正確に伝えられます。**選択肢(2)(4)**は初めに結論を言うことになりますので簡潔に伝えられます。**選択肢(1)**の数を示すことも同様の効果があります。**選択肢(3)**はいかがでしょうか。「文を区切らず続けて一気に話す」ということは，内容が聞き取りにくいので理解しにくくなります。そうすると，相手はもう一度聞き返すことになります。効率のよい電話応対ではないということです。

■ 1. ビジネス電話の基本は正しい敬語が話せること

　敬語は，相手を敬う気持ちを表すときの言い方です。敬語を正しく使い分けて話すことが，相手に失礼のない話し方ができているということです。敬語には尊敬語，謙譲語，丁寧語とありますが，用法や言い方などの詳細は前章(133頁〜)で述べましたのでもう一度確認してください。

■ 2. 迅速でありながら丁寧さを心がける

①迅速

　迅速とは，何事も機敏にてきぱきと行動するということですが，電話応対も同様です。電話を受けるときは，相手を待たせないためにも呼び出し音は1回で出るようにしましょう。すぐ出られないときは「お待たせいたしました」「大変お待たせいたしました」などと丁寧にわびるようにします。また，調べ物などで相手を待たせるときは，「少々お待ちください(ませ)」と断って，待たせるのは30秒以内にとどめるようにします。それ以上かかるようでしたら，一度電話を切って折り返しこちらからかけるようにします。

②丁寧

　電話での丁寧さとなると言葉遣いの丁寧さだけを意識しがちですが，それだけではありません。話しているときの表情や態度は声の表情として話し方の調子に表れます。用件が終わった後の受話器の置き方なども丁寧を意識することです。あくまでも目の前に相手がいるつもりで，姿勢なども意識して応対するようにしましょう。

■ 3. 分かりやすく話すには簡潔さが必要

　ビジネス社会は「時は金なり」です。相手に用件を簡潔に要領よく伝えることができれば仕事の運びもスムーズですし，運よく業績につながるなどもあるかもしれません。逆に話にまとまりがなく同じことを繰り返し話したりすると，相手は分かりにくくなり正確に伝わらなくなります。それを防ぐためには，電話をかける前に準備が必要になるということです。まず

話す内容をメモしましょう。次にどのように話せば相手に伝わりやすいかを組み立てます。話す順番としては，結論→理由→詳細→経緯(いきさつ)の流れで進めるとよいでしょう。内容によっては詳細な経緯などは必要ない場合もありますので臨機応変に対応することも必要です。

4. 正確かどうかを確認するためには復唱すること

電話は音声ですからその場で内容が消えてしまいます。従って，相手に用件を正確に伝えられたかどうか，また相手の用件を正確に聞き取ったかどうかを，その場で確認しなければ，後で確認することができません。そのために必要なことは，重要なことは必ず復唱するということです。復唱することで互いの食い違いを見つけることができます。もちろん復唱のためにはメモを取ることも必要になります。特に固有名詞や数字は，伝える側も受ける側も互いに注意が必要ということです。

以下に間違えやすい例を載せておきますので確認してください。

【間違えやすい同音語の言い方の例】

市立（イチリツ）／私立（ワタクシリツ）

科学（サイエンス）／化学（バケガク）

川（サンボンガワ）／河（サンズイのカワ）

橋（ワタルハシ）／端（ミチバタのハシ）

監事（カントクのカンにコト）／幹事（エンカイのカンジ）

終了（オワルのシュウ）／修了（シュウガクリョコウのシュウ）

製作（シタがコロモのセイ）／制作（シタコロモナシのセイ）

共同組合（キョウツウのキョウ）／協同組合（チカラミッツのキョウ）

【間違えやすい人名の例】

須田⇔津田	磯村⇔西村	石田⇔西田	浜田⇔花田
大河⇔小川	井川⇔斐川	浅川⇔芦川	田島⇔鹿島
須藤⇔首藤	千田⇔津田	阿久津⇔秋津	志村⇔地村
樋口⇔井口	宇津木⇔五木	恩田⇔本田	瀬川⇔佐川
市田⇔七田	牧村⇔秋村		

【間違えやすい名詞の例】

医師⇔技師	主人⇔主任	病院⇔美容院	式⇔手記
許可⇔強化	知識⇔意識	了承⇔領収	即決⇔出欠
出向⇔失効	事実⇔技術	趣旨⇔収支	出張⇔室長
庶務課⇔総務課	業務課⇔教務課		

【間違えやすい数字の例】

8本 ⇔ 100本	10脚 ⇔ 1脚	10枚 ⇔ 10万	100 ⇔ 200
10人 ⇔ 12人	12 ⇔ 10人		

【間違いを防ぐ数字の読み方】

1 → イチ／ヒト　　2 → ニ／フタ　　3 → サン

4 → ヨン（7と間違いやすいのでシとは読まない）

5 → ゴ　　6 → ロク

7 → ナナ（1と間違いやすいのでシチとは読まない）

8 → ハチ　9 → ク／キュウ

0 → ゼロ／マル／レイ

＜読み方例＞

107 → ヒャクナナ／イチ・ゼロ・ナナ／ヒト・マル・ナナ／
イチ・トンデ・ナナ（1007の場合は，イチ・トンデ・
トンデ・ナナというように0の数だけ「トンデ」を入れる）

【間違えやすい英字の言い方の例】

B ⇔ P	B → BoyのB	P → PenのP
T ⇔ P	T → TopのT		
G ⇔ J	G → GoodのG	J → JackのJ
M ⇔ N	M → ManのM	N → NoのN

【分かりにくい専門用語・外国語・カタカナ言葉などの言い換えの例】

IoT → モノのインターネット
IT機器以外の「もの」が，インターネットにより相互に接続
されているシステムのこと。

インバウンド → 訪日外国人観光

コストパフォーマンス → 費用対効果

サジェスチョン → 示唆，提言

② 応対力

> ① 用件や伝言の受け方について，一応の知識がある。
> ② 用件や伝言の伝え方について，一応の知識がある。
> ③ 電話の特性について，初歩的な知識がある。
> ④ 電話の取り扱いについて，基礎的な知識がある。

1 用件や伝言の受け方について，一応の知識がある

ビジネス電話は用件も伝える相手も多岐にわたりますので，電話を受けた本人だけで用件が済むとは限りません。外出中の上司であったり，来客中の同僚などと名指し人はさまざまです。そのようなときどのような受け答えと対応が必要なのでしょうか。

事例研究① 用件や伝言の受け方について，一応の知識がある **case study**

金城圭子が電話に出ると，外出中の吉村係長あてに得意先からで，「明日の午前中に来てもらいたい」と言う。このような場合，金城はどのように応対するのがよいか。次の中から適当と思われるものを一つ選びなさい。

(1) 「明日の午前中ということですね。吉村に伝えて，後ほどお電話いたします」

(2) 「明日の午前に吉村がそちらさまに伺う，ということですね。承知いたしました」

(3) 「承知いたしました。吉村が戻り次第，お電話がありましたことを申し伝えます」

(4) 「かしこまりました。明日の午前中に吉村がそちらさまをお訪ねするようにいたします」

(5) 「かしこまりました。吉村が戻りましたら，明日の午前中にそちらさまに伺うよう手配いたします」

　この問題は，外出中の係長あてに得意先からかかってきた電話の応対です。名指し人は在席していないわけですから取り次ぐことはできません。従って金城は，用件を聞いて係長に伝えるという仕事が発生します。さらに，明日の午前中に行けるかどうか，は係長の判断ですからその部分の返事は今すぐにはできません。これらのことを考えますと，**選択肢(1)の応対が適当**ということになります。**選択肢(2)(4)(5)**は金城が「明日の午前中に行く」と判断してしまっているので不適当。**選択肢(3)**は，返事をすることに触れていないので不適当ということです。

2 用件や伝言の伝え方について，一応の知識がある

　かかってきた電話の内容を名指し人に伝えるには，口頭で伝える，メモで伝えるなど状況によって適切な方法を選ぶことが必要です。それには，伝える相手がどのような状況にあるかも重要になってきます。次のような場合はどのようにすることが適切でしょうか。

事例研究②　用件や伝言の伝え方について，一応の知識がある　case study

　東山誠一は，取引先のＫ氏から木村係長あての電話を取った。係長は電話中だったが，Ｋ氏が「電話が終わるまで待つ」と言うので，電話を保留にして係長にメモで伝えた。係長は「分かった」という表情でうなずいたが，その後係長の電話はなかなか終わらない。このような場合，東山はどのようにすればよいか。次の中から適当と思われるものを一つ選びなさい。

（1）　係長に，「Ｋ氏を待たせているので電話を切り上げてもらいたい」というメモを再度渡す。
（2）　Ｋ氏の電話に出て，「まだ時間がかかりそうだが，用件は木村でないと駄目なのか」と尋ねてみる。
（3）　Ｋ氏の電話に出て，「伝えたが電話が終わらないようなので改めて電話をもらいたい」と言って謝る。

(4)　K氏の電話に出て，「もう少し待ってもらえるか」と確かめ，再び保
　　　留にして係長の様子を気にしている。
(5)　係長はK氏が待っていることを知っているし，K氏は待つと言うの
　　　だから，もう電話のことは気にしないでおく。

事例解説　　　　　　　　　　　　　　　　　　　　　　　instructions

　　係長は自分あてに電話がかかっていることは分かっていて，東山にも「分
かった」とうなずいたのです。ということは，それほど待たせなくても取
引先の電話に出てくれるだろう。取引先のK氏も「終わるまで待つ」と
言っているのだから，多少の待ち時間は覚悟しているであろう。問題文を
読んでみるとここまでは想像できるはずです。そのように考えれば**選択肢
(1)(2)(3)**は，東山が先を急ぎ過ぎた，せっかちな判断となります。では，
選択肢(4)と(5)の違いは何か，選択肢**(4)**はK氏の電話に出て「もう少し
待ってもらえるか」と確かめている点です。電話を待つ身としてはどちら
が気持ちよく待てるでしょうか。ということで，相手に対する思いやりが
感じられる**(4)が正解**ということです。

3 電話の特性について，初歩的な知識がある

　　電話の特性は最初に述べました。それらを踏まえながら次の問題を考え
てみましょう。

事例研究③　電話の特性について，初歩的な知識がある　　case study

　　総務課の新人米倉ますみは，先輩から，メールと比較した電話のメリッ
トについて次のように教えられた。中から<u>不適当</u>と思われるものを一つ選
びなさい。

(1)　相手を呼び出すので，急ぎの用件を伝えることができる。
(2)　相手に用件を伝えたら，その場で相手から意向を聞くことができる。
(3)　相手の都合を気にしないで，自分の都合で電話をかけることができ
　　　る。

（4）　相手の話を聞くとき，話し方や声の調子から相手の感情が推測できる。

（5）　相手に用件を伝えるとき，相手の理解度を確認しながら伝えることができる。

事例解説　instructions

　いかがでしょうか。この問題はメールと比較した電話のメリットを考える問題です。前述の「電話の特性」で，**「(2)その場にいない相手でもすぐ話ができる」**の特性に当てはまる**選択肢が(1)(2)**と言えます。**「(3)声だけが頼りである」**の特性に関連する**選択肢が(4)(5)**です。**選択肢(3)**は相手を気にせず，自分の都合で電話をかけることができる。これは，相手の都合を考えない一方的な行為になりますから電話のメリットにはなりません。しかし，メールの場合は自分の都合のよいときに見ることができるというメリットになります。ということで**不適当は(3)**ということになります。

4 電話の取り扱いについて，基礎的な知識がある

　ビジネスにおける電話は，取引先や顧客と自分の会社をつなぐ大切なツールです。適切な対応を身に付けるためには，まず電話の基本的な取り扱い方を身に付ける必要があります。

事例研究④　電話の取り扱いについて，基礎的な知識がある　case study

　営業課の新人野崎久美は先輩から，取引先の電話番号について次のようなアドバイスを受けた。中から不適当と思われるものを一つ選びなさい。

（1）　一度かけた電話番号に，すぐにもう一度かけたいときは，リダイヤル機能を使うと効率的でよい。

（2）　いちいち名刺を見なくても電話できるように，取引先の電話番号は一覧表にまとめておくとよい。

（3）　頻繁にかける取引先はオフィスの電話機に登録して，簡単に電話番号を呼び出せるようにするとよい。

（4） 必要に応じて外出先から電話できるように，会社から渡されている携帯電話にも電話番号を登録しておくとよい。

（5） 登録した取引先にかけるときでも，ディスプレーに表示された電話番号が間違っていないか毎回確認するとよい。

いかがでしょうか。電話の取り扱い方を理解していれば日常の仕事も効率よく運ぶはずです。電話は機械ですから一度登録した番号は変わりません。従って，**選択肢(5)のアドバイスは不適当**ということです。

■ 1. ビジネス電話は正確性が重要。そのためにはメモを取ること

電話の第一声は明るく感じよく出ることはもちろんですが，電話が鳴ったらすぐに受話器を取りながら，もう一方の手でメモの用意をしましょう。どのような相手か，名指し人は誰か，用件は何か，全てが分からないのですから，内容を正確に聞き取り記録するための準備が必要です。

■ 2. 復唱して内容を確認しよう

名指し人が不在の場合，電話を受けた人は用件を伝言メモにして伝えなければなりません。そのためにはメモに間違いがないかどうかを確認することが必要です。要領よくメモをすることはこの復唱するときにも役立ちます。「用件を復唱させていただきたいのですがよろしいでしょうか」と言って主要部分を復唱し，「〜以上ですがお間違いございませんか」などと言って確認しましょう。

■ 3. 基本的なあいさつや電話の特性を活用して感じのよさを出す

ビジネス電話は，１〜２回の呼び出し音で出ることはすでに述べていますが，その後は「○○様ですね，いつもお世話になっております」というあいさつや「申し訳ございません，ただ今席を外しておりますがいかがいたしましょうか」「お差し支えなければご用件を伺います」などの気配り

のある言葉を言えることが大切です。

　また，電話中に調べ物をする場合は保留を利用する，名指し人が在席しているときは機敏に転送するなど，効率よく電話を使いこなせることも感じのよい電話応対につながります。

電話応対の実例

　電話応対でよく使う基本的な言葉遣いです。これらの言い方を覚えましょう。（実際に声に出すと効果的です）

①第一声

　まずは，電話を取ったとき，最初に話す言葉を身に付けましょう。ケースによって使い分けることが大切です。

〈1～2回のコールで出るとき〉
　◎「はい，Ｂ物産でございます」
　◎「はい，Ｂ物産営業部でございます」
　◎「はい，Ｂ物産営業部　鈴木でございます」
　◎「おはようございます　Ｂ物産営業部　鈴木でございます」

〈3回以上のコールで出るとき〉
　◎「お待たせいたしました　Ｂ物産営業部　鈴木でございます」

〈5回以上のコールで出るとき〉
　◎「大変お待たせいたしました　Ｂ物産営業部　鈴木でございます」

---

②応対の言葉

　電話で応対するときの基本的な言葉です。それぞれの場面を想定しながら練習してみましょう。

〈相手が名乗ったとき〉
　◎「いつもお世話になっております」

〈相手に用件を依頼され，承知したというとき〉
　◎「かしこまりました／承知いたしました」

〈相手を一時待たせるとき〉
　◎「少々お待ちください（ませ）」

〈待たせた電話に出るとき〉
　◎「お待たせいたしました」

〈相手に何かを依頼するとき〉
　◎「恐れ入りますが」

〈相手に謝罪するとき〉
　◎「申し訳ございません」

〈感謝の意を表すとき〉
　◎「ありがとうございます」

〈電話をかけてもらったお礼の言葉として〉
　◎「お電話ありがとうございました」

〈電話を終えるとき〉
　◎「失礼いたします」

③復唱するときの言葉

ビジネス電話では，間違いを防ぐため，大切な要素は必ず復唱するようにします。

〈相手の会社名と名前を復唱するとき〉
　◎「Ａビジネスサービスの山田様でいらっしゃいますね」

〈相手が指名した人を復唱するとき〉
　◎「主任の鈴木でございますね」

〈電話をかけ直す際の電話番号と社名，かける相手を復唱するとき〉
　◎「3456　××××　Ａビジネスサービスの山田様でいらっしゃいますね」

〈相手が伝言を頼んだ用件と指名した人を復唱するとき〉
　◎「5時までにお電話を差し上げるように，確かに鈴木に申し伝えます」

---

④相手を確認し，復唱するときの言葉

　ビジネス電話の実際の場面では，最初に自分の会社や名前を名乗らないで「○○課長お願いします」などと，いきなり呼び出してもらいたい人を指名してくるケースや，「○○物産ですが，○○部長いますか」などと会社名だけを言って，自分の名前を言わないというケースもよくあることです。そうした場合の対応を身に付けておくことも，ビジネス電話応対の実践においては大切なことです。

〈電話をかけてきた相手が名乗らないとき〉

　あなた：「失礼ですがどちらさまでいらっしゃいますか」

　相　手：「失礼しました。Ａビジネスサービスの山田と申します」

　あなた：「Ａビジネスサービスの山田様でいらっしゃいますね。いつもお世話になっております」

〈電話をかけてきた相手が会社名しか名乗らないとき〉

　相　手：「Ａビジネスサービスですが，鈴木様をお願いします」

　あなた：「失礼ですがＡビジネスサービスのどちらさまでいらっしゃいますか」

　相　手：「山田です」

　あなた：「山田様でいらっしゃいますね。いつもお世話になっております」

〈電話をかけてきた相手が自分の名前しか名乗らないとき〉

相　手：「私，山田と申しますが，鈴木様をお願いします」

あなた：「失礼ですがどちらの山田様でいらっしゃいますか」

相　手：「Ａビジネスサービスの山田です」

あなた：「Ａビジネスサービスの山田様でいらっしゃいますね。いつもお世話になっております」

〈相手が名乗ったがよく聞き取れないとき〉

相　手：「私，××××××と申しますが，鈴木様をお願いします」

あなた：「恐れ入りますがもう一度お名前をお聞かせ願えませんか」

相　手：「Ａビジネスサービスの山田です」

あなた：「ありがとうございます。Ａビジネスサービスの山田様でいらっしゃいますね。いつもお世話になっております」

〈相手の名前の一部分だけが聞き取れたとき〉

相　手：「私，Ａ×××の山田と申しますが，鈴木様をお願いします」

あなた：「恐れ入りますがＡの後をもう一度おっしゃっていただけませんでしょうか」

相　手：「ビジネスサービスです」

あなた：「大変失礼しました。Ａビジネスサービスの山田様でいらっしゃいますね。いつもお世話になっております」

〈誰にあてた電話かを聞き逃してしまったとき〉

相　手：「私，Ａビジネスサービスの山田と申しますが，××様をお願いします」

あなた：「Ａビジネスサービスの山田様でいらっしゃいますね。いつもお世話になっております」

相　手：「こちらこそお世話になっております」

あなた：「申し訳ございませんが，私どもの　誰（どの者）を呼べばよろしいでしょうか」

相　手：「鈴木主任をお願いします」

あなた：「主任の鈴木でございますね。かしこまりました。少々お待ちください」

⑤その他のケース

　職場によっては同じ名字の人が何人もいたり，相手が指名した人がどの部署だか分からなかったり，自分の部署に相手が指名した人がいなかったりなど，ビジネス電話の実践場面ではさまざまなケースに直面します。その際にも，慌てずに的確な対応ができるようにしたいものです。

〈同じ名前の人が複数いるとき〉

相　手：「私，Ａビジネスサービスの山田と申しますが，鈴木様をお願いします」

あなた：「恐れ入ります。鈴木は2人おりますが，主任の鈴木でよろしいでしょうか」

あなた：「恐れ入りますが鈴木は2名おります。名前はご存じでしょうか」

あなた：「恐れ入りますが，男性の鈴木でしょうか，女性でしょうか」

〈代表電話にかかってきた電話で，どの部署あてか分からないとき〉

相　手：「私，Ａビジネスサービスの山田と申しますが，佐藤様をお願いします」

あなた：「恐れ入りますが，どの部の佐藤でしょうか」

相　手：「総務部の佐藤様をお願いしたいのですが」

あなた：「総務部の佐藤でございますね。かしこまりました。少々お待ちください」

〈自分の部署にいない人あてのとき〉

相　手：「私，Ａビジネスサービスの山田と申しますが，佐藤様をお
　　　　願いします」

あなた：「恐れ入ります。こちらは販売促進部ですが，佐藤という者
　　　　はおりません。どの部署の佐藤でしょうか」

相　手：「どこでしたか……覚えていないのですが」

あなた：「佐藤の名前はご存じでしょうか」

相　手：「みかさんだったと思うのですが」

あなた：「かしこまりました。お調べいたしますので，少々お待ちく
　　　　ださい。……佐藤美香は経理部におりますので，おつなぎい
　　　　たします。少々お待ちください」（佐藤美香の内線に転送する）

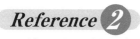

間違い電話などへの応対

①番号の押し間違い

　相手が番号を押し間違えた間違い電話の場合，こちらの番号を伝えることで，相手は番号の押し間違いだと分かり納得します。

　あなた：「はい，Ｂ物産営業部でございます」

　相　手：「あっ，オフィスＣではありませんか」

　あなた：「こちらはＢ物産営業部でございまして，電話番号は5432の××××0でございますが」

　相　手：「間違えました，失礼しました」

　あなた：「失礼いたします」

---

②番号の記憶違い

　相手が番号を記憶違いしている場合のほか，印刷ミス，伝言メモのミス（0と6や7と1など）による間違い電話です。番号が合っているだけに，相手も不審な気持ちになるので，その番号は確かに当方であり，目的の相手ではないことをはっきり伝えるようにします。

あなた：「はい，Ｂ物産営業部でございます」

相　手：「あっ，オフィスＣではありませんか」

あなた：「こちらはＢ物産営業部でございまして，電話番号は5432の×××0でございますが」

相　手：「5432の×××0へかけたのですが」

あなた：「恐れ入りますが，その番号は当方のＢ物産営業部の番号でございます」

相　手：「そうですか，失礼しました。もう一度調べてみます」

あなた：「よろしくお願いします。失礼いたします」

③相手の声が全く聞こえないとき

　全くの無言の場合です。すぐにいたずら電話と決め付けてはいけません。携帯電話などで通信状態が悪い場合に起こることがあります。その場合，こちらの声が相手に聞こえていることも多いので，きちんとした対応が求められます。

あなた：「はい，Ｂ物産営業部でございます」

相　手：（無音）

あなた：「恐れ入ります。お電話が遠くて，そちらのお声が何も聞こえませんが，こちらの声は届いておりますでしょうか」

相　手：（無音）

あなた：「申し訳ございませんが，そちらのお声が届きませんので，改めておかけくださいますか。お電話は切らせていただきます。失礼いたします」

---

④いたずら電話

　明らかにいたずら電話，嫌がらせ電話と分かる場合の対応です。こういうケースでも品位を欠くことなく，また冷静に淡々と対応することが求められます。相手を非難したり，感情的になると，電話を切った後も何度もしつこく電話をしてくる恐れがあります。

あなた：「はい，Ｂ物産営業部でございます」

相　手：（業務に全く関係ない内容やからかいなど）

あなた：「申し訳ございませんが，仕事に関係ない内容のようですので，この電話は切らせていただきます。失礼いたします」

Reference ③
携帯電話のマナー

　携帯電話が日常生活に欠かせなくなっている人も多いことでしょう。知らず知らずのうちにマナー違反をしていないか，確認してください。

①社用の携帯電話のマナー

　電話番号を不用意に他人に教えないようにしましょう。社用の携帯電話は，あくまでも業務のためのものです。緊急以外，私用で使うことは許されません。

②情報管理面でのマナー

　社外で使用する場合には，周囲に注意を払うようにしましょう。特に会社の情報，例えば経営情報や人事情報などの社外秘情報は，周りに人がいる所で話さないようにします。

③公共のマナー

　病院，飛行機内などでは，思わぬ事故を引き起こす可能性があります。事前に必ず電源を切っておきましょう。

　また，電車，バスなどの公共の乗り物を利用するとき，優先席付近では必ず電源を切ります。

　優先席付近以外ではマナーモードにしておきます。着信音や車内での通話は，周りの人に迷惑です。

　また，車を運転しながらの通話や操作は事故の元です。絶対にしないようにします。車を運転するときには電源を切っておくか，ドライブモードにしておきます。緊急に電話するときは，安全な場所に駐車して話すようにします。

④その他の大切なマナー

　勤務時間中は，あくまでも仕事をするための時間であることを忘れてはいけません。原則としては，電源を切っておくべきです。会社で禁止されていない場合でも，勤務時間中は，私用の電話は机上（きじょう）に出さず，緊急の場

合以外は使わないようにします。

　また，社用の携帯電話を持ち歩く場合，訪問先では，マナーモードにするか電源を切っておくようにします。面談しているときなど，話の途中で着信音が鳴ると，たとえ，慌ててすぐに電源を切ったとしても，話が中断してしまい，その場の雰囲気を壊してしまいます。相手はわざわざ時間を割いて面談しているのに，途中で電話を割り込ませて話を中断させることは，相手に対して大変失礼なことになります。ましてや，その電話を取って話し始めるなどは論外です。

V

技 能

kizuna

①情報

① 情報について，一般的な知識がある。
② 情報の整理について，基礎的な知識がある。
③ 情報の伝達について，基礎的な知識がある。

1 情報について，一般的な知識がある

　ビジネス社会は，ありとあらゆる情報によって成り立っています。そしてその**情報は，的確かつ正確であることが理想**です。曖昧で不正確な情報は，それだけで価値（意味）ある情報とはいえないからです。

　でも場合によっては，たとえ不確実な情報であっても，それを「**情報**」として捉えて対処していく必要もあります。可能性として，自社の不利益につながりかねないケースもあるからです。それを問うているのが次の事例です。検討してみましょう。

事例研究① 情報について，一般的な知識がある　　　　　case study

　次は営業スタッフの九条貴子が，「情報」への対処について考えたことである。中から**不適当**と思われるものを一つ選びなさい。

(1) 情報の中には不確かな情報もあるので，場合によっては，確かめることが必要かもしれない。

(2) どんなことでも，不確かな情報は不確かだと言って上司に報告しておいた方がよいかもしれない。

(3) 取引先のうわさ話などは，事実が分からないので，事実がはっきりするまでは報告はしない方がよいかもしれない。

(4) 情報は，会社が営業活動をしていくための大切な判断材料になるので，おろそかに扱ってはいけないものかもしれない。

(5) 仕入先担当者との雑談で，近々，値上げさせてもらうかもしれないという話があったら，すぐに上司に報告しないといけないかもしれない。

事例解説

いかがでしょうか。**不適当な選択肢は(3)**になります。

もちろん，個人的な「うわさ話」にかかわる必要は全くないでしょう。でも，この場合は取引先のうわさ話です。事実は分からないまでも，**「会社の仕事に影響があるような情報は上司に報告しておくべき」**でしょう。言うまでもなく，ここには**金銭が絡む取引関係**があるからです。

では，選択肢(1)**「情報の中には不確かな情報もあるので，場合によっては，確かめることが必要かもしれない」**との関係はどうなるのでしょうか。そう，これは**情報に対する基本的な考え方（スタンス）**を示しているもので，場合によっては，すぐに報告しなければならないものもあるということです。ケースバイケース。そういうことです。

> ＊取引関係に悪影響が出てからでは，対応が遅れるからである（いざというときに迅速・的確な対処が臨めない）。このとき，「まだうわさ話の段階なのですが」などと前置きをしてから報告する。これで未確認情報であることが分かる。選択肢(2)のケースがこれに当たる。必要なら，その後確かめるようにと指示が出るかもしれない。

> †選択肢(5)も似たようなケースだが，ここでの情報はほぼ確実なものだろう。雑談中であってもビジネスの場での話であるからだ（事前に値上げの情報を伝えることにより，営業全体としての対策が講じられることになる）。従って，「雑談中の話だから，まだ本当かどうか分からない」とか「いずれ正式に連絡してくるだろう」などと，勝手に判断してはいけないということだ。

要点整理

情報について，一般的な知識がある

1 情報とは何か

情報とは，営業活動をしていくための大切な判断材料の一つになるものです。従って，**情報は的確に，迅速に，**がモットーです。

そして，何より重要なこと。それは，その情報が**事業活動に貢献できる内容**であるということでしょう。その内容が集約されたもの。それが**選択肢(4)**です。出題の意図もここにあります。

2 情報収集とビジネス実務マナー

　情報源には，顧客や取引先からの情報のほか，業界主催の懇親パーティー，異業種交流会場での情報などがあります。そして，ここで大切なこと。それは**先入観に捉われずに誠実に相手の話を聞くこと**でしょう。これが，**的確な情報を得るための基本，ビジネスマナー**です。

> ＊その他の情報源としては，新聞や雑誌，書籍，インターネット情報などがある。上司とて全てに目を通しているわけではない。内容を精査した上での情報提供は貴重である。
>
> ＊偏見を抱いての情報収集や誤った内容の伝達は，それだけで事業活動に支障を来す。
>
> ＊ビジネスマナーにかなった情報収集活動は，情報提供者との間に信頼関係を築くことにもなる。誠実な人柄がそうさせるのである。

3 情報伝達と信頼関係

　的確な情報収集は，的確な情報伝達につながります。すると，その後の対処も的確なものになります。これが**事業活動に貢献できる情報**ということです。そして，ここからとても**大切なマインド**が生まれます。**信頼感**です。ドラッカーも語るその言葉です。

> ＊的を射た報告は上司と部下との信頼関係を育むことにもなる。そしてこれが重要だ。上司は「報告によっていろいろな情報を得、外界への正しい対応を果たしている。組織は報告のなかで動いている」(永崎一則著『ビジネスマンのための話し方聞き方ハンドブック』PHP研究所)からだ。
>
> ＊ドラッカーの言葉については，第Ⅱ章(1)-②から「3 職位，職制とビジネス実務マナー」(要点整理)を参照のこと。組織は「信頼によって成立する」。そう語っている。

■ 出題の視点

　検定問題では，事例研究①に見られるように**「情報とは何か」**を中心に出題されています。改めて，確認しておいてください。

> ＊「(3)情報」全般に関する総合問題でもある。

　また，**各部門にはどのような情報（資料）が集まっているのか**，その基本を問う場合もあります。**情報源**の視点です。例えば，「環境問題に関する資料はどの部門のフォルダーに保管されているか。次の部門名の中から検索しなさい」(総務部)。例えば，「販売イベントでの協賛団体の一覧はどの部門のフォルダーに保管されているか。次の部門名の中から検索しな

さい」（営業部）などがそうです。

    ＊第Ⅱ章(1)－①「業務分掌」を踏まえての出題であるが，ここでは情報収集に視点を置いた出題となる。

      †基礎的な社内資料は，そのほとんどがパソコンから検索できる。そのシチュエーションである。

情報に対する心の姿勢

同じ業界の人間として

例えば，取引先や同業他社のトラブルなどを聞いたとき，あなたの心はどのように反応するでしょうか。そして，どのような言い方で報告をしますか。

白洲次郎は，かつて日本経済新聞にこう語っています。

「日本人のうわさ好きというか、ゴシップ狂というか人のことを有ること無いこと色々と尾ひれをつけていいたがる習性？　にはほとほと愛想も尽きたしいやにもなった」（白洲信哉著『白洲家の流儀』小学館101新書）と。

さて，ここで**福島正伸さん（株式会社アントレプレナーセンター代表取締役）**の話を聞いてみましょう。ある車のディーラーの整備士の物語です。

私が仕事でいつもお世話になっているＢさんは、ちょっと珍しい車に乗っていました。

かなり古い日本車で、遠出をしたときに、オーバーヒートをしてしまったそうです。最近の車ではほとんどありませんが、古い車なので、エンジンから白い煙が出てきたそうです。

そこで、たまたま近くにあった車のディーラーに見てもらおうと、お店に入りました。

すると、営業の方が出てきて、「申し訳ありません。うちではちょっと直せないですね。他社の車ですし。うちは販売店ですから」と言われました。

仕方ないなと、ちょっとエンジンを冷まして、また走り出したそうです。すると、またエンジンから煙が出てきてしまいました。これは駄目だ、自宅まで帰れないかもしれないと思って、Ｂさんは違う車のディーラーを見つけ、その場で入ったのだそうです。

　すると、整備工場から数人の整備士がぱあっと走り寄ってきて、「すぐに修理しますので、少々お待ちください」と、言ってくれたそうです。車を渡すと、すぐさま工場の中に入れて、修理にとりかかりはじめてくれました。

　その手際の良さに、半ば唖然としていたところ、営業の方がやって来て、「こちらにお入りください」と、お店の中に招いてくれました。そして、お菓子や、コーヒーなどを出して、「安心してください。直りますよ。私たちに任せてください」と、声をかけてくれたのだそうです。

　だいたい１時間ほどで車は直りました。

　整備士の１人が、息を切らしながら、こう言ったそうです。
「お車にぴったりの部品がありません。申し訳ありません。ただし、応急処理をしましたので、これで御自宅までは帰れます。安心してください」

　Ｂさんは、感激して、「修理代はいくらですか」と聞いたところ、「修理代は要りません」と言われました。
「なぜですか」と聞いたら、
「この敷地に入った以上、私たちにとって、かけがえのないお客様なのです。このくらいの応急処置で、お代をいただくわけにはまいりません」

　Ｂさんはすぐさま、自宅近くの同じ系列のディーラーで車を買い替えたそうです。

　その整備士さんの最後の言葉は、
「ご心配をかけて、申し訳ありませんでした」でした。

　他社の車の故障に関して、この整備士さんは、自動車業界の人間の代表として謝ってくださったのです。
（福島正伸著『キミが働く理由（わけ）』中経出版）

　どうでしたか。

同業者のよからぬうわさ話を上司に報告するとき，「前々からそうではないかと思っていたんですよ」「そうなんですよ，Ａ社の商品は前から故障が多くて，苦情も結構多かったみたいですよ」などと，無責任に物を言ってはいけない。侮った口調で言ってもいけない。そういうことです。

　ここはやはり，**整備士の心持ちに倣って「同業者として，とても心が痛みます」**などと，真摯に誠実に対応するのがよいでしょう。これが，ビジネスパーソンとしての**責任と良識ある態度**であるからです。

　これで，白洲さんに愛想を尽かれることもなくなるかもしれませんね。

　　　　＊白洲次郎は，戦後，吉田茂総理の側近として活躍した。実
　　　　　業家でもあった。イギリス仕込みのマナーを身に付けた人
　　　　　でもある。

2 情報の整理について，基礎的な知識がある

取引先からもらった名刺は，机の引き出しに入れたまま。

販売資料や新聞の切り抜きなどもそう。

でも，これでは名刺や資料が散逸してしまい，いざ使おうと思ったとき，多大な時間をかけて探す羽目になります。そして，これがまた，なかなか見つからないとくる。

では，どうすればよいか。それを問うているのが次の事例です。さあ，検討してみましょう。

事例研究② 情報の整理について，基礎的な知識がある　case study

販売課の青山隆史は整理が苦手で，取引先からもらった名刺は机の引き出しに入れたままにしている。次は，それを見た係長から整理するように言われて，青山が順にしたことである。中から<u>不適当</u>と思われるものを一つ選びなさい。

(1)　必要な名刺か，不要な名刺かに分けた。

(2)　保存するのは名刺整理簿か名刺整理箱か，パソコンに取り込むのかを考えた。

(3)　読み間違いをしやすい名前には，振り仮名を書いた。

(4)　必要な名刺を，もらった月ごとに分類した。

(5)　不要な名刺は破いて捨てた。

事例解説　instructions

名刺を整理するのは，必要なときすぐに探し出せるようにするため。そのためには，探しやすい方法（一般的には社名か個人名の五十音順）で整理することになります。

ところが，どうでしょうか。(4)「もらった名刺を月ごとに分類」しても，すぐに探し出せないでしょう。従って，**不適当な選択肢は(4)**になりますが，いかがでしたか。

> ＊名刺の破棄は，住所が変わって新しい名刺をもらったとき，取引の関係がなくなったときなどに行う。その意味で，選択肢の(1)と(5)は連動し

ている。

＊「名刺整理簿（帳）」は，アルバムのポケットに写真を1枚ずつ差し込むように，名刺をビニールのポケットに1枚ずつ入れて整理（保存）するもの。「名刺整理箱」は，名刺を立てて整理できるもの。名刺の数が多いときに便利。

†名刺整理簿では，インデックス（見出し）を，また名刺整理箱では，仕切りにガイドを使って，すぐに探し出せるようにしておく。

＊パソコンで管理するためスキャナーで名刺を読み取るときは，文字の変換に誤りがないかを確認する。相手からもらった名刺である。細心の注意を払って，ということである。

要点整理　　　　　　　　　　　　　　　　　　　　　**the main point**

■ 情報の整理について，基礎的な知識がある

1 情報の整理

情報整理の目的は，その情報がすぐに検索できて仕事に活用できることにあります。効率化です。そして，何より**名刺は販売活動の重要な情報源**の一つです。これを大切に扱うということは，**仕事に真摯に取り組んでいる証し**です。出題の意図もここにあります。

＊もらった名刺には，受け取った日付と会った場所，相手の趣味や好物，特徴などをメモしておく。これも情報だからだ。

2 情報の整理は，情報の共有化につながる

情報は個人で抱え込んでいては何にもなりません。皆で活用して初めて情報が生きてきます。だからこそ，情報の整理は大切なのです。誰にも分かりやすく見やすい情報として。

なお，これについては次項の「情報の伝達」で検討しましょう。

■ 出題の視点

検定問題では，事例研究②の「名刺の整理」のほか，「カタログの整理」「新聞，雑誌等の整理」「書類や資料の取り扱い」などが出題されています。それを，次の事例から確認しておいてください。

①カタログの整理

◆カタログの整理は，バーチカルファイリング方式がよい。

＊バーチカルとは，「縦型」とか「垂直な」という意味。バーチカルファ

イリングとは，薄いカタログや文献，パンフレットなどをフォルダーに挟み，そのフォルダーをキャビネットに立てて並べて 整 理 する方式のこと。これで書籍のように立てて整理できる。背表紙がよく見えるというわけだ。

◆総合カタログのような分厚い物は，書籍のように立てて整理した方がよい。

◆カタログ類は，新しい物が届いたら，古い物は捨てた方がよい。

◆カタログ類を受け取ったときは，先方の担当者名をメモしておくとよい。

②新聞，雑誌の整理

◆切り抜いた新聞記事は，テーマごとに分けて，適当な封筒に入れて保管する。

＊切り抜いた記事には，発行日付，新聞紙名，朝刊・夕刊の別，全国版・地方版の別などを記入しておく。出典の明記である。

◆雑誌は，記事が載っているページに付箋を付けて取っておく。

③書類や資料の取り扱い

◆書類や資料は一つにまとめないで，項目別や仕事別にしてファイルする。

＊ファイルに付ける項目は重要である。誰でも内容がすぐ分かるタイトルでなくては意味がないからだ。

◆書類のうち，見積書や請求書のように書類のタイトルがはっきりしているものは，そのタイトルごとにファイルしておく。

◆他との関係がない書類であるが保存の必要があるものは，「雑」としてそのような書類だけをまとめておく。

◆1件の取引で数多い書類や連絡のやりとりがあったときは，その1件ごとに書類や連絡のメモをまとめておくとよい。

＊なおこのような場合でのやりとりは，メールと添付ファイルで行うことが多い。何より，紙データやメモの紛失を防ぐことができるからである。もちろん，他のケースでも。

◆パソコンで重要な書類や資料を作成するときは，データのバックアップを取っておくようにする。

情報の整理

探し物が見つからない

　大切にしていたディスクが見つからない。どうしても見つからない。部屋中，探したがどこにもない。

　「もう，あきらめよう」。そうも思ったが，気を取り直して，もう一度，机の中から探してみた。あるではないか。最初に見た場所に。

　そう，これが**「マーフィーの法則」**です。**「探し物は最初に探す場所にかならずあるが、最初に探したときには見つけられない」**（アーサー・ブロック著／倉骨彰訳『マーフィーの法則』アスキー出版局）。

　そういえば，目の前に探し物があるにもかかわらず，「見当たらない」と言って，その辺りを探しまくる。確かに，そういうことってあります。「ここには絶対にない」と思い込んでしまうからなのでしょうか。

　まあ，それはともかく，決められた場所に資料やデータはきちんと保管する。このルールを守っていれば，このようなことは確実になくなるでしょう。

3 情報の伝達について，基礎的な知識がある

情報を**収集**し，**整理**をしました。さあ，次はその情報の**伝達**です。

名刺交換をしたときの顧客情報，取引先からの情報，そして，顧客への情報提供，いろいろあるでしょう。

でも，ここで伝達の仕方を間違うと，受け手から，なかなか理解を得られないケースも出てきます。その情報がいくら正確であったとしても，です。

それはなぜか。次の事例から検討してみましょう。

事例研究③ 情報の伝達について，基礎的な知識がある **case study**

次は，販売促進部の福岡真二が実践している情報伝達の仕方である。中から適当と思われるものを一つ選びなさい。

(1) 顧客から聞いておいてよかったと言われるような話は，なるべく直接会って伝えるようにしている。
(2) 販売代理店にとって有利な情報は，自社への見返りを期待しながら少しずつ提供するようにしている。
(3) 上司への報告は迅速がモットーなので，そのためには全て手っ取り早く行える口頭でするようにしている。
(4) 上司への報告でも，顧客の立場が悪くなるようなことは，それが事実であってもそれには触れないようにしている。
(5) 上司へ新規顧客のことを報告するときは，人は見た目が大切なので，その人の第一印象を中心に話すようにしている。

事例解説 **instructions**

伝達は，必要な情報（事実）を正確に相手に伝えることが第一です。そして，その**情報伝達は誠実さ**をもって行います。

> ＊誠実とは，「偽りがなく，まじめなこと。真心が感じられるさま」（『大辞林』）のこと。

この視点から考えてみると，**適当な選択肢は(1)**になりますが，どうでしょうか。

顧客にとっては耳寄りな情報です。もちろん，迅速さだけを考えるならばメールや電話でもよいでしょう。でも，直接会って情報を伝える。これが営業担当にとっての**誠実な態度**です。これが事務的ではない**心を込めての対応**（サービス）です。何より，直接会って顧客と話をすること以上のコミュニケーションはないのですから。

そして，顧客もこう感じるはずです。「私だけのために，わざわざ時間をつくって来てくれたのか」と。

でも，**(2)**はいけません。見返りという下心を持って，しかも情報を小出しにする。何と見え透いた態度でしょう。何より，**「販売代理店のために」**という**ひたむきさ**が見えません。**ビジネスは誠実に。**そういうことです。

> ＊恩着せがましい態度は不信感を買うだけ。これでは，顧客との間に信頼関係は生まれない。なお，上記とは違うケースだが，顧客からの情報集めにばかり躍起になってもいけない。物欲しげに映るだけ。

では，**選択肢(3)**はなぜ不適当なのでしょうか。上司への**報告は迅速がモットー**。これはその通りです。でも，報告内容が込み入っている場合はどうでしょうか。上司に正確に伝わるでしょうか。理解してもらえるでしょうか。このような場合は，文書にまとめて提出し，併せて口頭で補足説明をするようにします。これが，込み入った内容を伝達する際の配慮（マナー）です。

> ＊適切な伝達は，その後の対策がスムーズに進み問題解決へとつながる。そして，伝達することの目的もここにある。

さて，伝達（報告）で注意しなければならないことが，あと二つあります。それが**選択肢(4)**と**選択肢(5)**の問題です。

その一つが**「事実であれば，顧客の立場が悪くなるようなことも報告する」**ことが，是か否かという問題です。結論から言えば，「報告する」ということになります。顧客の情報は**顧客対策**（マーケティング）のためにあります。上司は，そのための情報が必要なのです。**報告は事実を正確に**することが鉄則。報告する担当者が，相手の立場を考えて報告したのでは，情報の価値がなくなるからです。ポイントは**「事実である」**ということです。

> ＊「報告はするべきなのか，するべきではないのか，それが問題だ」。このハムレット的心境は，担当レベルではよくあること。これは，顧客のことを慮ってのことだろうが，あまり気にする必要はない。後は上

司がどう判断するか，だけだ。そして上司は，顧客を苦境に追いやるような判断はしないだろう。何せ，上司の根底には「顧客あっての取引」という 信 念 がある からだ。

もう一つは，「**人は見た目が大切なので，顧客のことは第一印象を中心に話す**」ことがよいのかどうかというものです。確かに第一印象は大事です。でも，印象だけで顧客のことを推し量るのは「危険がいっぱい」。それだけで人となりは分からないからです。従ってここは，取引するに至った経緯や聞いた内容などを中心に報告するべきでしょう。

> ＊推測や感想を交えて人を評価するのもいけない。これは対人関係における基本的なマナー。「人は人に対して，もっと謙虚であるべきだ」ということ。

要点整理　　the main point

■ 情報の伝達について，基礎的な知識がある

1 情報のサイクル

情報**収集**と情報の**整理**。そして情報の**伝達**。これがビジネスの**情報サイクル**の 形 です。

さて，その情報伝達。必要な情報（事実）を正確に相手に伝えることが第一です。そして，その情報が相手にとって**役に立つもの**，**参考になる**ものでなければなりません。だからこそ，常日頃からの情報収集と情報の整理が重要になってくるのです。このことがうまく働くと，顧客にとって**価値ある情報が提供（伝達）できる**というわけです。もちろん，**誠実さ**を忘れずに。出題の意図もここにあります。

> ＊常日頃から，問題意識を持ってアンテナを張り巡らす。もちろん，顧客のため，会社のため，そして自分のために，である。
> ＊中には悪い情報でも伝えなければならないものもある。が，これとて問題の解決のため伝えておかなければならない。再び，情報収集と情報整理，そして，情報伝達へとつながっていくからである。

2 情報の共有化

情報は個人で抱え込んでいては何にもなりません。伝達して初めて，生きた情報になります。**チームで活用して初めて情報が生きてくる**からです。ではどうするのか。

215

例えば，営業の現場で得た情報は，共用データベースで**「営業情報」**のフォルダーを作り，チームの誰でもすぐに検索できるようにする。

　例えば，営業上の問題点は，**「営業日誌」**のフォルダーを作り，全メンバーに読んでもらうようにする。

　なぜそうするのか。**情報共有**のためです。これが他のメンバーの営業活動の参考になります。また問題点の提示は，問題解決のアドバイスをもらうことができます。**営業上の問題点は，他のメンバーの問題点でもある**からです。そして，ここから販売促進部として**意識の結集**ができます。**協力態勢**を取ることができます。事業目的達成のために。

> ＊「情報は共有化して初めて，ビジネスの場に生きる」。この基本的な考え方を理解しておくこと。
>
> ＊営業上の問題点とは，例えば「現在，Ａ社との取引を交渉中だが難航している。本日再交渉の予定」などのこと。この問題点の提示は重要。チームのメンバーのそれぞれが自分の問題（当事者）として考える契機にもなるからである。また，この厄介な事柄への適切なアドバイスは，今後の対応策として皆で共有できる（マニュアル化）。

出題の視点

　検定問題では，事例研究③の「情報伝達の仕方（在り方）」を中心に出題されています。改めて，確認しておいてください。

> ＊「③情報の伝達」は，事例研究①で検討した「情報」への対処の仕方と連動している。「情報とは，どのようなことなのか（情報の意義に対する基本的な理解）」が，適切な伝達へとつながっていくからである。改めて，確認のこと。
>
> ＊「電話の伝言メモ」が，伝達の視点から出題されている。伝達するためのメモの作り方である。なお，これについては，第Ⅰ章(2)－①「平易な仕事を，確実に実行できる」で解説してある内容を理解していれば，十分に対応できる問題である。

情報の伝達

情報の共有

情報伝達のツールの一つに**メール**があります。そして，ここで大切なこと。それは，簡潔明瞭に書くことでしょう。ではなぜ簡潔を旨とするのか。時間をかけずに読み進めることができるからです。この**配慮**です。この**心**です。互いに忙しい。ならば，そのことを慮って，というわけです。

ところで，「資料を送る手段にも配慮を」。そう言っている人がいます。**野口悠紀雄さん（早稲田大学大学院教授）**です。でも，これはどういうことでしょうか。早速，その話を聞いてみましょう。

「資料をPDFで送ってくれること」だ。ファクスや紙のコピーでは駄目である。なぜなら、その場合には、紙を整理、保存しなければならないからだ。PDFで送ってくれれば、こちらが何をしなくとも、その資料は私のデジタル・オフィスの戦力になってくれる。雑誌や新聞の切抜きをPDFで送ってくれる友人も、大変ありがたい。

> ＊ここで野口さんは「PDFを作るのは、スキャナさえあればごく簡単なことである」。そう語っている。
>
> （野口悠紀雄著『超「超」整理法』講談社）

さて，ここで重要なこと。それは，**相手が資料を受け取った後のことまで考えて適切な伝達の手段を取る**ということ。そして，その一例がPDF（電子文書）ということなのでしょう。

> ＊「PDF（ポータブル・ドキュメント・フォーマット）」で文書を送ると，レイアウトやフォント，デザインなどが変形することなく，しかも安全確実に相手に届けられる（普通に，メールに添付して文書等を送ると，パソコンの機種によってはレイアウトや文字等が変形することがある）。

②文書

> ① 文書の作成について，初歩的な知識がある。
> ② 文書の取り扱いについて，基礎的な知識がある。

1 文書の作成について，初歩的な知識がある

　企業社会では，電話などで済まされる注文や通知などでも「文書」によって伝達されていくのが普通です。その理由としては，**①証拠として残ること，②正確に伝わること，③大勢の人に一度に伝えることができること**，などが挙げられます。これを，**「文書主義の原則」**といいます。その意味で，**ビジネス文書とは社内外に発信する公的な文書**ということもできるでしょう。

　そして，公的な文書ですから，その**形式（書式）に従って書き表していく**必要があります。では，その事例を社内文書から検討してみましょう。

事例研究① 文書の作成について，初歩的な知識がある　　case study

　次は，社内文書の書き方について述べたものである。中から<u>不適当</u>と思われるものを一つ選びなさい。

(1) 発信日は年号から書く。
(2) なるべく箇条書きにする。
(3) 文体は「です・ます」体で書く。
(4) 「拝啓・敬具」ではなく，「前略・草々」を使う。
(5) 一つの文書に書く用件は，原則として1件にする。

事例解説　　instructions

　不適当な選択肢は(4)になりますが，いかがでしたか。

　一般的な社外への手紙文では，最初に「拝啓」と書き，最後に「敬具」を書きます。これによって，相手に対する敬意を表しているわけです（「前略」「草々」も同じ）。

　でも**社内文書**では，「意思の伝達」（通知，報告など）を優先しているので，

社外文書ほど丁寧に書く必要はありません。**事務能率の立場から，実質的に作成**していけばよいのです。従って，（4）のような丁寧な挨拶の言葉は，いずれにせよ不要というわけです。

>　＊「拝啓」「前略」を頭語，「敬具」「草々」を結語という。社外に発信する文書の場合に用いる。これによって，文書の格式を整えるわけである。
>　†社内文書は，いわば身内間の連絡文書だから，殊更，そのような格式を整える必要はないということ。「徹底して能率本位・実質本位」（安田賀計著『ビジネス文書の書き方＜第2版＞』日経文庫）で。

要点整理　　　　　　　　　　　　　　　　the main point

■ 文書の作成について，初歩的な知識がある

1 社内文書

社内文書は，**丁寧さよりも効率（事務連絡）を優先**しています。例えば，それが「会議開催の通知文書」であれば，**「7月度の販売会議を，下記の通り開催するので，出席してください」**と書き表していきます。これだけです。通知することを優先して書くとこうなります。挨拶も社交辞令も不要。通知したいことだけを書く。これが**社内文書作成の基本的なルール**です。

ところで，「7月度の販売会議を，7月7日（水）午前10時から11時30分まで，第一会議室（2階）で開催するので，出席してください」と書き表したらどうでしょうか。少々，分かりにくくなるのではないでしょうか。では，どうすればよいか。こうします。

販売会議開催のお知らせ
7月度の販売会議を，下記の通り開催するので，出席してください。
記
1　日時　7月7日（水）10時〜11時30分
2　場所　第一会議室（2階）　　　　　　　　　　　以上

これが，事務能率の立場から実質本位に書かれた社内文書です。そして，ここでは**箇条書き（記書き）**が重要な役割を果たしています。これによって，日時と場所とが一目瞭然。より明確になるからです。これが**選択肢（2）**

の理由です。用件もあれこれ書かずに販売会議のことだけ。これで用件もストレートに伝わります。**選択肢(5)**の根拠もここにあります。そうして**「以上」**で締めます。「これ以上の情報はありません」というわけです。

さて，ここから何が分かるか。読み手に対する配慮です。時間をかけずに読んでもらうための気遣いです。その**気遣いの表れが，社内文書の書式であり，能率を優先させた書き表し方になる**わけです。出題の意図もここにあります。**文書を作成する上でのビジネス実務マナー**です。何せ，セールスパーソンは忙しい。寸暇を惜しんで毎日営業に出かけているのですから。

> ＊「販売会議開催のお知らせ」という表題（タイトル）も重要。これによって，文書の内容がすぐ分かるからである。
>
> ＊選択肢(1)は，例えば「令和○年7月2日」などと書くということ。これが正式な書き表し方になる。なお，発信日付の書く位置は「出題の視点」で解説。
>
> ＊選択肢(3)にあるように，ビジネス文書では「です・ます」体が基本。そして，この「丁寧語」が読み手への配慮（敬意）を表すことになる。
>
>> †でも，「拝啓　ますますご清祥のこととお喜び申し上げます。／さて，7月度の販売会議を，下記の通り開催させていただきます。／ご多忙の折，誠に恐縮に存じますが，ご出席くださいますよう，よろしくお願いいたします。敬具」などとは書かないこと。

2 社外文書

社外文書は，顧客や取引先などに発信する公的な文書ですから，形式を整え，丁寧な言葉遣いで書き表していきます。これが**相手を尊重した礼儀正しい文書**です。

なお，社外文書には**営業・商用に関する通信文書と儀礼を重んじる社交文書**とがありますが，ここでは，営業関係の通信文書からその構成と書き表し方を見てみましょう。

①社外文書の書き表し方

社外通信文書は，次の要領で丁寧に書き表していきます。ここで，その**形式と文体，礼儀正しさ**を確認してください。これが**格式を整えた手紙文**です。

220

カタログ送付のご案内

拝啓　毎々格別のお引き立てにあずかり，誠にありがとうございます。

　さて，「○年度春季版総合カタログ」が出来上がりましたので，ここにお届けいたします。

　つきましては，内容ご検討の上，何とぞご用命を賜りますよう，お願い申し上げます。

　まずは，カタログ送付のご案内かたがたお願い申し上げます。　敬具

---

②社外文書の構成（形式）

　では，上掲の文例に従い，社外文書の構成について検討していきましょう。格式のある手紙文にするための要件です。

●表題（タイトル）

　文書の内容が一目で分かる簡潔な表題（件名）を付けます。この場合は，「カタログができたので送ります」という内容なので，「カタログ送付のご案内」などとします。

> ＊表題は付けるのが一般的であるが，内容によっては付けないこともある。

●前文

　顧客と会うとき，まずお辞儀をして丁寧に挨拶をします。これが手紙文でいう**「拝啓（謹んで申し上げます）」**です。そして，礼儀正しく日頃のご愛顧への感謝を述べます。**「毎々（いつも）格別のお引き立て（ご愛顧）にあずかり，誠にありがとうございます」**というわけです。

> ＊前文は用件に入る前の挨拶。そして，これが前文の重要な役割。挨拶もなく，いきなり用件を切り出すのはぶしつけな態度ということ。
>
> ＊「あずかる」は，「顧客から，好意や恩恵を受ける」という意味。「賜る」は，「もらう」の謙譲語。「誠に」は「本当に」の意。いずれも，改まった場で使う。「いつも引き立ててもらって，本当に心から感謝しています」というわけだ。
>
> > †この前文は，
> >
> > 拝啓 貴社ますますご発展（ご隆盛）のこととお喜び申し上げます。
> > 拝啓 毎々格別のご愛顧を賜り，誠にありがとうございます。
> >
> > などと，書き表してもよい。いずれもよく使われる書き表し方である。

●主文

　挨拶が済んだら，「**さて**」と書いて，用件に入ります。「**ところで，**このたびカタログが出来上がりましたのでお届けします」というわけです。

　さらに「**つきましては**」を使って，「**そういうわけですので，**ぜひ一度ご覧になってご注文をいただきますよう」とお願いをします。**営業**です。

> ＊主文は用件を述べる箇所で，文書の中心（最も重要なところ）である。「さて」で用件を切り出し，「つきましては」で自社の願いを伝える。
> †「用命」は「注文」の改まった言い方。

●末文

　そして，最後に「**まずは**」と書き，「**何はさておき，**カタログ送付のご案内とお願いをいたしました」と，丁寧に挨拶をします。これは，ビジネスマンが商談を終え，「それでは，本日ご依頼の件，よろしくお願いします。失礼します」と挨拶をして，その場を**辞去する心**と同じことです。

> ＊「かたがた」とは，「兼ねて」という意味。「カタログ送付のご案内と（を兼ねて），ご注文のお願いまで」というわけだ（「かたがた」の他の用例については，次の「③慣用の手紙用語」を参照）。
> ＊「敬具」を書き忘れないこと。ここには「謹んで申し上げました」という謙譲の心があるからである。

　いかがでしょうか。このように，ビジネス文書は規律正しく，**前文，主文，**そして**末文**の三つの段落から構成されています。これが**礼儀をわきまえた文書の作法**です。

　そして，この規律正しい順序が，**慣用の手紙用語**とともに文書の格式を整えていくわけです。

③慣用の手紙用語

　さて，その手紙用語には，

「**拝啓**」と「**敬具**」　　　（一般的な文書）
「**前略**」と「**草々**」　　　（急用などの場合）
「**拝復**」と「**敬具**」　　　（返信）
「**謹啓**」と「**敬白（敬具）**」（儀礼的な文書の場合）

などがあります。手紙用語の代表例です。

また，特殊な手紙用語としては，次のようなものがあります。

　領収書を同封いたしましので，ご**査収**ください。

　　＊調べて（査），その上で受け取って（収）くださいということ。金銭や
　　物品などに対しても使う。

　心ばかりの品をお送りいたしました。ご**笑納**いただければ幸いに存
じます。

　　＊中元や歳暮，お礼の品を贈るときなどに，謙遜していう言葉。「つまら
　　ない物かと<u>お笑い</u>でしょうが，どうぞ<u>お納め</u>ください」という意味。

　まずは，ご通知**かたがた**ご挨拶申し上げます。

　　＊「兼ねて」の意。上例の他，
　　　まずは，御礼**かたがた**ご挨拶申し上げます。
　　などがある。「お知らせ（お礼）を兼ねてご挨拶をします」というわけだ。
　　事務所移転の通知や転勤の挨拶状などでよく使われる。末文の定型文の
　　一つ。
　　　†「かたがた」を，「を兼ねて」や「ついでに」と書き表したらどうな
　　　　るか。そう，これでは，改まって挨拶をしているその心が伝わらない。
　　　　やはり，ここは格式を重んじ「かたがた」と書くべきだろう。

　まずは，**取り急ぎ**ご報告まで申し上げます。

　　＊「取る物も取りあえず急いで」の意。何はともあれ，大急ぎで顧客に報
　　告する。そんな思いが伝わる言葉。

　まずは，取りあえず**書中をもって**御礼申し上げます。

　　＊「何はともあれ，差し当たり<u>手紙で</u>お礼を言います」ということ。なお，
　　この別バージョンとして，
　　　まずは，略儀ながら書中をもって御礼申し上げます。
　　などもある。「本来ならば，お目にかかってお礼を申し上げなければい
　　けないところ，略式で恐縮ですが，手紙でお礼を申し上げます」という
　　わけだ。そして，これがマナーをわきまえた末文の書き表し方。
　　　†文の格式を整えようとするとき，「手紙で」と書いてはいけない。
　　　　なぜか。この後の「御礼申し上げます」と文の調子が合わないからだ。
　　　　これが，「言葉には，それぞれ格がある」ということ。故に，伝統
　　　　的な手紙用語が重要であるというわけだ。

④**手紙の中で慣用的に使われているその他の用語**

　なお，手紙用語そのものではありませんが，文書の中で，慣用的によ
く使われているものがあります。その用語の一覧を次に挙げておきま
しょう。前掲の「カタログ送付のご案内」とともに確認しておいてくだ

さい。

　なお，慣用の手紙用語の役割とは「普段の言葉遣いを改め，顧客に敬意を表す」ことにあります。そう，敬語の使い方（第Ⅲ章-(3)-②「基礎的な敬語」）と同じです。これによって，**格式を重んじた手紙文**に仕上がっていくからです。そして，これも文書を作成する上での初歩的な知識です。

用　語	意　味	用　例
ご発展 ご隆盛 <small>りゅうせい</small>	あなたの会社がますます発展していることを心から喜んでいます	拝啓　貴社ますます**ご発展（ご隆盛）**のこととお喜び申し上げます。
お引き立て	ひいき	毎々格別の**お引き立て**にあずかり，誠にありがとうございます。今後とも，よろしく**お引き立て**のほど，お願い申し上げます。
承　る <small>うけたまわ</small>	聞く・受ける	ご依頼の件，確かに**承り**ました。
ひとかたならぬ **ご高配** **厚く**	普通（並み）ではない あなたからの配慮（思いやり） 心から	**ひとかたならぬ ご高配**を賜り，**厚く**御礼申し上げます。
ご指導ご教示	あなたからの教え	今後とも，**ご指導ご教示のほど**お願い申し上げます。
取りあえず	差し当たり	まずは，**取りあえず**御礼申し上げます。

＊「拝啓 貴社ますますご発展のこと」も慣用的に使われる用語の一つ。この「ますます（いよいよ）」に，取引先の繁栄を心から喜ぶ気持ちが込められている。

　†なお，個人宛てに出す社交文書の場合は「健勝」「清祥」などを用いて，拝啓 ますますご健勝（ご清祥）のこととお喜び申し上げます。とする。「あなたがますますご健康で，お幸せに暮らしていらっしゃることを心から喜んでおります」というわけだ。決して，「拝啓 貴社ますますご健勝のこと」などとは書かないように。

＊「これからも，何かと教えてください」と言うとき，「今後とも，ご指導ご教示をお願い申し上げます」と，一方的に書き表してはいけない。

相手には相手の事情（都合）があるからだ。でも，これからもいろいろと教えてほしい。そんなとき，

今後とも，ご指導ご教示のほどお願い申し上げます。

と，「ほど」を用いて，言い表し方を和らげる。「厚かましいお願いであることは，重々承知をしていますが，これからも，できれば教えていただければと願っています」というわけだ。

      † 押し付けがましく，「今後も，ご指導ください。お願いします」ではいけないということ。相手に不快な思いをさせない。相手がどう受け取るか，その気持ちを考える。これがビジネスマナー。

      † 今後とも，ご指導ご教示を賜りますよう，よろしくお願い申し上げます。

      でもよい。「賜る」には，「もし，あなたがよろしければ（その気持ちになったら）」という，言外の意味もあるからだ。これが配慮。

* 「①社外文書の書き表し方」の文例の主文にある「内容ご検討の上」や，「何とぞご用命を賜りますよう」「ここにお届けいたします」なども，手紙文では慣用的によく使われている。この言葉を使うことによって，格式のある改まった文書になるからだ。

      † 例えば，「内容ご検討の後で」などと比較してみればよく分かる。これが文の格式が違うということである。

      † 「何とぞ」は，取引先に注文を強く望む気持ちを表す言葉。「どうか（ぜひとも）注文をください」というわけだ。

出題の視点

　検定問題では，社内文書と社外文書を作成する上での初歩的な知識を中心に出題されています。その一例が，事例研究①になります。また，社外文書では，「要点整理」で解説した**文書の構成（形式）や用語**が問われています。改めて，確認しておいてください。いずれも文書の形式を整えるために必要な知識です。

      * 用語については，記述形式で出題されることが多い。確実に覚えておくこと。

      * 文書の構成では，前文，主文，末文の順序を問うものが出題されている。「さて」，「ついては」，「まずは」がどこで使われるかを理解していれば，十分に対応できる問題である。

　そしてここでは，**社内文の一般的な書式（レイアウト）や受信者名とその敬称，グラフの書き表し方，報告書の書き表し方（項目）**なども出題されています。では，次にその内容について，検討してみましょう。

①社内文の一般的な書式

◆社内文書の書式は，(1)文書番号，(2)発信日付，(3)受信者名，(4)発信者名（職名），本文，記書き，(5)追伸，(6)以上，(7)担当者名，などからなる。

> ＊社外文書もその基本は同じである。次のレイアウトは確実に覚えておくこと。

社内通知文の構成とレイアウト

```
                                    (1)総 発 第25号
                                    (2)令和○年7月1日
(3)部長各位
                                              (4)総務部長
                        部長会議開催（通知）
        部長会議を下記の通り開催するので，出席してください。
                              記
        1  日  時  7月6日（火） 11時〜13時30分
        2  場  所  第3会議室（2階）
        3  資  料  当日席上配布

(5)なお，昼食は総務課で用意します。              (6)以上

                              (7)担当  総務課  小林
                              （内線  101）
```

> ＊(1)「総発第25号」は，総務部が発信した25番目の文書ということ。(2)は発信日付で，必ず年号から書く。これが正式な書き方（事例研究①）。
> ＊(3)受信者名（職名）に添える「各位」とは，大勢の人を対象に，その一人一人を指す敬称のことで，「社員各位」（社員の皆々様方）などと使う。(4)の発信者名は職名のみを書く。これが「能率本位・実質本位」ということ。
>> †発信者は総務部長だが，普通は担当者が部長の指示で作成することが多い(社外文書も同様)。だからといって，この位置に担当者名は書かないこと。

　　　　†文書の発信は，役職者をもって行うのが基本。その責任ある立場に
　　　　　おいて，公的な文書を発信しているからである(個人が発信している
　　　　　文書ではないということ)。

　　　＊(5)の昼食は，部長会議の開催（主）とは直接関係ないので，記書きには
　　　　せずに，追伸（従）として書く。これがビジネス文書。(6)の「以上」は，
　　　　(7)担当者名の前に置くこと。そして，追伸がない場合は，記書きの後に
　　　　なる（そのレイアウトは「要点整理」の「販売会議のお知らせ」を参照）。

　社内文書には，「営業会議開催」の通知文や「厚生施設利用」の案内
文などがありますが，そのほとんどはメールによって行われています。
でも，書き表す原則は上掲の「社内文書」と同じです。言うまでもなく，
役職者名で関係者に発信される公的な文書であるからです。

②**受信者名とその敬称（社内文書）**

　◆社員全員に発信する社内連絡文書には**「社員各位」**と書くこと。

　◆営業部長宛てに文書を提出するときは**「営業部長殿」**と書くこと。

③**受信者名とその敬称（社外文書）**

　◆多数の得意先に出す文書には**「お得意様各位」**などと書くこと。

　◆Ａ株式会社の販売課長，岡崎真二氏に出す文書には**「Ａ株式会社
　　販売課長　岡崎真二様（殿)」**と書くこと。

　　　＊名前が分からない場合は「Ａ株式会社　岡崎販売課長殿」「Ａ株式会社　販
　　　　売課長　岡崎様」などと書く。また，氏名が分からない場合は「Ａ株式会
　　　　社　販売課長殿」とする。

　◆Ａ株式会社の販売課宛てに出す文書には**「Ａ株式会社　販売課御中」**
　　と書くこと。

　　　＊「御中」は，「会社・官庁・学校・団体などに宛てる場合で，個人名を
　　　　書かないときに用いる。『御』は尊敬の接頭辞であるが，『御中』は敬称
　　　　ではなく，その中にいる人に宛てるという意味である」(『言葉に関する
　　　　問答集4』文化庁)。「Ａ株式会社御中」などもそう。

　　　　†この「御中」は，封筒の宛て名によく使われるものである。

　　　　†「Ａ株式会社各位」とは書かないこと。

④**グラフの書き表し方**

　◆製品別売上高や事業所別売上高の**割合は，**円グラフで表す。

　　　＊Ａ商品を購入した顧客を対象に行った満足度のアンケート調査の結果は
　　　　円グラフで。

　◆各製品の月別売上高の**推移**やＳ支店の来店者数の月別の**変化は，**折

れ線グラフで表す。

＊過去５年間の採用人数の推移も折れ線グラフ。

◆営業所別売上高の**比較**は，**棒グラフ**で表す。

＊各営業所の社員数の比較，各営業所の備品購入額の比較も棒グラフ。

⑤**社外での研修受講報告書に書くべき内容（項目）**

◆研修名

＊「ビジネスマナー研修会」など。

◆主催者名

◆講師名

◆受講日時

◆場所

◆受講内容

＊研修プログラムのこと。これに沿って箇条書きでまとめていく。また，
当日配布された資料は，別紙として報告書に添付する。

◆参加会社数と受講者数

◆所感

＊受講後の感想。

◆所属部署名と受講者名

　以上は，社外で受講した場合の項目だが，この項目は確実に覚えてお
くこと。なお，報告書は会社によって 様 式 が決まっている場合が多い
ので，それに従って簡潔に書いていきます。

Column

ビジネス文書とEメール

ビジネス文書は格式をもって

社外文書は,

拝啓　貴社ますますご発展のこととお喜び申し上げます。

などと，格式を重んじ丁寧に書き表していきます。ではなぜ，そうする
のか。それが**ビジネス社会の伝統であり，相手に対する礼儀**であるか
らです。

そして文書は，一般の担当スタッフではなく，**役職者名によって発信**
されます。文書の内容に責任を持ち，場合によっては責任を取る。そんな
立場にいるのが役職者であるからです。この**責任の重み（責任感）が格
式のある文書を形作る**ことになります。

従って，あなたが上司から取引先への文書の作成を指示されたら，この
ことを念頭に置き，丁寧により丁寧に書き表していけばよいでしょう。そ
う，**会社の意思（誠意）を伝える代表者**として。

社外メールは簡潔さをもって

Eメールは，**「用件を伝えるのが主目的であるときに圧倒的に威力
を発揮する」**（村上龍著『eメールの達人になる』集英社新書）ツー
ルです。従って，その文体も簡潔さをもって，効率よく事務的に書き表し
ていきます。

では，その簡潔な書き表し方にはどのようなスタイルのものがあるで
しょうか。それを次のリファレンス（reference）から検討してみましょ
う。そして，このメール文の書き表し方の根底にある**読み手に対する配
慮**を確認してください。そう，決して用件を事務的に伝えるだけではない
その心配りを。

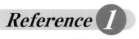

メールの構成とレイアウト

☐宛先：	永野 恵子様	
☐CC：		
件名：	統計資料をお送りしました	**1** 件　名
添付：	統計資料K	

A株式会社
永野 恵子様

2 受信者名

いつもお世話になっております。
さて，早速ですが，
昨日ご依頼の統計資料をお送りしました。
添付ファイルでご確認をお願いいたします。

3 本　文

なお，ご不明な点がありましたら，
いつでもご一報くださいませ。

まずは取り急ぎ，ご連絡まで。　　以上

エフ株式会社 営業部
島根　淑子
〒○○○－○○○○　　東京都○○区○○１－２－３
TEL　　０３－○○○○－○○○○
FAX　　０３－○○○○－○○○○
MAIL　shimane@-----.co.jp
URL　　http://www.-----.co.jp

4 署　名

では，このＰＣの画面に表れた文書（メール）を，具体的に検討してみましょう。

■1 件名

まず，ビジネス文書と同じように，具体的で分かりやすい件名（サブジェクト）を付けます。これで，読み手はどのような用件なのかがすぐに分かります。このタイトルは，ビジネス文書に倣って**「統計資料送付のお知らせ」**などとしてもよいでしょう。

■2 受信者名

受信者名は，敬称を添えて必ず入れましょう。画面の「宛先」欄には，自動的に受信者名が表示されますが，そうであっても，改めて書き入れます。「あなただけに宛てたメールを送ります」というメッセージになるからです。そして，これが**敬意を表す**ということ。

> ＊アドレス帳に顧客の名前を「永野恵子」と登録しておくと，この顧客に送信する際，メールの「宛先」欄には「永野恵子」と自動的に表示される。そのこともあってか，受信者名を書かずにそのまま本文に入ってしまうケースもあるようだ。でも，これは絶対に避けること。その理由は前述した通り。
>
> > †なお，アドレス帳に登録する際は，「永野恵子」とだけ入力する場合が多い（手帳の住所録に書き入れるように）が，これだと敬称抜きで「永野恵子」と表示されてしまう。ここは面倒でも入力するとき，敬称を付けて登録するのがよいだろう。呼び捨てにされたようで不快な思いをする顧客だっているからだ。送信者の細かな気遣い（マナー）が問われる場面だ。
> >
> > †この自動的に表示される箇所は，封書やはがきの表に書く住所・氏名と同じ。そう考えるとよいかもしれない。

■3 本文の書き表し方

「メールは基本的にプリントアウトではなくパソコンの画面で読むので，全体の文章は短く，挨拶文も簡潔なほうが好まれます。短時間で内容を把握することができるからです。また，メールには，相手の様子をうかがうというよりも，具体的な用件があるケースがほとんどなので，すぐに本題に入ったほうが親切です」（神舘和典著『「メール好感度」を格段に上げる技術』新潮新書）。

そうなのです。特に，**「画面の端から端まである文章は，非常に読みにくく，内容も伝わりにくくなってしまいます」**。そこで，**「相手が読みやすいようにこまめに改行することを心がけるようにします」**（安田賀計著『ビジネス文書の書き方＜第2版＞』日経文庫）。

これが読み手に対する配慮です。そして，この気遣いがあるからこそ，用件（情報）を実務的に伝えることができるのです。**ヒューマンスキル**です。

＊神舘さんは前掲書の中で，「句点（。）はもちろん、読点（、）でも改行。さらに、文節でも臨機応変に改行すると、相手には親切です」と語る（１行あたりの字数の目安は25字前後）。これで目も疲れないというわけだ。

＊メールは，相手に失礼にならない範囲で簡潔に書き表す。前文の挨拶は「永野さん，いつもありがとうございます」でもよい。簡潔で，なかなか感じのよい挨拶文だ。これが簡潔に書くといっても，ある程度の丁寧さは必要だという一例。

＊前出の「カタログ送付のご案内」のような丁寧な手紙文は，ワンクリックで簡単に送信してはいけない。ワープロで作成したものを，封書で郵送するのが礼儀。

　　†「きちんとしなくてはいけない相手や、きちんとしなくてはいけない内容ならば、メールではなく手紙を書きましょう」とは，神舘さんの言葉。

　　†では取引先から、「拝啓」から始まる丁寧なメールを受け取ったらどうするか。その相手に合わせて丁寧な言葉で返信するのがよい。これがビジネス実務マナー。

❹署名の添付

　本文を書き終えたら，会社名と部署名，氏名，連絡先などを貼り付けます。これが「署名」の添付です。何より，**「相手に対して誠実な印象を与えます」**。場合によっては，受信者が**「すぐ送信者に電話で連絡をとりたい」**ことだってあるからです。これが神舘さんのいう**「絶対に親切」**ということです。**最後まで気遣いを忘れずに。**そういうことなのでしょう。

Reference ②
社内メールを送信するときの配慮

ところで，社内での担当者同士のメールはどうでしょうか。こんな事例があります。

５月の販売データを送ってください。

簡潔なメールです。用件は確実に伝わっています。でも，このような**「ストレートな言い方は、受信者が不快感を持つ危険性がある」**（『ｅメールの達人になる』）。そう語るのは村上龍さんです。**「してください」**という言い方に，どうしても「指示・命令」のニュアンスが付きまとうからです。では，どう書けばよいか。村上さんに倣って直してみると，こうなります。

５月の販売データをいただけると助かります。

どうでしょうか。これで，受信者は強要されているという感じもなくなるのではないでしょうか。これが配慮ある文章の書き表し方です。

> ＊「ください」が間違いということではない。これはこれで丁寧な言い表し方で，ビジネス文書ではよく使われている。要は，「何よ，命令口調で偉そうに」などと思われない表現の工夫が必要だということ。仕事とはいえ，担当者個人から担当者個人への依頼なので，なおさらだろう。
>
> > †「お手数をかけますが，５月の販売データを送ってください。よろしくお願いします」でもよいだろう。これで，文全体の印象が軟らかな表現になるからだ。

社内メールの返信

では，そのデータを送ってもらったときの返信メール，

データを受け取りました。

これはどうでしょうか。

事務的なメールです。特に問題がないといえば問題はないでしょう。でも，「何よ，せっかく急いでまとめて送ったのに。これだけでおしまいなの」と言われかねない。そんなメールです。こうしたらどうでしょうか。

谷沢さん，５月の販売データを受け取りました。ありがとうございます（助かりました）。

お礼のメールを送るのは大切なことです。それも，なるべく早く。そして，この**とき感謝の心も同時に送信**しましょう。相手にはそれなりの負担をかけたのですから。

社員間のメールは，依頼や連絡，報告などが中心です。だからこそ，コミュニケーションを阻害するような書き表し方には注意が必要でしょう。互いに協力して初めて，気持ちよく仕事ができるからです。そう，村上龍さんも言うように**「簡潔で、正確で、しかも受信者を不快にさせないものが望ましい」**のです。ともに仕事を円滑に進めるためにも。

そして，これは社外メールでも同じでしょう。

2 文書の取り扱いについて，基礎的な知識がある

文書やメール，ファクスを送るとき，受け取るとき，その取り扱い（対処の仕方）には細心の注意とマナーが必要です。機密扱いの文書もそう。

では，その取り扱いについて，次の事例から見てみましょう。

事例研究② 文書の取り扱いについて，基礎的な知識がある **case study**

次は営業担当の宮崎博史が，最近出した文書やメールである。中から<u>不適当</u>と思われるものを一つ選びなさい。

(1) 年賀状を出し忘れた会社に，「賀正」と書いて新年の挨拶をメールでした。

(2) 取引先から歳暮が届いたので，礼状として印刷しておいたはがきを出した。

(3) 取引先係長と商談後接待を受けたので，翌日丁寧に礼状を書いて封書で送った。

(4) 機密書類を送るとき，急ぎだったがファクスで送らず簡易書留を速達にして送った。

(5) 懇意な取引先担当者から，参考になればと業界紙のコピーが送られてきたとき，礼をメールでした。

事例解説 **instructions**

不適当な選択肢は(1)になりますが，いかがでしたか。

社外へ文書を出すとき，メールで済む場合とそうでない場合とがあります。それはなぜでしょうか。

ビジネスの場では，それぞれに役割があるからです。その役割に従うと，**メールは「用件を具体的に伝える」ことが中心**です。そして，受信者はその用件を画面で読みます。画面で見るということは，紙に印刷された状態で届く丁寧な手紙とは全く違うということです。

さて年賀状です。賀状はいわば**社交**です。そして社交は，儀礼的に行うのが社会の慣習ですから，ここは**年賀はがきや封書年賀**を使って，きちんと新年の挨拶をします。そう，新年を祝い，「今年もいい年でありますよ

うに」と心から願う。これが年賀状だからです。

　これを，いわば手間暇かけずに，ワンクリックで届けてはいけない。そういうことでしょう。

　　　　＊年賀状の書き表し方だが，「賀正」「迎春」などは，目上の人には使わないこと。ここは，相手を敬い自分はへりくだる，そんな思いで，「恭賀新年」か「謹賀新年」とする（「恭しい」は相手を敬い，「謹んで」は自分がへりくだる言い方）。

　そして，**選択肢(2)と(3)**も社交のケースです。取引先から贈り物が届いたら，「結構なお品をご恵贈くださいまして」と書かれた丁寧な礼状を出す。

　また接待を受けたら，「昨日は，過分なおもてなしにあずかり」と丁重に礼を述べる。そして丁重な手紙である故，ここは丁寧に封筒に入れて出す。接待をしてくれたのは取引先の係長なので，なおさらでしょう。これが，接待に対する礼儀正しい行いです。

　　　　＊選択肢(2)の「印刷しておいたはがき」とは，贈り物の礼状を前もって作っておくこと。事務的な印象もあることはあるが，ここでは，何より礼状を出すことが大切。なお，そのはがきに「感謝の言葉」を一言添えると，とても感じのよい礼状になる。
　　　　†贈り物への礼状は，はがきで出しても失礼にはならない（社会的慣習）。

　では，**選択肢(5)**はどうでしょうか。これは社交上の問題というより，互いの仕事のための情報提供の一つです。そして，親しい間柄のようですから，ここはメールか電話でのお礼で十分でしょう。

　選択肢(4)は，重要書類や機密書類の送り方です。そして，これらの書類は目に触れては困るものです。従って送るなら，ファックスやメールではなく**簡易書留郵便（受付と配達の記録が残る）**にします。**安全確実に，**というわけです。

　　　　＊もちろん，直接手渡してもよい。

■　文書の取り扱いについて，基礎的な知識がある

　文書の取り扱いで大切なこと。それは**文書の内容や目的，慣習などによって，その送り方には違いがある**ことです。出題の趣旨もここにあります。

　では，封書やはがき，メールは，その他どのようなケースで使われているのでしょうか。それを，次の具体例から確認しておきましょう。そして，ここから文書を送るということは，**相手のことを第一に考えた配慮の心が大切**であることを感じ取ってください。

1 封書

　丁重な手紙，正式な手紙（フォーマル），そして，プライバシーに関わる内容のものは「封書」で送ります。これがビジネス実務マナー。

挨拶状	会社設立の挨拶／役員交代の挨拶など
通知状	事務所移転のお知らせ／製品の価格改定のお知らせ／株主総会の開催通知など
案内状	新製品発表会の案内／新製品発売の案内／年末年始営業の案内など
依頼状	新規取引の申し込み／見積もりの依頼／工場見学の依頼など
照会状	商品代金未着の問い合わせ／在庫状況の問い合わせなど
督促状	代金支払いの催促／出荷の督促など
苦情状	納期遅れの苦情／商品破損の苦情／粗悪品の苦情など
抗議状	営業妨害の抗議／契約不履行の抗議など
わび状	納期遅れのわび状／商品破損のわび状
断り状	取引申し込みに対する断り状／品切れによる注文の断り状など
承諾状	取引申し込みの承諾／特約店申し込みの承諾など
礼　状	出張訪問の礼状／買い上げ客への礼状／注文の礼状／工場見学の礼状など

　　＊書き上げた手紙は，丁寧に折って封筒に入れる。この手間をかける行いも相手に対する敬意の表れとなる。もちろん，封はきちんと糊付けで。セロハンテープは不可。安直にすぎるからである。
　　（注）通知状，案内状，礼状，挨拶状などで簡単なものは，はがきでよい場合もある。

236

2 はがき

人に見られても構わないものや簡単な用件や連絡事項は「はがき」で構いません。でも，はがきはあくまでも略式であることを心得ておきましょう。

挨拶状	年賀状／暑中見舞い／寒中見舞い／中元，歳暮の送り状（添え状）など
礼　状	贈り物（中元や歳暮）への礼状など

＊はがきが略式であるなら，上掲の挨拶状や礼状は失礼になるのではないか。いや，そうはならない。社会的慣例として，すでに定着しているからである。

＊言うまでもないことだが，会社の上司や先輩の自宅宛てに出すものは，個人の年賀状で。そして，得意先宛てに出すものは，会社の年賀状で。

3 メール

メールは事務的な連絡や報告などに適したツールです。が，いくら事務的だといってもその送り方（取り扱い）には，**受信者への配慮とマナー**があります。それを，「添付ファイル」と「同報通信」から見てみましょう。

①添付ファイル

会社によっては，「**ウイルス対策として添付ファイル自体を禁止している**」（日経ＰＣ21編『グーグル活用バイブル』日経ＢＰ社）ところもあるそうだ。まずは**取引先への確認が必要**ということでしょう。もちろん，相手に迷惑をかけないために。

また，メールの本文だけで用件が済むものは，あえて添付ファイルを使うことはないでしょう（どうしても長くなる場合などは別）。相手が忙しい人ならなおさらです。ファイルを開く手間を省く。これも配慮の一つ。

＊受信者が，印刷して使う資料などの場合は添付ファイルとして送る。また，前節「③情報の伝達」のコラムで紹介した野口さんのようなケースも添付ファイルとして送った方が喜ばれる。

②同報（一括）通信

同じ内容の文書を一度に複数の人に送信するときは，ＣＣ（カーボンコピー）を使います。これが同報通信ですが，このとき，受信者の立場を考慮して送ります。「『**宛先欄のアドレスは必ず役職順に並べるという**

社内のしきたりを知らず、上司に怒られた』といった話も決して珍しくない」（『グーグル活用バイブル』）からです。**同報メールにも配慮を**、というわけです。もちろん、社外メールも。

③転送するときの注意点

ところで、自分宛てに届いた社内メールが他のメンバーにも参考になる内容のものだったら、さて、あなたならどうするでしょうか。すぐに同報メールで転送しますか。もちろん、そうはしないでしょう。何よりこのメールは、自分宛てに届いたわけですから、まずは**送信者への確認が第一**でしょう。「参考になる内容なので、このメールを他のメンバーにも転送してよいでしょうか」と。この細かな気遣いが仕事をする上ではとても大切なことです。

なお、メールの添付ファイル、同報通信、転送などは、**(4)事務機器の①事務機器の基本機能**の範囲ですが、ここでは、文書の取り扱いの視点(心得)から解説しています。この配慮があっての機能活用だからです。

> ＊本章の (1) 情報，(2) 文書，(4) 事務機器は，一連のビジネスワークとして捉えておくこと。ともに関連しているからだ。

■ 出題の視点

検定問題では、事例研究②の「封書やはがき、メールなどの文書の取り扱い」のほか、受発信事務や商取引に関係する証票、重要書類の取り扱いからも出題されています。それを、次の事例から確認しておいてください。

> ＊証票などの用語については、記述形式で出題される場合もある。確実に覚えておくこと。

1 受信事務

①郵便物の受信

◆上司宛ての郵便物を幾つか受け取ったときは、「速達」など重要と思われるものを上にして渡している。

> ＊封筒に「親展」「重要」などと表示された郵便物もそう。受け取った幾つかの郵便物を、そのまま無造作に渡さないということ。

②ファクスの受信

◆毎朝出勤したときには、就業時間外に届いた文書がないかを確認している。

＊ファクス機の前をそのまま素通りせずに，文書が届いているかどうかを確認する目配りが大切だということ。

◆退社後に届いていたファクスは，翌朝，目を通した上で受け取ったことの連絡を差出人に入れている。

◆受信したファクスを宛て名人に届けるときは，送り状に書かれている枚数を確かめてからにしている。

◆宛て名が課名だけのファクスを届けるときは，内容に目を通して，その担当らしい人に確かめてから渡している。

◆受信状態が悪くて見にくいファクスを届けるときは，受信状態が悪かったようだと言い添えている。

2 発信事務

①書留の郵送

◆社外モニターに送る謝礼の図書券は**簡易書留**で送る。

◆取引先に送る支払いの小切手は**一般書留**で送る。

＊商品券なども一般書留で送る。

◆香典や祝い金は**現金書留**で送る。

②普通郵便

◆顧客に送る請求書や領収書は普通郵便で送る。

③封筒の宛て名の書き方

◆取引先の担当者，芦田康介氏が出張で宿泊しているＳビジネスホテルへ資料を送るときは，**「Ｓビジネスホテル気付芦田康介様」**と書く。

＊自社の上司や先輩，同僚宛てに出す場合も同じ。

◆取引先であるＡ株式会社営業課長の高山明弘氏に書類を郵送するときの宛て名は，**「Ａ株式会社 営業課長 高山明弘様」**と書く。

＊文書の取り扱いの視点からの出題である。なお，この書き方については，前項の「受信者名と敬称（社外文書）」を参照のこと。ここでは，文書を作成するときの受信者名の書き表し方の視点から解説しているが，もちろん，その書き表し方は同じである。

†「Ａ株式会社 高山明弘営業課長様」「Ａ株式会社 営業課 高山明弘課長殿」「Ａ株式会社気付 営業課長 高山明弘様」「Ａ株式会社 営業課御中 高山明弘様」などは不可。

④封筒の宛て名の脇に書く内容表示

◆必ず見てもらいたい大切な手紙のときは，**「重要」**と書く。

◆受取人本人に直接開封してもらいたいときは，**「親展」**と書く。

◆封筒を折られて困るときは，**「二つ折り厳禁」**と書く。

◆受け取ったら急いで開封してもらいたいときは，**「至急」**と書く。

◆封筒の中に見積書を入れたときは，**「見積書在中」**と書く。

　　　＊請求書のときは「請求書在中」，領収書のときは「領収書在中」と書く。

　　　　†領収書に収入印紙を貼ったとき，その領収書と収入印紙に掛けて押す印のことを「消印」という（契約書なども同様）。また，物の受領などに日常用いる印を「認め印」と呼ぶ。

　　　＊なお，請求書や領収書を直接手渡しする場合は，社用の封筒の表に得意先名を書き，封はしないでそのまま渡す。

　　　　†その場で，領収書や請求書の金額を確認してもらうためである。

⑤**ファクスの送信**

◆年月日，宛て名，枚数，差出人などを記入した送り状を添えて送信すること。

◆急ぎの文書は，そのことを相手に電話連絡してから送信すること。

◆文字が小さくて読みにくい文書は，拡大コピーしてから送信すること。

◆原稿の文字が薄いときは，コピーをして濃くしたものを送信すること。

◆送信したときは，確かに送信されたかどうか，後からファクス機を確認すること。

3 証票

証票とは，一般的な取引で発行する**商業文書**のことですが，これは注文や納品，代金の領収などを証明する重要書類といってもよいものでしょう。

見積書	商品の購入希望者（発注者）に，その商品の価格やかかる経費等を記載して出す書類のこと。 この見積書は，相手からの「見積書送付の依頼」文書によって作られる。
注文書	受注先に対して，「所定の条件で注文いたします」と，購入の意思を表すために出す文書のこと。 この文書は，先方からの見積書を検討した上で出される。そして，ここには品名や数量，単価，納期などが記載される。
受注書	注文を受けたとき，その発注者に対して「確かに，所定の条件で注文を承りました」ということの証拠として出す文書のこと。
納品書	商品を納入するとき，品名・数量などを記入して出す伝票のこと。
受領書	注文書通りの商品を受け取ったときに出す証票（受け取った証拠として相手に出す証書）のこと。
請求書	納入した商品の代金を支払ってもらうために出す，内訳や金額などを知らせる文書のこと。
領収書	請求した代金を受け取ったときに出す証票（受け取った証拠として相手に出す証書）のこと。

4 重要書類の取り扱い

会社の重要（機密）書類には，顧客の個人情報や企画資料，経営会議の資料などがあります。そして，これは事業運営にとって重要な書類です。それ故，コピーを一つ取るにも細心の注意が必要です。では，その注意事項（心得）から。

コピーを取るときの注意点

◆コピー機のそばに人がいないときを見計らってコピーを取る。

◆コピーを取るのは，配布する人数分だけにする。

◆失敗したコピーは，シュレッダーで細断して廃棄する。

◆原資料はコピーの後，枚数を確認してすぐに上司に返す。

◆配布者名簿を作り，配布するときに受け取りの印を押してもらう。

＊上例は，上司から機密書類の複写，配布を指示されたときのケースである。

メールの返信と転送

返信時と転送時の気遣い

　返信や転送をするときのちょっとした気遣い。そんな事例を**神舘和典さん（フリーライター）**の著書から紹介しましょう。「件名」の取り扱いです。

　「返信」や「転送」のアイコンをクリックして作成されたメールの件名欄には、もとのメールの件名の前にそれぞれ「ＲＥ：」「ＦＷ：」を加えたものが自動的に表示されます。この処理について迷う人が多いようです。

　あくまでも受け取る人の感覚次第で、減る傾向にはありますが、この「ＲＥ：〜」「ＦＷ：〜」という件名のまま送信されるメールを失礼と感じる人もいます。

　しかし現実的には、件名は「ＲＥ：〜」「ＦＷ：〜」のほうが、ほかの受信メールと区別ができ、助かるものです。

　では、どちらがいいのか──。判断に迷うところですが、私は「ＲＥ：」「ＦＷ：」付きで件名も変えません。自分自身返信メールをもらったときに、そのほうが助かっているからです。

　ただし、相手が明らかに生真面目なタイプである場合、「ＲＥ：〜」「ＦＷ：〜」という件名は消去して新しい件名を立て、返信や転送をします。そして、それに対して相手が件名を変えてきたら、こちらも件名を新規で立てていきます。相手が同じ件名のままで返信してきたら、こちらもそれに合わせます。

　また、相手の件名欄が「鈴木です」「山下です」というような名前入りの場合は、返信の際に打ち直しています。もらったメールの返信であったとしても、鈴木さんに対して「ＲＥ：鈴木です」、山下さんに対して「ＲＥ：山下です」と返信するのは、避けたいものです。

（神舘和典著『「メール好感度」を格段に上げる技術』新潮新書）

●

　いかがでしょうか。

　「件名」の取り扱い一つにも細心の注意と気遣いを。そんな事例です。

　そして，この事例から考えなければいけないこと。それは，全てを機械任せにせず，ケース・バイ・ケースで，的確に処理していく必要があるということでしょう。これが，**機械的ではないヒューマンなスキル，気遣い**です。

　もちろん，事務的に機械的に処理してよいものもあります。でも，まず心すべきは**相手のことを第一に考えること**。ここが肝要ということでしょう。**ビジネス実務マナー**です。

> ＊「個々の状況を考慮せず、一律に物事を処理するさま」（『大辞泉』）。これを機械的という。

③ 会議

1 会議について，基礎的な知識がある

会議に出席するときの心得（知識）とマナーにはどのようなものがあるでしょうか。

会議に出席するまでの準備，席上での態度・振る舞いや発言の仕方など，いろいろありますが，ここでは，事情があって会議に遅れたときのマナーを見てみましょう。

事例研究① 会議について，基礎的な知識がある　　　**case study**

島津明は，来客との面談が長引いて，課内会議に10分ほど遅れて出席した。次はこのとき島津が順に行ったことである。中から**不適当**と思われるものを一つ選びなさい。

(1) 会議室には，ノックせずにそっとドアを開けて入った。
(2) 入ったとき，進行役の課長と目が合ったが何も言わず目礼した。
(3) 空いた席が幾つかあったが，入り口に一番近い席に座った。
(4) 隣の席の先輩に，今までの会議の進行や議事について尋ねた。
(5) 発言を求められたので，発言する前に一言遅れたことを皆にわびた。

事例解説　　　**instructions**

不適当な選択肢は(4)になりますが，どうでしたか。

今までどのようなことが話し合われていたか気になるのが人情。でも，尋ねて答えてもらえば私語のようになり周囲が迷惑します。これは，会議が終わってから尋ねれば済むことでしょう。

いずれにせよ，遅刻者が会議の進行を妨げてはいけません。だからこそ，**(1)静かに入室し，(2)目礼をし，(3)**出席者の**気が散らないように**，入り口近くの席に座ります。**遅れてきた者は謙虚に末席に**，というわけです。

244

そして，(5)発言する場面が来たら，そのときに謝る。これが「遅れてきたビジネスマン」のマナーです。

> ＊入室時に「遅れて申し訳ありませんでした」と，元気よく謝らないこと。これだけで，会議が中断してしまう。なお，言うまでもないことだが，そっとドアを開けて入ったら，会釈をすること。これがマナー。
> ＊発言の機会がなかったら，会議の終了後に進行役でもあった課長に謝ればよい。
> ＊入室したときに，発言していた人が自分に顔を向けたら目礼をすること。

要点整理　　　　　　　　　　　　　　the main point

■ 会議について，基礎的な知識がある

1 会議の目的を理解する

会議の目的は，仕事に取り組んでいく上での**意思の確認と情報の共有**です。これにより，部門（会社）の事業目的の達成を図っていきます。

そして，そのための会議ですから，会議の進行を妨げるような行動や発言は，できるだけ慎むべきでしょう。会議の雰囲気を壊してしまったら，元も子もないからです。**「最初に配慮ありき」**。出題の意図もここにあります。

2 会議で一番大切にしたいこと

共感です。でも，**「それは、決して、相手の主張や考えに、表面的に『賛同』することではない。／それは、相手の主張や考えが、『その人にとっての真実』であることを、深い敬意を持って受け止めること」**（田坂広志著『プロフェッショナル進化論』ＰＨＰビジネス新書）です。

会議は，出席者のコミュニケーションの場でもあるわけですから，**「深く共感」**するということは，**技能として，重要なヒューマンスキル**になるでしょう。

でも，このことを実践するのはなかなか難しいかもしれない。が，これこそが基本です。少しずつでも心の習慣として身に付けておきましょう。

> ＊普段から，このことを意識していると，相手の発言を非難ばかりすることもなくなるだろう。特に，会議の場での感情的な批判からは，何も生み出すことはないからだ。結局，「自分は優秀である。私を認めなさい」などという自己顕示欲があぶり出されるだけ。

　検定問題では，事例研究①のほか，「会議に出席するまでの準備」や「会議に出席する際の心得」「会議での発言の仕方」「会議に関する用語」などが出題されています。ではそれを，次の事例から確認しておきましょう。もちろん，新人のケースです。

> ＊「要点整理」で述べた内容を踏まえて検討することが大切。また，これは「Ⅲ 対人関係」とも深く関わる事例でもあるので，再度「(1) 人間関係」「(3) 話し方」等を確認しておくこと。

1 会議に出席する際の基本マインド

①会議に出席するまでの準備

◆会議の目的を理解して，意見があればまとめておいて出席すること。

◆会議直後の取引先との約束は，余裕を持った時間に変更しておくこと。

◆事前に資料が配られていれば，会議までには目を通しておいて出席すること。

> ＊分からない箇所があったら先輩に尋ねて理解しておくこと。また，議題に関連する資料があれば，それを準備しておくのもよい。

②入室時のマナー

◆会議の始まる二，三分前には着席していること。

◆会議室に入って座るときは，入り口に一番近い席に座ること。

◆すでに着席している人がいるときは，その人たちに対して挨拶すること。

> ＊初めて会議に出席する場合は末席に座った方がよい（座る席が決まっているときは別）。これが，新人ビジネスマンとしての謙虚な態度。
> ＊会議室での席順（席次）については，「3 会議室での席次（例）」を確認のこと。

③会議での基本心得

◆初参加ということで出席者に紹介されたら，立ってきちんと挨拶すること。

◆会議中は他の人の意見をよく聞いて，必要なことはメモを取ること。

> ＊会議参加の態度で一番重要なこと。

　　　　＊人の意見にはよく耳を傾けて，なぜそのようになるのか理由まで考えて
　　　　　みるとよい。これを心の習慣にすれば，人への理解も確実に深まる。

◆他の人の意見はポイントをメモしておき，自分が意見を言うときに
　重複しないようにすること。

　　　　＊例えば，「Ａさんの意見に賛成です。ついては，これを踏まえて私の意
　　　　　見を述べます」などの言い方である。これが検討事項を深めるきっかけ
　　　　　になる。

◆自分の意見が他の人の考えと違っていても，そのこと自体は気にし
　ないこと。

　　　　＊人それぞれに考え方は違う。このことを互いに理解し調整，発展させて
　　　　　いくのがビジネスの場での会議。
　　　　＊そして会議の場では，いろいろな意見を聞いて，自分の考えの幅を広げ
　　　　　ること（自分の意見に固執しない）。

④聞き方の基本

◆他の人の発言に疑問を持っても，質問は，その人の発言が終わって
　からにすること。

　　　　＊まずは最後まできちんと聞くことである。

◆自分と違う意見でも，意見は意見として理解するように努めること。

◆分からないことはその場でやたらと質問せず，後でよいことは会議
　後に先輩たちに聞くこと。

　　　　＊一般的な事項については，分かっている前提で進行していく。分からな
　　　　　いからといって，その都度質問していたら，会議がそのたびに中断して
　　　　　しまう。ここは，メモなどしておいて，会議終了後に尋ねるのがよい。

◆話にまとまりがない人の発言は，結論は何かを探りながら聞くよう
　にすること。

　　　　＊理解するための第一歩。決して，「要領を得ない話だな」などと，上から
　　　　　目線で考えないこと。話し方ではなく，言わんとしているところを聞く。

⑤発言するときの心得

◆発言は，挙手をして議長の許可を得てからすること。

◆発言の内容は，本題からそれないように注意すること。

　　　　＊自分が発言したときは，発言後に，内容が議題に沿ったものであったか
　　　　　どうかを考えてみるのもよい。

◆発言はなるべく簡潔にし，時間が長くかからないように注意するこ
　と。

＊必要なこと以外は言わないということ。

◆意見は用意しておいたものばかりでなく，その場で思い付いたもの
でも気にせず発言すること。

＊他の人の意見を聞いて思い付くこともある。そしてこの「思い付き」発
言から，問題解決への糸口が見付かるかもしれない。積極的に発言を，
ということ。

◆質問は，意見を言っている人が言い終えてからすること。

◆反対意見を言うときは，感情的にならないようにすること。

＊これは，「相手の意見を非難するような言い方はしない」ということ。
反対の意見を言うときは，「そういう考え方もあるが」などと，一応肯
定しながら話を進めていく。

◆意見を求められ，特に言うことがないときは，ないとはっきり言う
こと。

2 会議に関する用語

では，次に会議に関する用語の意味を確認しておきましょう。これも会
議の基礎知識の一つです。

議　　題	会議で話し合うテーマ（タイトル）のこと。「7月度の販売計画に ついて」などがある。
議　　事	会議で協議される事項（話し合う内容）のこと。「7月度の販売計画について」の議題^{テーマ}に従い，例えば，①販売促進のための展示即売会の実施②販売商品③広告宣伝の方法，などが具体的に話し合われる。
議 事 録	会議内容の記録のこと。①議長名②開催日時③出席者④審議事項（話し合われた事項）⑤決定事項⑥次回に持ち越された議題⑦会議録作成者（書記）などが記録される。
書　　記	会議の内容を記録する人のこと。
議　　長	会議の議事進行に責任を持つ人のこと。役職者だけが議長を務めるとは限らない。担当者が交代で議長を務める場合もある。
定例会議	定期的に行われる会議のこと。部長会議や課長会議，担当者連絡会議などがある。

3 会議室での席次（例）

会議室での一般的な席次（席順）は，次の通りです。確認しておいてください。

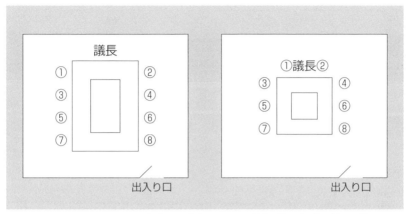

新人は，出入り口に一番近い⑧の席（下座）に着くこと。

④ 事務機器

> ① 事務機器の基本機能について，一応，知っている。

1 事務機器の基本機能について，一応，知っている

　事務機器には，パソコンやファクス，プロジェクターなどがありますが，ここでは，メール（Eメール）の基本的な機能について見てみましょう。

事例研究① 事務機器の基本機能について，一応，知っている　　case study

　次は，メールの特徴について述べたものである。中から<u>不適当</u>と思われるものを一つ選びなさい。

(1)　簡単な操作で，同じ文書を複数の宛て先に同時に送ることができる。

(2)　受信したものは画面で見られるので，無駄に用紙を使用しなくても済む。

(3)　ワンクリックで送信ができて便利だが，郵便や電話に比べてコスト高になる。

(4)　受信した文書や図表は自分のパソコンに取り込んで，加工することができる。

(5)　販売データなどを送るときは，別紙のようにメールに添付して送ることができる。

事例解説　　　　　　　　　　　　　　　　　　　　　　instructions

　不適当な選択肢は(3)になりますが，どうでしたか。

　メールは，郵便や電話に比べてほとんど経費はかかりません。ほとんど**ゼロに近い**といってもよいでしょう（コスト高にはならない。もちろん，これは接続の環境等が整備された上でのこと）。そして，この視点から見ると，**選択肢(2)**も経費の節減になります。

　　　　　＊電話や郵便は，その都度料金がかかる。また郵送では，封筒に住所を書いて切手を貼るなどの手間と時間もかかる。もちろんコストも。

選択肢(1)は「同報通信（送信）」，選択肢(5)は「添付ファイル」のことで，これによって，効率よくスピーディーに文書を送ることができます。

そして**選択肢(4)**のケース。これは例えば，送られてきた資料やデータを，パソコンで作成中の報告書などに貼り付けたり，編集したりすることができるということです。作成の時間短縮につながります。

要点整理 the main point

事務機器の基本機能について，一応，知っている

事務機器の基本機能と目的

事務機器は，効率よく仕事をするためのツールです。そして，この効率性はコストの削減や仕事のスピード化などにつながっていきます。意識すべきは**コストと時間**です。出題の意図もここにあります。

でもこの効率性は，**「顧客のことを考慮して」**という絶対条件が付きます。全てのことを，効率だけで進めるわけにはいかないからです。これは「文書の取り扱い」で述べた通りです。

出題の視点

検定問題では，一般的な事務機器の機能について出題されていますが，これに関連した用語の意味と機器の取り扱いについても問われています。周辺知識です。それを，次の機器で確認しておきましょう。

1 オフィス機器の機能

複写機 （コピー）	文書や書類などを複写する機器。原本の拡大縮小（倍率選択）やインク濃度の調整，用紙の自動選択，自動原稿送り，枠消し（厚い本をコピーするとき，周りや中央に出る黒い枠を消す）などの機能がある。
ファクス	電話回線を使って文書を送る機器。ファクス番号の短縮登録機能や文書などを複写できる機能もある。
スキャナー	紙から図形や写真を読み取って，画像データとしてパソコンに転送する機器。
シュレッダー	機密書類などを細断する機器（文書細断機）。これによって，情報の流出等を防ぐ。
ボイス（IC） レコーダー	音声を録音する機器。会議などで使われる。
ラベル ライター	ファイルの題名表示などを作成するときに使う。PCに接続して編集できる高機能のものもある。ラベルプリンター。
プロジェク ター	画像をスクリーンに投影する機器。そして，画面に表れた図などをレーザー光線で指し示す道具が**レーザーポインター**。
電子黒板 （ホワイトボード）	ボードに書いたメモや図を複写できる機器。また，PC上から操作できる機能を持つホワイトボードもある。

＊その他，「テンキー」（キーボードの右側，または外付けの数字入力キー）など，PCの入力装置なども併せて出題されている。ITの関連用語として，基本的な用語は押さえておくこと。

2 コンピューターに関連する用語

アイコン	ファイルの内容やプログラムの機能などを小さな絵記号にしてディスプレー上に表示したもの。
バックアップ	データの写しを保存すること，またはそのデータ。
アットマーク	メールアドレスのユーザー名とホスト名との間に入る「@」という文字（記号）のこと。
アプリケー ション	文書作成や表計算など，その目的に応じて使うソフトウエアのこと。
フッター	文書作成ソフトなどで，本文の下にある，ページなどを記すための余白のこと（本文の上は「ヘッダー」）。

＊その他，「印刷プレビュー」（文書を印刷したときのイメージを画面上に表示すること）などが出題されている。日常のパソコン業務の中で，その基本用語を押さえておくと検定対策にもつながる。

3 機器の取り扱いとマナー

①コピー機

◆多量にコピーした後は，使用したサイズの用紙を補充しておくこと。

◆縮小や拡大コピーなどをした後は，標準のモードに戻しておくこと。

◆自分がセットした枚数カウンターは，コピーが終わったら元に戻しておくこと。

◆コピーを取った後，ガラス面を汚さなかったかを確認し，汚したら拭いておくこと。

＊なお，コピーを取る際は，①原稿の向きの設定に注意し，不注意によるミスコピーをなくすようにすること。②原稿がカラーだからといって，必要のないものまでカラーコピーしないこと。また，時間のかかるコピーをしているとき，少量のコピーをする人が来たら，先に取らせてあげるなどの気遣いも大切。

②パソコン

◆室内の温度，湿度などの環境整備に努める。

＊ちりやほこりは小まめに払う。

◆重要なデータは，必ずバックアップを取ること。

◆顧客の個人情報の保護に万全を期すること。

＊情報漏洩への対策として，「パソコンや携帯電話の外部からの持ち込みを禁止」（西田宗千佳著『クラウド・コンピューティング』朝日新聞出版）している企業もあるそうだ。情報セキュリティーである。もちろん，顧客のことを第一に考えてのことだ。

◆仕事以外の目的で，ウェブページの閲覧をしないこと。

◆メールアドレスはむやみにインターネットのサイトに登録しないこと。

◆差出人不明のメールやその添付ファイルは開けないようにすること。

③ケータイ（携帯電話）

◆ケータイで，ビデオや写真を撮るときは周囲の了承を得てからにすること。

＊例えば，接待などで出された料理を無断でカメラに収めてはいけないということ。

◆ケータイのボイスレコーダーで社内会議の録音を取るときは，上司の了承を得てからにすること。

◆外出先で通話のとき，周囲に人がいたら，話の内容に注意して通話をすること。

◆メールアドレスや番号は，仕事関係者以外には教えないこと。
　　＊プライベートな場合は，会社で支給されたケータイは使わない。

◆訪問先や社内外での会議のときは，電源を切っておくこと。

Reference

オフィス機器が顧客満足度を高める

携帯電話とボイスメール

担当者が不在のとき，お客さまからクレームの電話。

さて，どうするか。こうします。**株式会社武蔵野**のケースです。

●お客さまが我が社に電話をかけます。

●コールセンターで電話を取った時にお客さまが指名する社員が視界に入らなければ、すぐ不在を告げて「折り返しご連絡いたします」と伝えます。

●コールセンターはただちに指名された社員の携帯メールに、お客様の電話番号・住所・用件を送ります。クレームはボイスメールも併せて送ります。

●社員は携帯電話への着信を知り、用件を確認。お客さまに折り返し電話をかけます。

　これで、10分以内に60パーセント、20分以内に85パーセント連絡が取れます。（中略）

　こうした結果、仕事の流れがスムーズになっただけでなく、業務が見違えるほど効率よく回転するようになりました。また、電話口でお待たせしないので、お客さまからもお褒めの言葉をいただいています。

株式会社武蔵野は，ダスキンの代理店やＩＴ事業，営業サポートなどを展開している事業体。

ボイスメールとは，いわば「声（音声）のメール便」。電話を受けた人は，メモを取る必要もなく，顧客からの電話をそのまま録音して担当者に転送。担当者は，顧客からの生の声（クレームなど）をリアルタイムで聞くことができる。この機能を使えば，伝言ミスなども避けられる。

（小山昇著『儲かる「仕組み」作りは…
　　　　　「やらないこと」から決めなさい！』ＰＨＰ文庫）

　でも，なぜ**小山昇さん（代表取締役社長）**は，このような仕組みをつくったのでしょうか。その辺りの事情を，小山さんは同書でこう語っています。

　ウィークデーは、ひっきりなしにかかってくる電話で業務が寸断されます。短時間で片づけようと思っているときに限って、クレームややっかいな電話がかかってくるものです。電話はかける方にとっては便利な伝達道具ですが、受け手はタイミングが合わないと困ります。

　あまりにも仕事を中断されるので、私は会社にかかってくる電話の何が問題なのかを観察し分析しました。

　その結果、外線からの電話で、かけてきた相手が指名する社員が直接電話を取る率はなんと5パーセントであることがわかりました。

　電話を取った社員は、取り次ぎのためにオフィスを見渡したり、ホワイトボードを見たり、内線で行き先を探したりします。

　電話をかけてくれたお客様は、保留メロディーのまま30秒、1分と待たされた挙句、指名した社員が外出中で不在と告げられます。それはお客様にとって大変失礼なことです。

　そのために業務改善を行ないました。

　これが，**顧客志向に立った業務の改善**です。そして，このことを果たすために携帯電話とボイスメールの機能を有効に使っています。何より，**顧客満足度を高めるために。**

　　　＊この事例は、第Ⅰ章(2)－④「積極性，合理性，効率性」とも深く関わっている。改めて確認のこと。積極性，合理性，効率性の価値は，顧客のためにこそあるからだ。

⑤ 事務用品

① 事務用品の種類と機能とを知っている。

1 事務用品の種類と機能とを知っている

　事務用品は，仕事の能率化を図るための道具です。そして，事務用品には，ファイル用品から筆記具，紙製品などがあり，毎日頻繁に使われています。

　ところで，ゼムクリップと言われてすぐにその形が思い浮かぶでしょうか。トレーはどうでしょうか。

　そんな事例があります。検討してみましょう。事務用品の種類とその使い方の一例です。

事例研究①　事務用品の種類と機能とを知っている　　　**case study**

　総務課の新人村田玲子は先輩から，事務用品の実物を見せられ，使い方について次のように説明された。中から<u>不適当</u>と思われるものを一つ選びなさい。

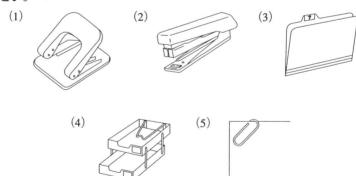

(1)　パンチといい，書類をとじるための穴を開けるときに使う。

(2)　ナンバリングといい，書類に連続の数字を打つときに使う。

(3)　フォルダーといい，書類を挟んで保存しておくときに使う。

(4)　二段トレーといい，机上に置き書類を一時入れておくときに使う。

(5) ゼムクリップといい，数枚の書類を一時的にとじておくときに使う。

　言うまでもなく，**不適当な選択肢は(2)**になります。この用具は**ホチキス（ステープラ）**といい，書類を針で留めるためのものです。

> ＊ホチキスや選択肢 (1) の穴開けパンチには，大型のサイズから小型のサイズの物まであるが，これは，書類の厚さによって使い分けるためである。選択肢 (5) のゼムクリップも同様。
>
> ＊選択肢 (4) のトレーには，ふた付きの箱，木製，厚紙製など各種ある。デスクトレーともいう。
>
> ＊選択肢 (3) のフォルダーは用途に合わせて，持ち出し用フォルダー，ハンギングフォルダーなどがある。

■ 事務用品の種類と機能とを知っている

1 事務用品の種類と機能

　「村田さん。この資料はダブルクリップでとじておいてください」。

　こう言われて，書類の枚数に応じた大きさのダブルクリップを選ぶことができる。そう，これが種類と機能とを知っているということです。出題の意図もここにあります。

2 共用備品

　事務用品は，効率よく仕事を進めていくための道具です。資料を作成する，書類を整理する，職場を清潔で快適な環境にする，全てそうです。そして，この一つ一つは**会社の大切な共用備品**です。従って，ルールとマナーを守り，みんなで大切に取り扱っていく必要があります。これが**仕事をしていく上での作法**だからです。もう一つの出題の意図もここにあります。

■ 出題の視点

　検定問題では，事務用品の種類とその名称や使い方を中心に出題されています。それを，次の一覧から確認しておいてください。

1 事務用品

バインダー	とじ穴のある用紙（ルーズリーフ，帳票など）をファイル。
パイプ式ファイル	資料の長期保管に適したファイル。パンチで穴を開けてとじるタイプのもので，資料を多量にファイルできる。共有データなどをこのファイルに保管しておくと皆で閲覧できて便利。
レバー式ファイル	パンチで穴を開けずに書類を保管できるファイル。少量の書類収納に最適。
リングファイル	追加や差し替えがスムーズにできるファイル。パイプ式ファイルと同様に，パンチで穴を開けてとじていくタイプ。
フラットファイル	担当者として必要な資料やデータを，いつでも見られるように保管しておくタイプのファイル。パンチで穴を開けてファイリング。
クリアファイル	資料やパンフレットなど，穴を開けずに整理保管したい場合に使うファイル（ビニールのポケットに入れるファイル）。

その他の事務用品

ホチキス	穴開けパンチ	ゼムクリップ	レターオープナー	フォルダー
はさみ	カッター	テープのり	セロハンテープ	スティックのり
日付印	認め印	朱肉	スタンプ台	デスクトレー
ＰＣ掃除用品				

2 文房具

シャープペンシル　ボールペン　サインペン　ラインマーカー　付箋　定規　修正テープ　　　修正液　　　消しゴム
なお，自分用として，万年筆，シャープペンシル，ボールペンなどは，常に携帯しておくとよい。

3 オフィス家具

キャビネット	フォルダーを立てて収納できる家具。ハンギングフレームを取り付けることもできる。大きさは収納する書類に応じて，Ａ４判用，Ｂ４判用，Ｂ５判用などがある。バーチカル・ファイリング・キャビネット。
保管庫	ファイルを立てて並べるもの。スチール引き戸やガラス引き戸などがある。
書架（本棚）	書籍や雑誌などを収納する。同種のものとしてラックなどもある。

その他のオフィス家具
　パソコンデスク　　事務机　　会議テーブル　　椅子　　ロッカー

4 紙製品

コピー用紙（Ａ判，Ｂ判）　はがき　封筒　一筆箋　便箋　ノート・メモ帳
祝儀不祝儀袋

コピー用紙のサイズ（判型）

Ｂ３判　364×515　　　Ａ３判　297×420
Ｂ４判　257×364　　　Ａ４判　210×297
Ｂ５判　182×257　　　Ａ５判　148×210
　　　　　　　　　　　　（単位　mm）

Ｂ５判の２倍はＢ４判，Ｂ４判の２倍はＢ３判に，また，Ａ５判の２倍はＡ４判に，Ａ４判の２倍はＡ３判になる。

判型による大きさの比較

Ｂ３＞Ａ３　　　　Ｂ３＞Ｂ４　　　　Ａ３＞Ａ４
Ｂ４＞Ａ４　　　　Ｂ４＞Ｂ５　　　　Ａ４＞Ａ５
Ｂ５＞Ａ５

封筒のサイズと主な用途
　長形４号＝Ｂ５判文書を四つ折りにして送る。
　長形３号＝Ａ４判文書を三つ折りにして送る。
　角形３号＝Ｂ５判文書を折らずにそのまま送る。
　角形２号＝Ａ４判文書を折らずにそのまま送る。
　洋形１号＝招待状などのカードを送る。

機能性の高いオフィス用品を選ぶ

取引先に新製品の説明資料を渡すとき

　あなたは，作成した説明資料をどのようなとじ方でとじて渡しているでしょうか。ホチキスでしょうか。それともダブルクリップでしょうか。

　もちろん，これはこれで構わないでしょう。が，営業の第一線で働くビジネスパーソンは，**プレゼンテーション用のファイル**に資料を挟み，付属のレールで製本したものを渡しています。**提出資料も第一印象が大切**，そう考えているからです。これが，**「丁寧に資料を扱っている。信頼できるビジネスマンだ」**との評価につながっていきます。

　ぜひ，検討してもらわなければならない重要な資料です。この思いを伝えるためにも，まずはきちんと整えて渡す。これが**重要な資料の渡し方**です。

　さて，次は説明資料です。ここでビジネスパーソンは重要な箇所に**幅の狭い付箋紙**を貼っています。資料を受け取ったとき，マーカーが引いてあると嫌がる取引先もいるからです。そう，これも**配慮**です。

　そして，これが本当の意味での「事務用品の種類と機能とを知っている」ということになるでしょう。ここには自分の仕事の効率化を図るだけでなく，顧客への心ある気遣いもあるからです。

　　　　＊ここで紹介したプレゼン用のファイルは，穴を開けないで
　　　　　とじるタイプのもの。メーカーによって，レールクリヤー
　　　　　ホルダー（コクヨ）など，その呼び方はさまざまだ。
　　　　＊その他の「事務用品の種類と機能」については，小山龍介
　　　　　さんと土橋正さんの『ステーショナリーハック！』（マガジ
　　　　　ンハウス）や各文具メーカーのカタログなども参考になる。

記述問題

「Ⅲ対人関係」と同様に「Ⅴ技能」でも，記述形式での問題が出題され
ています。ここでは，その事例の幾つかを検討してみましょう。選択問題
をどの程度理解しているかを見る，いわば**総合実践問題**です。

＊「要点整理」と「出題の視点」を確実に理解していれば，十分に対応できる。
そして，その基本は選択問題にある。

事例研究① 情報の収集と情報の整理　　case study

　香取雅人は，仕事に役立ちそうな新聞記事をコピーしファイルしてい
る。このような場合，記事のコピーに記入しておくとよいことを三つ答え
なさい。

解 答 例　　an answer example

　①発行日付　　②新聞紙名　　③朝刊，夕刊の別

＊この他に，「全国版・地方版の別」もよい。
＊出典の明示は大原則であり基本的なルール。書籍や雑誌でも同じこと。
これによって，記事内容の責任の所在と客観性を明らかにする。

事例研究②-1 ビジネス文書の構成　　case study

　次の文を，取引先に送るお中元の礼状として整うように並べ替え，番号
で答えなさい。

(1)　拝啓　貴社ますますご発展のこととお喜び申し上げます。
(2)　まずは，取りあえず書中をもって御礼申し上げます。敬具
(3)　いつもお心にかけていただき，感謝いたしております。
(4)　今後ともよろしくお引き立てのほどお願い申し上げます。
(5)　さて，本日は，結構なお中元をご恵贈くださいまして，誠にありがと
　　うございました。

解 答 例　　an answer example

　(1)→(5)→(3)→(4)→(2)の順になる。これが形式の整った中元の礼状

です。

＊恵贈^{けいぞう}とは，人から何か物を贈られること。

事例研究②-2 ビジネス文書の用語　　case study

　次は営業課の松山大介が取引先の工場を見学した翌日，取引先に出そうとして考えた礼状の本文である。（　　）内に入る適当な語句を書きなさい。

（　①　）貴社ますますご発展のこととお喜び申し上げます。

　（　②　），昨日は，貴社工場を見学させていただきまして，誠にありがとうございました。（　③　）で製品知識も向上し，今後の営業活動に大変役立つと感謝いたしております。

　（　④　）とも，よろしくお引き立てのほど，お願い申し上げます。

　（　⑤　），取りあえず書中をもって（　⑥　）申し上げます。

敬具

解　答　例　　an answer example

①拝啓　　②さて　　③おかげさま　　④今後　　⑤まずは　　⑥御礼

　＊「誠に」など，他の用語が問われる場合もある。確実に理解しておくこと。

　＊用語や言い回しは，数多くの文例を音読することによって確実に身に付く。

事例研究②-3 ビジネス文書の形式　　　　　　　　case study

　次の社内文書には，文書の形式として欠けているものが三つある。それは何か答えなさい。

　　　　　　　　　　　　　　　　　　　　　　　　　総発第11号

　　課長各位

　　　　　　　　　創立記念式典の施行について（通知）

　　当社創立40周年記念式典を下記の通り執り行うので，課
　員に周知させてください。

　　１　期　　日　　　令和○年７月11日（金）
　　２　場　　所　　　ホテル桜花

　　添付　１　担当任務表
　　　　　２　記念式典進行表　　　　　　　　　　　以上

　　　　　　　　　　　　　　担当　総務課　小林
　　　　　　　　　　　　　　（内線　101）

解答例　　　　　　　　　　　　　　　　　an answer example

①発信日付　　　②発信者名（総務課長）　　　③記

　　＊ここで，「社内通知文の構成とレイアウト（出題の視点）」から，①発信
　　　日付，②発信者名，③記，それぞれの位置を確認しておくこと。別バー
　　　ジョンとして，受信者名，表題などの位置を問う場合もある。
　　＊周知とは，広く知らせること。この場合は，「課員全員に知らせてくだ
　　　さい」ということになる。

人事課の藤田知子は係長からメモを渡され，社内ビジネスマナー研修会のメールを作るよう指示された。メモには，「社内ビジネスマナー研修会のお知らせ。12月11日（月）午後2時から4時に，2階の研修室で行う。講師はビジネスマナー評論家の山口俊子氏。詳細は追って知らせる。担当は藤田（内線102）」と書いてあった。これを，箇条書きで適切なメール文にしなさい。

解 答 例 an answer example

　　　　　　　社内ビジネスマナー研修会のお知らせ

　1　日　時　　12月11日（月）　　午後2時から4時まで
　2　場　所　　2階研修室
　3　講　師　　ビジネスマナー評論家の山口俊子氏

　　なお，詳細は追って連絡します。

　　　　　　　　　　　　　　　　　　　　　　　　以上

　　　　　　　　　　　　　　担当　人事課　藤田
　　　　　　　　　　　　　　　　（内線102）

＊この場合，主文がないので「記」は不要。
　†主文を書き入れると，「研修会を下記の通り実施するので，参加してください」などとなり，「記」が入ることになる。
＊この他，ファクスの送信状や電話の伝言メモも出題されているが，その出題の視点は箇条書きの書き表し方にある。確実に身に付けておくこと。

事例研究②-5 伝言メモの書き方　　　case study

　営業課の宮崎亮太が１人で残業していると仕入先Ｔ社から，見積もってもらいたいものがあるので，明日の９時に来てもらいたいとの電話があった。そこで宮崎は自宅から直行することにし，このことをメモにしてＫ係長の机の上に置いておくことにした（時間は19時30分）。この場合，メモはどのように書くのがよいか。答案用紙の枠内に書きなさい。

解 答 例　　　an answer example

> 　Ｋ係長
>
> 　　Ｔ社から，明日９時に見積もりに来てもらいたいとの電話
> がありましたので，直行します。
> 　　明日改めて連絡を入れます。
>
> 　　　　　　　　　　　　　　　　　　　　　　　　以上
>
> 　　　　　　　３月７日　19時30分　宮崎

　　＊メールでも構わないが，係長に朝一番で見てもらうためには，メモの方
　　　が確実だろう。出社してすぐにメールを見るとは限らないからだ。

事例研究③ 会議での発言　　　case study

　江崎俊子は課内会議で，発言はなるべく短い時間でするようにと注意された。このような場合，江崎はどのようなことを心がければよいか。箇条書きで三つ答えなさい。

解 答 例　　　an answer example

①意見はあらかじめメモにしてまとめておく。
②結論を先に述べ，その他は簡潔に話す。
③説明をするときは，見て分かる資料を用意する。
④議題に対しての必要以外のことは発言しない。

次は事務機器の説明である。それぞれの名称を（　）内に答えなさい。

(1)　画像を拡大してスクリーンに投影する機器。
　　　　　　　（　　　　　　　　　　　）
(2)　内容が外部に漏れては困る書類などを細断する機器。
　　　　　　　（　　　　　　　　　　　）

解 答 例　an answer example

(1)プロジェクター　　(2)シュレッダー

引用・参考文献（順不同・敬称略）

P.F.ドラッカー著／上田惇生, 佐々木実智男訳『新しい現実』（ダイヤモンド社）

P.F.ドラッカー著／上田惇生編訳『ドラッカー名言集
仕事の哲学 最高の成果をあげる』（ダイヤモンド社）

P.F.ドラッカー著／上田惇生訳『ドラッカー名著集14
マネジメント［中］—課題、責任、実践』（ダイヤモンド社）

御手洗富士夫, 丹羽宇一郎著『会社は誰のために』（文藝春秋）

バージニア・オブライエン著／奥村昭博監訳／吉川明希訳『ＭＢＡの経営』
（日本経済新聞社）

ジェフ・マシューズ著／黒輪篤嗣訳『バフェットの株主総会』（エクスナレッジ）

G・キングスレイ・ウォード著／城山三郎訳
『ビジネスマンの父より息子への30通の手紙』（新潮文庫）

アーサー・ブロック著／倉骨彰訳『マーフィーの法則』（アスキー出版局）

ロバート・クーパー／アイマン・サワフ著／堀田力訳『ビジネスマンＥＱ』
（三笠書房）

小笹芳央著『会社の品格』（幻冬舎新書）

皆木和義著『企業の品格』（ＰＨＰ研究所）

福島正伸著『キミが働く理由（わけ）』（中経出版）

伊藤雅俊著『商（あきな）いの心くばり』（講談社文庫）

田坂広志著『プロフェッショナル進化論』（ＰＨＰビジネス新書）

藤田晋著『藤田 晋の仕事学』（日経ＢＰ社）

坂本光司著『日本でいちばん大切にしたい会社』（あさ出版）

渡邉美樹著『サービスが感動に変わる時』（中経出版）

小山昇著『儲かる「仕組み」作りは…「やらないこと」から決めなさい！』
（ＰＨＰ文庫）

林田正光著『リッカ・カールトンで学んだ仕事でいちばん大事なこと』（あさ出版）

松田公太著『すべては一杯のコーヒーから』（新潮社）

松田公太著『仕事は５年でやめなさい。』（サンマーク出版）

稲盛和夫著『生き方』（サンマーク出版）

アラン著／井沢義雄訳『アラン 人間論』（角川文庫）

アラン著／原亨吉訳『アラン著作集4 人間論』（白水社）

前田陽一責任編集『世界の名著「パスカル」』（中公バックス）

ポール・ヴァレリー著／落合太郎, 鈴木信太郎, 渡辺一夫, 佐藤正彰監修／菅野
昭正, 清水徹, 村松剛, 佐藤正彰, 中村光夫, 井沢義雄, 鈴木信太郎訳
『ヴァレリー全集5 レオナルド・ダ・ヴィンチ論』（筑摩書房）

サミュエル・スマイルズ著／本田健訳「スマイルズの名著『品性論』」（三笠書房）

ジェームズ・アレン著／葉月イオ訳『幸福に通じる 心の品格』（ゴマブックス）

リー・コッカレル著／月沢李歌子訳『感動をつくる
　　　　　　　　──ディズニーで最高のリーダーが育つ10の法則』（ダイヤモンド社）

内藤誼人著『交渉力養成ドリル』（ダイヤモンド社）

太田肇著『承認欲求』（東洋経済新報社）

齊藤勇著『自己表現上達法』（講談社現代新書）

齊藤勇著『自分を棚にあげて平気でものを言う人』（祥伝社新書）

高橋浩著『人づきあいを財産（タカラ）にする法−人間交流分析による90のポイント−』
　　　　　　　　　　　　　　　　　　　　　　　　　　　　（大和出版）

河合隼雄著『人の心はどこまでわかるか』（講談社 ＋ α（プラスアルファ） 新書）

経営書院編『改訂10版 社内規程百科』（経営書院）

経営書院編『改訂新版 模範文例 組織分掌規程総覧』（経営書院）

日本経済新聞社編『ベーシック／会社入門』（日経文庫）

日本経済新聞社編『ベーシック／経営入門』（日経文庫）

大門コミュニケーション研究室編『業界別 肩書きの辞典』（小学館）

野村総合研究所編著『経営用語の基礎知識（第３版）』（ダイヤモンド社）

服部英彦監修『図解でわかる現場の仕事 総務部』
　　　　　　　　　　　　　　　（インデックス・コミュニケーションズ）

笠原清明監修『図解でわかる現場の仕事 経理部』
　　　　　　　　　　　　　　　（インデックス・コミュニケーションズ）

実務教育出版編『まるごと入門 営業の仕事』（実務教育出版）

実務教育出版編『まるごと入門 総務・人事の仕事』（実務教育出版）

岡本享二著『ＣＳＲ入門「企業の社会的責任」とは何か』（日経文庫）

井上滋樹著『ユニバーサルサービス』（岩波書店）

井上滋樹著『＜ユニバーサル＞を創る！−ソーシャル・インクルージョンへ−』
　　　　　　　　　　　　　　　　　　　　　　　　　　　　（岩波書店）

村上龍著『無趣味のすすめ』（幻冬舎）

板坂元著『紳士の小道具』（小学館）

岩崎峰子著『祇園の教訓』（幻冬舎）

坂東眞理子著『女性の品格』（ＰＨＰ新書）

川北義則著『日本人の作法』（徳間書店）

白洲信哉著『白洲家の流儀』（小学館101新書）

越川禮子著『江戸の繁盛しぐさ』（日本経済新聞社）

越川禮子著『商人道「江戸しぐさ」の知恵袋』（講談社 ＋ α（プラスアルファ） 新書）

越川禮子著『身につけよう！ 江戸しぐさ』（ＫＫロングセラーズ）

越川禮子著『野暮な人イキな人』（日本文芸社）

越川禮子著『暮らしうるおう 江戸しぐさ』（朝日新聞社）

千宗室監修／講談社編『最新冠婚葬祭マナー事典』（講談社）

橋本保雄著『ホテルオークラ＜橋本流＞大人のマナー』（大和出版）

林田正光著『あらゆることが好転していく ご挨拶の法則』（あさ出版）

青木テル著『ビジネスマナー』（早稲田教育出版）

西出博子著『完全ビジネスマナー』（河出書房新社）

西出博子著『男の食事完全マナー』（河出書房新社）

西出博子著『オックスフォード流 一流になる人のビジネスマナーの本』
（青春出版社）

弘兼憲史＆モーニング編集部監修『島耕作クロニカル1970 ～ 2006』（講談社）

幸運社編『女のマナー常識５５５』ＰＨＰ文庫）

幸運社編『大人のマナー常識５１３』ＰＨＰ文庫）

浅利慶太著『時の光の中で 劇団四季主宰者の戦後史』（文春文庫）

石黒圭著『文章は接続詞で決まる』（光文社新書）

永崎一則著『正しい敬語の使い方』（ＰＨＰ研究所）

永崎一則著『ビジネスマンのための話し方・聞き方ハンドブック』（ＰＨＰ研究所）

永崎一則著『魅力的女性は話し上手 聡明でセンスある話し方・聞き方』（三笠書房）

永崎一則著『確かな説明力をつける本』（ＰＨＰ研究所）

吉川幸次郎著『論語（上)』（朝日選書）

吉川幸次郎著『論語（下)』（朝日選書）

貝塚茂樹訳注『論語』（中公文庫）

加地伸行全訳注『論語』（講談社学術文庫）

金谷治訳注『論語』（岩波文庫）

宮崎市定著『現代語訳論語』（岩波現代文庫）

渋沢栄一著／竹内均編・解説『渋沢栄一「論語」の読み方』（三笠書房）

皆木和義著『稲盛和夫の論語』（あさ出版）

白川静著『詩経 中国の古代歌謡』（中公文庫）

『聖書 新共同訳』（日本聖書協会）

小泉信三著『平生の心がけ』（講談社学術文庫）

鍵山秀三郎著／亀井民治編『ひとつ拾えば、ひとつだけきれいになる』
（ＰＨＰ研究所）

佐藤幸司著『21世紀型授業づくり59 心を育てる「道徳」の教材開発』
（明治図書）

比田井和孝，比田井美恵著『私が一番受けたいココロの授業
人生が変わる奇跡の60分』（ごま書房）

野口悠紀雄著『超「超」整理法』（講談社）

本田直之著『仕事に役立ち、継続的なリターンを得る レバレッジ勉強法』
（大和書房）

泉正人著『最少の時間と労力で最大の成果を出す「仕組み」仕事術』
（ディスカヴァー・トゥエンティワン）

安田賀計著『ビジネス文書の書き方＜第2版＞』（日経文庫）

村上龍著『eメールの達人になる』（集英社新書）

神舘和典著『「メール好感度」を格段に上げる技術』（新潮新書）

日経ＰＣ21編『グーグル活用バイブル』（日経ＢＰ社）

西田宗千佳著『クラウド・コンピューティング』（朝日新聞出版）

小山龍介，土橋正著『ステーショナリーハック！』（マガジンハウス）

オダギリ展子著『ミスを防ぎ、仕事をスムーズにする
オフィス事務の上手なすすめ方』（同文館出版）

夏目漱石作『草枕』（岩波文庫）

芥川龍之介「蜘蛛の糸」『芥川龍之介全集2』所収（ちくま文庫）

太宰治「斜陽」『太宰治全集9』所収（ちくま文庫）

村上春樹『風の歌を聴け』（講談社文庫）

木村尚三郎著『作法の時代』（ＰＨＰ研究所）

五木寛之著『大河の一滴』（幻冬舎）

俵万智著『サラダ記念日 俵万智歌集』（河出書房新社）

山藤章二，尾藤三柳，第一生命選『平成サラリーマン川柳傑作選』（講談社）

松村明編『大辞林』（三省堂）

松村明監修『大辞泉』（小学館）

新村出編『広辞苑 第六版』（岩波書店）

時田昌瑞著『岩波ことわざ辞典』（岩波書店）

三省堂編修所編『新明解四字熟語辞典』（三省堂）

山田忠雄（主幹），柴田武，酒井憲二，倉持保男，山田明雄編
『新明解国語辞典 第六版』（三省堂）

佐橋法龍著『禅語小辞典』（春秋社）

「日本経済新聞」（日本経済新聞社）

「日経流通新聞」（日本経済新聞社）

「読売新聞」（読売新聞社）

「朝日新聞」（朝日新聞社）

「毎日新聞」（毎日新聞社）

「産経新聞」（産経新聞社）

共栄火災海上保険株式会社「ホームページ」
テルモ株式会社「ホームページ」
ＮＰＯ法人日本を美しくする会「ホームページ」
キヤノン株式会社「ホームページ」
日立グループ「ホームページ」
富士ゼロックス株式会社「ホームページ」
ヤマハ発動機スポーツ振興財団「ホームページ」

本書を編集するに当たって，以上の書籍等を引用，参考にさせていただきました。
この場を借りて，御礼申し上げます。

ビジネス系検定 公式受験参考書

■秘書検定 ━━━━━━━━━━━━━━

集中講義　3級/2級/準1級/1級

パーフェクトマスター　3級/2級/準1級

クイックマスター　3級/2級/準1級

実問題集　3級/2級/準1級/1級

新クリアテスト　3級/2級/1級・準1級

受験ガイド　3級

■ビジネス文書検定 ━━━━━━━━━━

受験ガイド　3級/1・2級

実問題集　3級/1・2級

■ビジネス実務マナー検定 ━━━━━━

受験ガイド　3級/2級/1級

実問題集　3級/1・2級

■サービス接遇検定 ━━━━━━━━━━

公式テキスト　3級/2級

受験ガイド　準1級/1級

実問題集　3級/1-2級

ビジネス実務マナー検定受験ガイド3級〈増補版〉

2020年 3 月10日　初版発行
2023年 3 月10日　第 4 刷発行

編　者　公益財団法人 実務技能検定協会©
発行者　笹森 哲夫
発行所　早稲田教育出版
　　　　〒169-0075　東京都新宿区高田馬場一丁目4番15号
　　　　株式会社早稲田ビジネスサービス
　　　　https://www.waseda.gr.jp/
　　　　電話（03）3209-6201